嶽麓秦簡

《爲獄等狀四種》釋文注釋

修訂本

[德]陶安　著

復旦大學出土文獻與古文字研究中心
高等學校創新能力提升計劃（2011 計劃）
出土文獻與中國古代文明研究協同創新中心

圖書在版編目(CIP)數據

嶽麓秦簡《爲獄等狀四種》釋文注釋/[德]陶安著.--修訂本.--上海:上海古籍出版社,2021.3

ISBN 978-7-5325-9862-5

Ⅰ.①嶽… Ⅱ.①陶… Ⅲ.①法制史-研究-中國-秦代 Ⅳ.①D929.33

中國版本圖書館CIP數據核字(2021)第031383號

嶽麓秦簡《爲獄等狀四種》釋文注釋(修訂本)

[德]陶安 著

上海古籍出版社出版發行

(上海瑞金二路272號 郵政編碼200020)

(1) 網址:www.guji.com.cn

(2) E-mail:guji1@guji.com.cn

(3) 易文網網址:www.ewen.co

常熟市新驊印刷有限公司印刷

開本889×1194 1/16 印張17.25 插頁8 字數358,000

2021年3月第1版 2021年3月第1次印刷

ISBN 978-7-5325-9862-5

H·234 定價:88.00元

如有質量問題,請與承印公司聯繫

揭取位置示意圖

清理編號 0001－0200

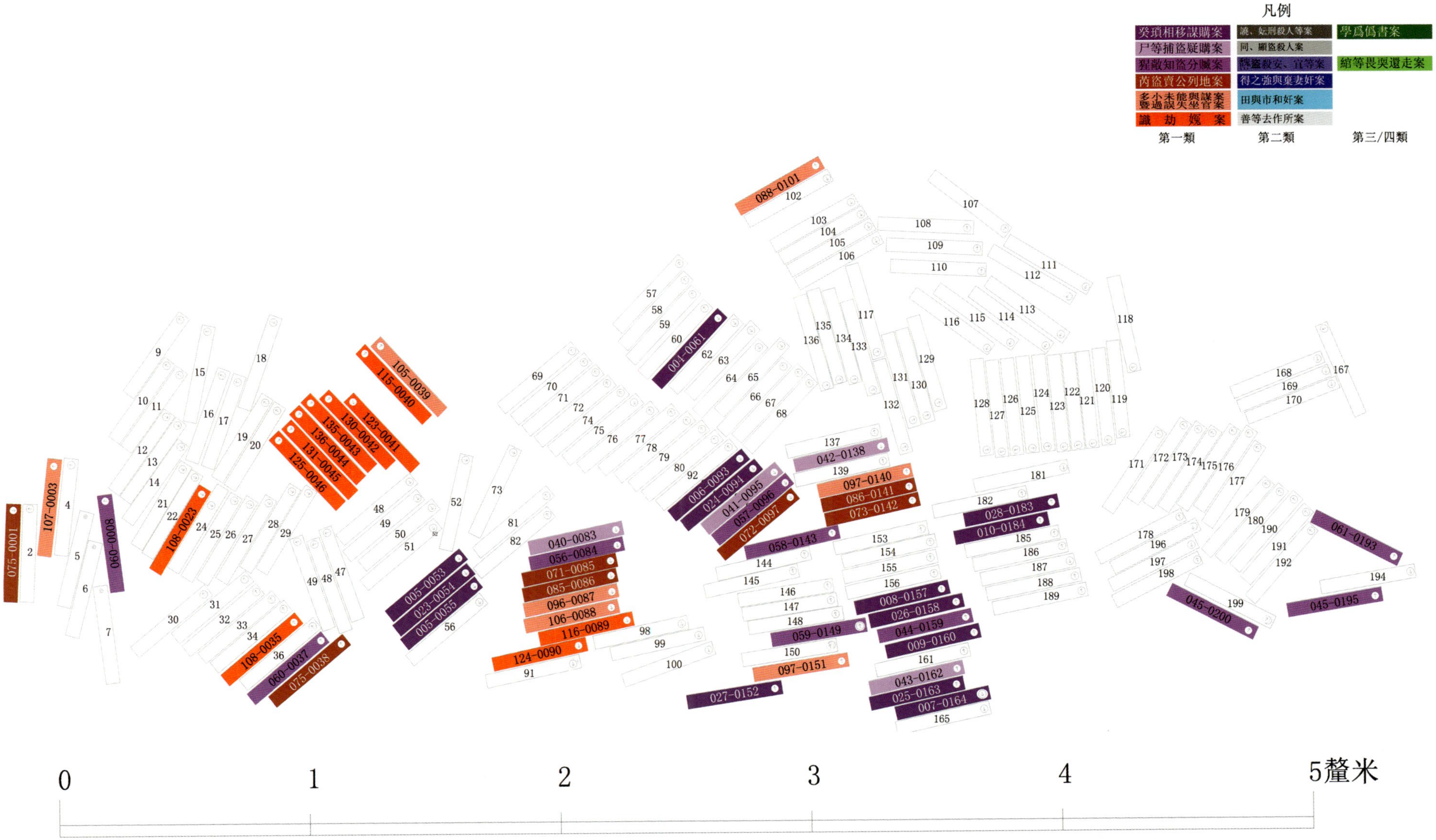

嶽麓書院秦簡第一捆簡端側視圖 CAD 製圖：蕭玉軍（荆州博物館）二〇〇八年一月

《爲獄等狀四種》簡位置標注及圖片處理：陶安（明治大學）二〇一二年十月初製，二〇一九年八月修改

清理編號 0301－0495

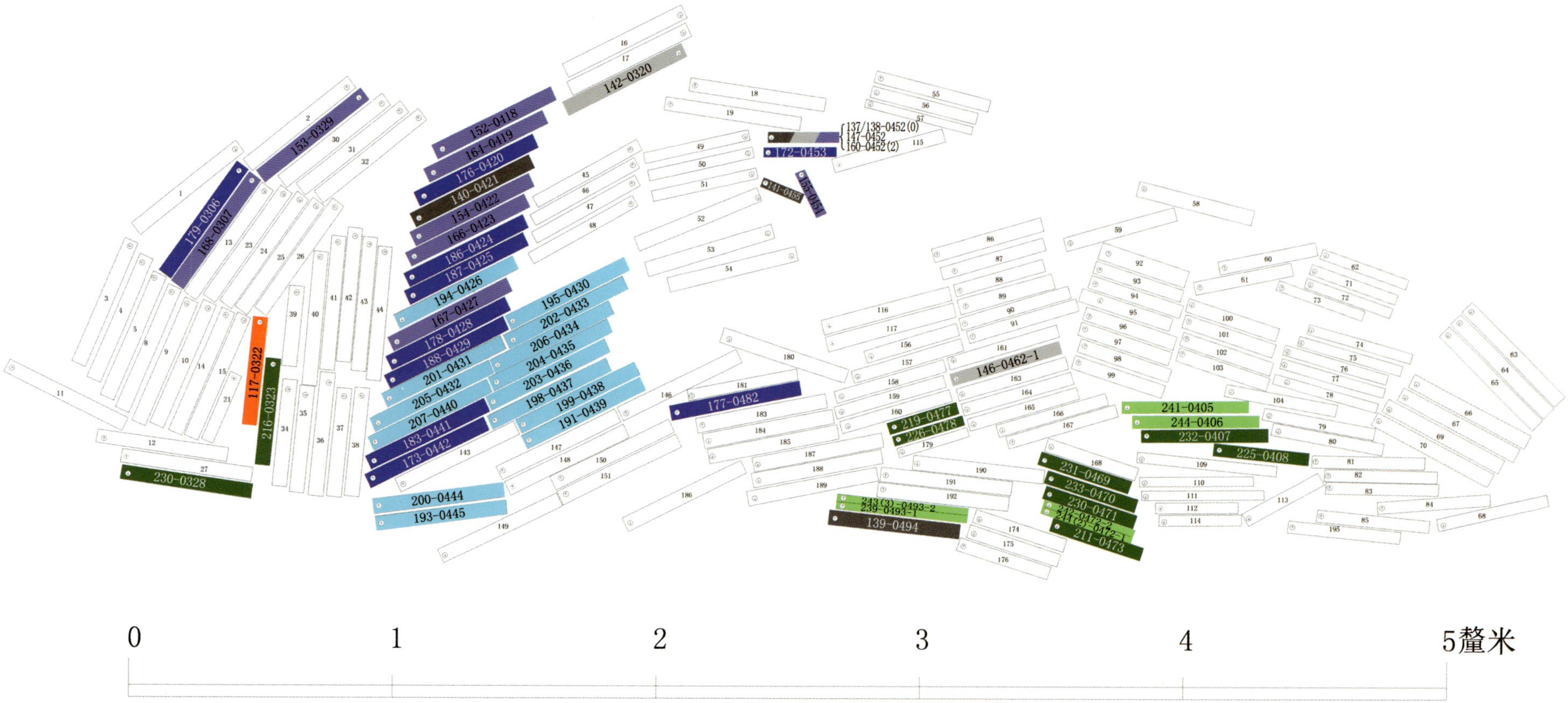

嶽麓秦簡第二捆簡端側視圖 CAD 製圖：蕭玉軍（荆州博物館）二〇〇八年一月

《爲獄等狀四種》簡位置標注及圖片處理：陶安（明治大學）二〇一二年十月初製，二〇一九年八月修改

清理編號 0496－0755

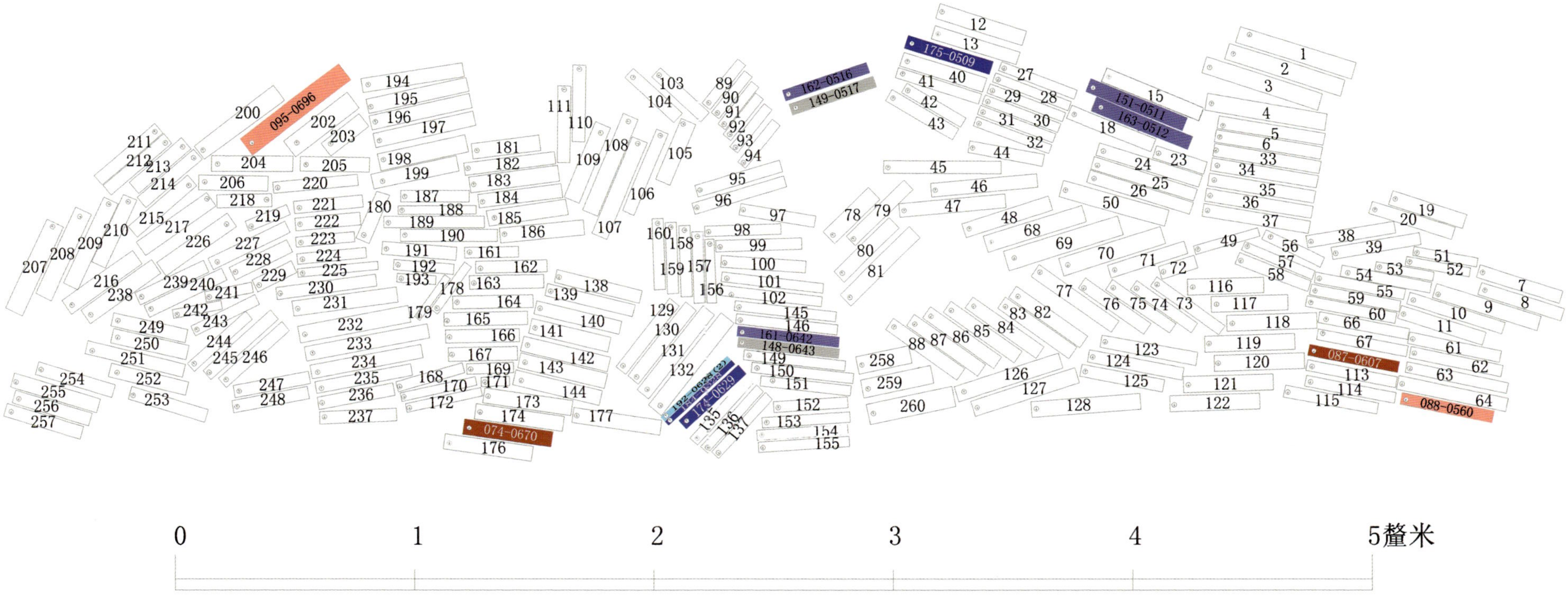

嶽麓書院秦簡第三捆簡端側視圖 CAD 製圖：蕭玉軍（荆州博物館）二〇〇八年一月

《爲獄等狀四種》簡位置標注及圖片處理：陶安（明治大學）二〇一二年十月初製，二〇一九年八月修改

清理編號 0756－1195

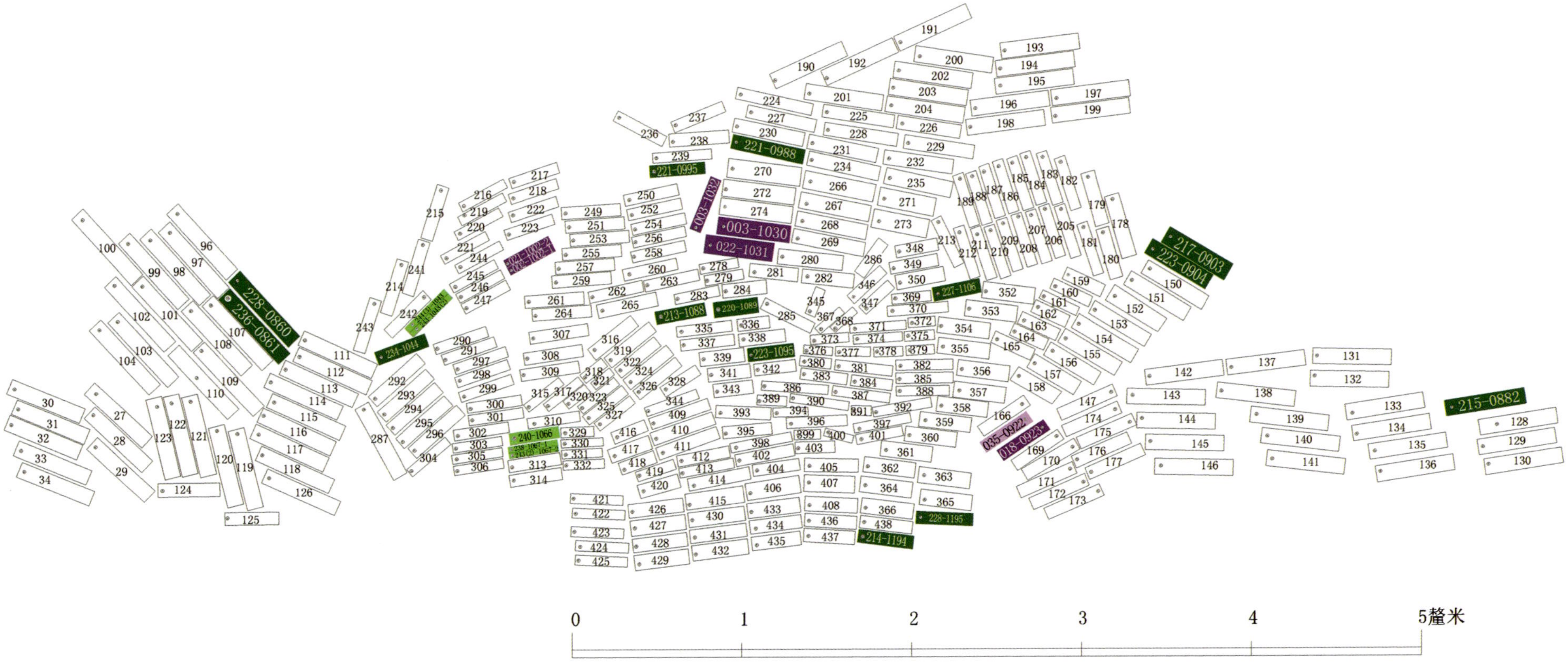

嶽麓書院秦簡第四捆簡端側視圖 CAD 製圖：蕭玉軍（荊州博物館）二〇〇八年一月

《爲獄等狀四種》簡位置標注及圖片處理：陶安（明治大學）二〇一二年十月初製，二〇一九年八月修改

清理編號 1196－1491

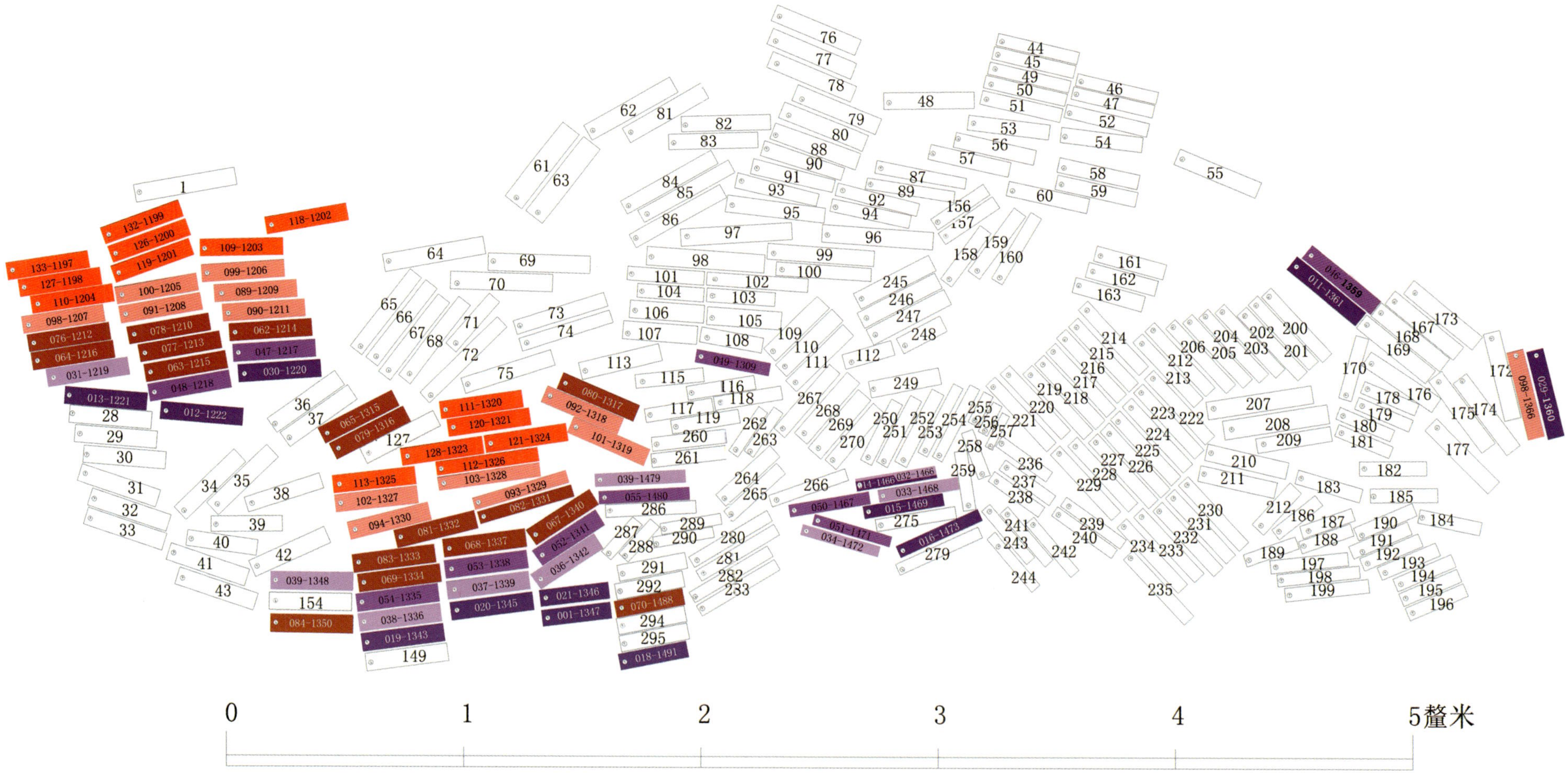

嶽麓書院秦簡第五捆簡端側視圖 CAD 製圖：蕭玉軍（荊州博物館）二〇〇八年一月
《爲獄等狀四種》簡位置標注及圖片處理：陶安（明治大學）二〇一二年十月初製，二〇一九年八月修改

清理編號 1594－1929

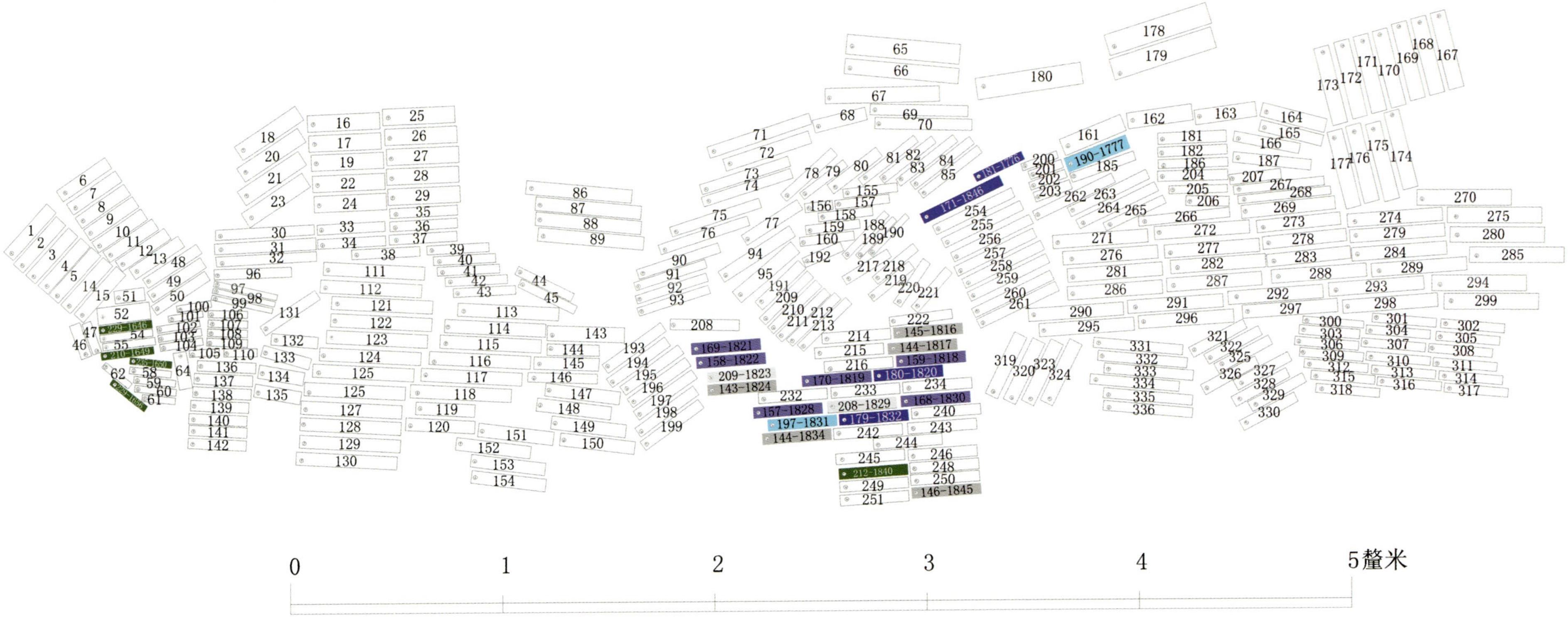

嶽麓書院秦簡第七捆簡端側視圖 CAD 製圖：蕭玉軍（荆州博物館）二〇〇八年一月

《爲獄等狀四種》簡位置標注及圖片處理：陶安（明治大學）二〇一二年十月初製，二〇一九年八月修改

清理編號 1930－2171

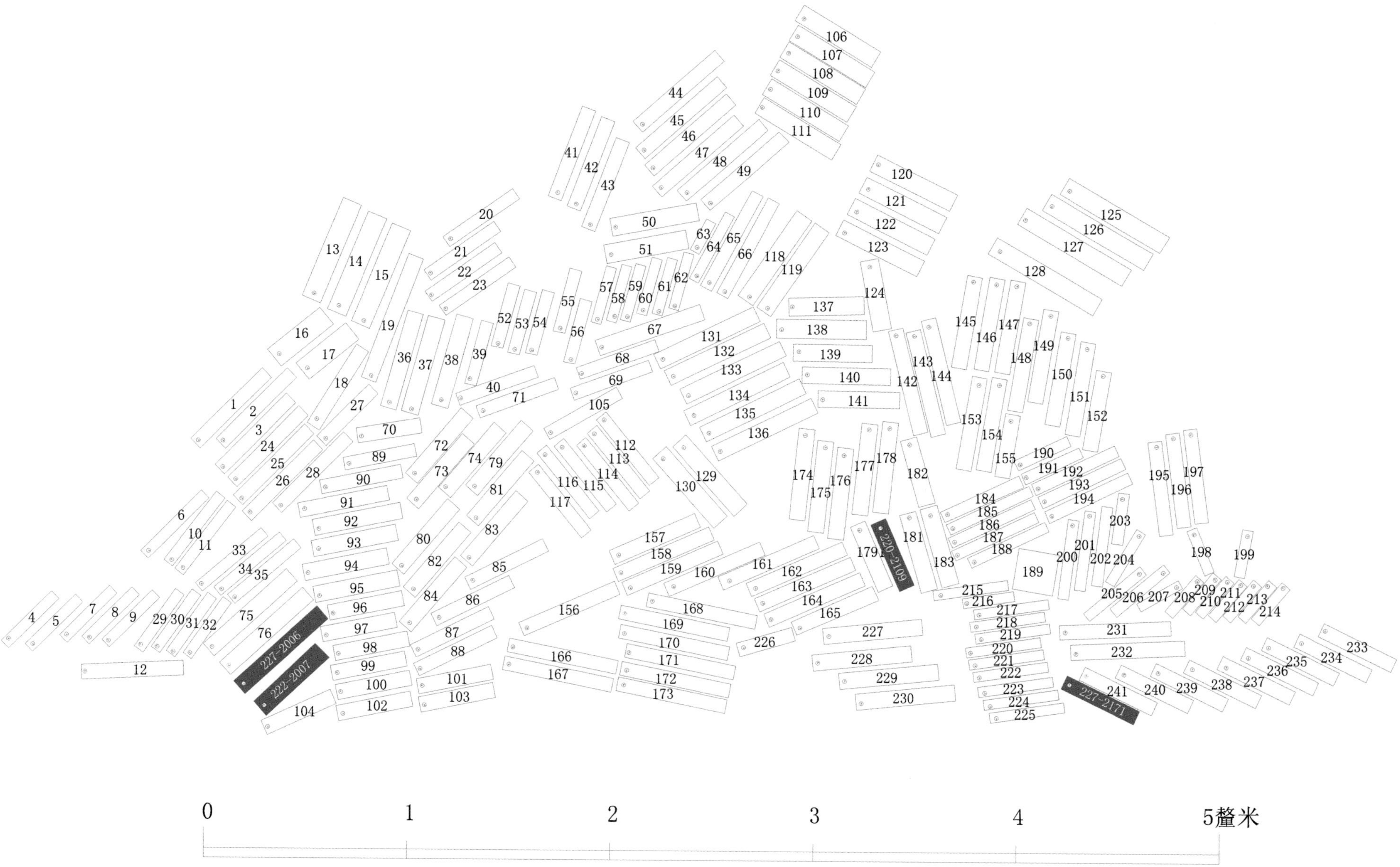

嶽麓書院秦簡第八捆簡端側視圖 CAD 製圖：蕭玉軍（荊州博物館）二〇〇八年一月

《爲獄等狀四種》簡位置標注及圖片處理：陶安（明治大學）二〇一二年十月初製，二〇一九年八月修改

卷册復原示意圖

第一類卷册復原示意圖（頂部俯視）

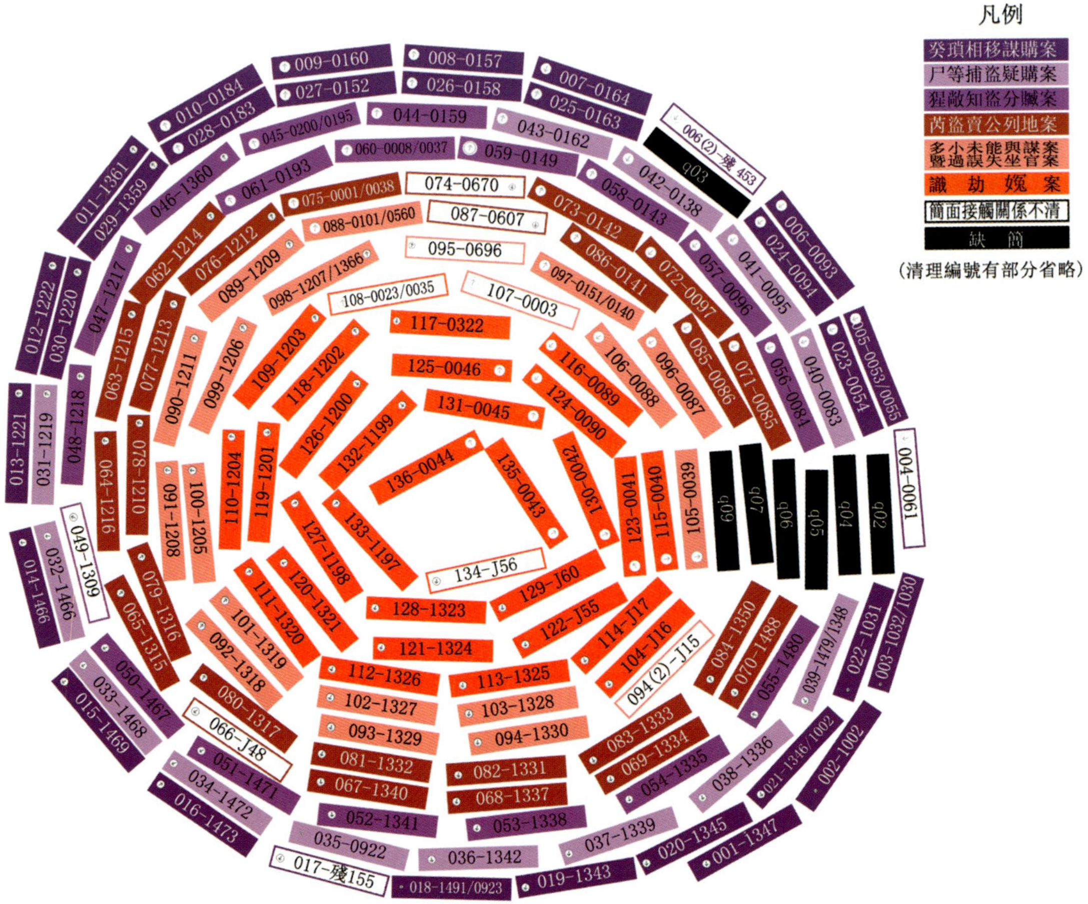

第二類卷冊復原示意圖(頂部俯視)

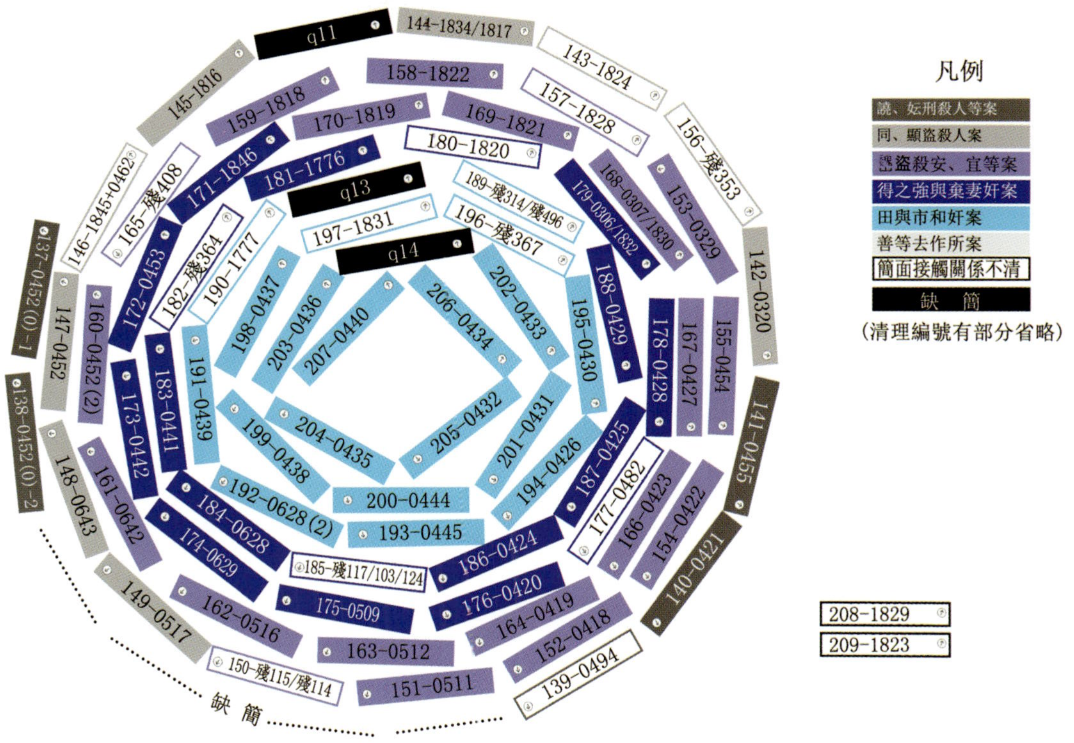

目録

前言……一
凡例……一
第一部分　摹本……一
第一類……三
編聯摹本……三
單簡摹本……九
第二類……三二
編聯摹本……三二
單簡摹本……三六
第三類……五〇
編聯摹本……五〇
單簡摹本……五二
第四類……五七
編聯摹本……五七
單簡摹本……五八
第二部分　釋文注釋……六一
第一類……六三
〇一　癸、瑣相移謀購案……六三
〇二　尸等捕盗疑購案……七七
〇三　猩、敞知盗分贓案……八二
〇四　芮盗賣公列地案……九〇
〇五　多小未能與謀案……一〇〇
〇六　暨過誤失坐官案……一〇四
〇七　識劫𡟰案……一一〇
第二類……一一九
〇八　譊、妘刑殺人等案……一一九
〇九　同、顯盗殺人案……一二三
一〇　𤙔盗殺安、宜等案……一二九
一一　得之强與棄妻奸案……一三七
一二　田與市和奸案……一四五
一三　善等去作所案……一五二
第三類……一五三
一四　學爲僞書案……一五三
第四類……一六一
一五　綰等畏㝍還走案……一六一

第三部分　附録……一六七
附録一　簡序驗證資料……一六九
說明……一六九
揭取位置示意圖……一七三
卷册結構表……一八〇
卷册復原示意圖……二〇七
附録二　參考文獻……二〇九
附録三　索引……二三〇
字詞……二三〇
出土資料（古書類）……二四九
出土資料（文書類）……二五五
後記……二五七

前言

《嶽麓書院藏秦簡（叁）》（以下簡稱「舊著」）〔一〕刊布之後，有許多學者對釋文、注釋以及編聯提出討論，頗有啓發。這本小書在此基礎上重新對舊著所收司法文書集成《爲獄等狀四種》進行研究和整理，向學界提供一個盡可能正確可靠的版本。《爲獄等狀四種》以秦王政時代的司法文書爲主要内容，書寫在嶽麓書院所藏共二五五枚竹、木簡上（拼合後總數〔二〕）。從材質、書寫體裁等方面可以將相關竹、木簡分爲四類〔三〕，每類形成一個獨立的卷册。書名《爲獄等狀四種》是筆者經過與嶽麓書院整理小組商榷之後依據原書標題「爲獄訲狀」所擬定的。各類簡的具體情況以及整理工作的概況如下。

一

第一類卷册有一三九枚簡，佔所有簡的百分之五十以上。材質爲竹，保存狀況較好。簡的長度爲二七四至二七五毫米，寬度爲六至七毫米。簡的上、中、下有三道編繩痕迹。上、下編繩處留出天地頭，邊距分别爲十毫米（天）與十六毫米（地）左右。多數簡在中間編繩處有一塊空白，但也有上、下連寫，中間不留出空白的；編繩又多處覆蓋字面，可知第一類卷册是先寫而後編的。標點有位於簡面中央的圓形墨點，和靠右側的鈎形符號兩種。圓點用在辭、詰、問、鞫等獨立性較强的程序成分的開頭，將簡文分成前後幾個段落。有不少地方圓點寫在天頭上，簡文換行，從圓點下面開始新的一行，明顯表示出前後分段之意。鈎形符號出現在專有名詞並列處、句中短語與短語之間，以及句末，分佈以及使用頻率似乎没有一定的規律。其中，《暨過誤失坐官案》中鈎形符號也出現在天頭，用法似與圓點無異。舊著曾以爲字體的書寫風格比較一致，字形多以縱向取勢，用筆較爲舒展〔四〕，似出於一人之手。據張以靜等研究，其中實可細分兩個書手：一個書手抄寫了案例一、二、三和案例七的一部分；另一個書手抄寫了案例四、五、六和案例七的另一部分，案例七中間又出現兩個書手交替抄寫等情況〔五〕。

第一類卷册共有七個案例，内容都屬於狹義之奏讞文書。每個案例前後稱「敢讞之」，主文稱「疑某人罪」、「疑某人購」等，均係下級機關對上級機關有關法律適用方面的請示。這一點與張家山漢簡《奏讞書》前十三個案例相似，但所請示的内容範圍更爲廣泛一些，不僅包含罪名的選擇，而且涉及未成年的刑事責任能力、職務上過失的處理辦法等法律適用的原則性問題。七個案例所出現的罪名有殺人、詐騙、脅迫、分贓等。奏讞主體都似爲縣。多數案例在奏讞文書後邊附以「吏議」，其中有兩個案例還附加郡報。時代明確的案例都屬於秦王政十八至二十五年，即秦國統一六國的前夕。

二

第二類卷册有七三枚簡，比第一類幾乎少一半，保存狀況不好，殘簡、缺簡較多。材質爲竹，長度約二五〇毫米，寬度約五至六毫米，與第一類簡的長度、寬度明顯不同。編繩有上、中、下三道，情況與第一類相似，衹是下端邊距小一些，在十毫米左右，與上端邊距無異。簡文中所使用的符號也基本上與第一類相同。書寫風格與第一類差別很大，其字形較爲方扁，用筆較爲整飭，應出於另一人之手。

其記載内容分兩種。第一種是縣級長官爲破案立功的獄史或令史以「敢言」形式寫的推薦文書，附以詳細的偵查記録，請求郡府將其提拔爲卒史，與張家山漢簡《奏讞書》案例二二屬於同類。這種案例有兩件，均係「盜殺人」案，在推薦書中都被描述爲「黔首大害」等。另一種是郡府以「謂」的形式命令縣來處理經過郡覆審的乞鞫案件，與張家山漢簡《奏讞書》案例十七頗相似。這種案例也有兩件，一件爲和奸案，另一件爲强奸未遂案。二者均由男方提出乞鞫，結局相同，均被判爲「乞鞫不審」。除上述兩種以外，第二類還有兩件案例，但因各案簡嚴重殘缺，相關信息甚少，無法判斷案情或文書格式。其中《譊、妘刑殺人等案》甚至無法判斷其原爲一案還是兩案。

第二類案例所涉及的時代範圍，雖仍難以確定，但有可能略偏早，集中於秦王政初期。特別值得注意的是，第二類案例中存在一些在秦始皇兼併六國之後被删改的地方，可知第二類卷册編寫時間跨越秦王政至秦始皇的時代分界。例如簡一六七稱「民大害殹（也）」，簡一四七有同文，將「民」字削掉，留下大約一個字大小的空白，即「同、顯□大害殹（也）」，而簡一四八則將「黔首」兩字擠到一個字大小的簡面上，稱爲「此黔首大害殹（也）」。《史記·秦始皇本紀》云「（二六年）更名民曰『黔首』」，上述削改處似與秦國統一後的諸種改稱有關。

三

第三、四類卷册，每類僅包含一個案例。第三類比較完整，共有二八枚簡；第四類比較殘碎，現僅存十五枚簡。二者形制很接近：長二二九毫米左右，上、下有兩道編繩，編繩至上、下端的距離基本相同，將簡面分爲上、中、下長短大致相同的三段；字緊靠簡上、下兩端寫出，不留天地頭，因而圈點等符號無法像前兩類那樣點在天頭空白處；編繩兩道都壓在字面上，無疑是先寫後編的。

此兩類簡的材質、寬度、書寫風格都不相同。第三類爲木簡，寬八毫米左右。其書寫風格較爲粗放，字形長短不拘，用筆方圓有致，自成一體。記載内容爲狹義的奏讞案件，與第一類相同。年代爲秦王政二十二年。文書格式保持比較原始的形式，奏讞文書的年月日、官職、人名均保留原貌，衹有「報」係簡略摘録，無法判斷其爲郡級還是廷尉的批覆文書。第四類爲竹簡，寬六毫米。這類書體比較接近第一類，但一筆之中多有輕重的變化，且多呈兩頭細、中間粗的態勢，儘管其字形也多取縱勢，但其用筆特徵自成一格，與其他三類都不相同。所記載的是一份附帶郡縣上行文書的制書。郡縣的上行文書很有可能原是狹義的奏讞文書。若然，則本文書是直接由皇帝裁決的奏讞文書唯一現存的實例，年代爲秦始皇二十六年（九月）。從上行文書窺見的基本案情與張家山漢簡《奏讞書》案例十八相似，被告人與「反寇」戰鬥，因「畏耎」逃跑而造成將官以及士卒陣亡。

四

第二類卷册中有三枚簡在背面寫有類似於標題的字詞，即「爲獄訁口狀」（簡一三七）、「[爲]覆奏狀」（簡一四〇）、「爲气（乞）鞫奏狀」（簡一三九）。舊著依據《玉篇・犬部》「狀，書狀」的訓詁將「狀」字誤解爲「陳述意見或事實的文書」，其實傳世文獻中能確定爲「文書」義的辭例不早於東漢中後期，在西漢以前的文字資料中，無論傳世文獻還是出土資料，難以找出「文書」義的「狀」字。「狀」字訓「形」、「貌」等，本義爲形狀、狀貌，引申爲計劃、模樣、模範等義。其中模範義與小書所收司法文書集成有關，在秦代文書工作中似已出現了兩種示範性參考文獻：一種是大家熟悉的「式」〔六〕，另一種則是以本文書集成爲初例的「狀」。相對而言，「式」提供標準書寫格式而示範，《封診式》即其一例；「狀」抄録文書原樣，以範例形式傳授文書工作的相關知識〔七〕。「爲獄」、「爲訁口」、「爲覆」、「爲乞鞫」、「爲奏」可以理解爲此文書集成所傳授的學習内容。「爲」訓爲「治」，應有「治理」之義，「獄」、「訁口」、「覆」、「乞鞫」、「奏」是動詞「爲」的賓語，均指文官所需要「治理」的職務〔八〕。「爲獄」、「爲訁口」、「爲覆」、「爲奏」、「爲乞鞫」與「狀」的語法關係可以視爲偏正結構，「狀」係中心名詞，「爲獄」等都是「狀」的修飾語，即「爲獄」、「爲訁口」等的「狀」。換言之，上述標題表現出，本司法文書集成是一個通過文書實例向文官傳授辦案（「爲獄」）等職務的參考材料，即辦案等範例集。

令人疑惑的是，「爲獄訁口狀」和「[爲]覆奏狀」所出現的簡一三七和一四〇無疑屬於同一案例。從記載内容判斷，簡一三七大概是這個案例的第一枚簡，簡一四〇靠近案尾，是倒數第一至第三枚簡。呈現「爲气（乞）鞫奏狀」字樣的簡一三九也很有可能同屬此案。而且分别見於簡一四〇與一三九的「[爲]覆奏狀」與「爲气（乞）鞫奏狀」，詞義上密切相關。據張家山漢簡《二年律令》簡一一六可知，乞鞫案件由二千石官「令都吏覆之」，「覆」即能包含乞鞫案件。換言之，「爲乞鞫」也可以稱爲「爲覆」。在第二類卷册的語境限制中，「爲乞鞫」與「爲覆」其實祇不過是同一件事情的兩種不同説法，「[爲]覆奏狀」與「爲气（乞）鞫奏狀」兩種標題實質上無異。

爲甚麼一個卷册會出現三個相似而又不盡相同的標題呢？結合第一類卷册反印文分析過程中所得到的啓示（參看附録一「簡序驗證資料」的説明），可以推測如下：第二類卷册大概是編案與編册工作分開進行的。諸種案例編寫完畢之後，有一段時間以單案形式保管，與第三、四類各自成册相似，後來被合併編成一個卷册，或許經過幾番分册重編之後纔形成現有的卷册。寫在案中或案尾的兩個標題位於卷册的中間，應係單案保管或者初期編册時所寫，而位於卷册之首的

「爲獄訋狀」則是現有卷册的總標題。

五

從四種不同的形制可以看出，這批竹、木簡還没有像張家山漢簡《奏讞書》那樣構成一個整體，即一部書籍。背面標題的重複也可以再次提醒我們這一點。另一方面，背面標題又表現出，編者是有意識地搜集司法文書，並加以編輯、分類，試圖製作一種司法文書工作的典範。標題雖未提及「讞」字，但第一類卷册所收的狹義奏讞案件能包含在總標題所謂「獄」之内，第二類卷册所收的文書直接與小標題所謂「覆」（或「乞鞫」）和「奏」相應，内容分類有條理，第一類和第二類很明顯擁有一個上下連貫的編輯原則〔九〕。第三類和第四類卷册雖分别對相關的各一份文書單獨進行記録與保管，但在内容上第三類與第一類無異，第四類或亦相近，均應與前兩類卷册出於相同的編纂意圖。也可以説，第三類、第四類卷册是同一個司法文書集成中比較原始、仍待進一步整理的材料。

與張家山漢簡《奏讞書》相比，本司法文書集成能覆蓋《奏讞書》的基本内容。《奏讞書》案例十九至二一較爲特殊，但案例一至十三以「疑某人罪」爲主題，並於開頭和結尾處均稱「敢讞之」，無例外地屬狹義的奏讞案件，與本司法文書集成第一、三類無異；《奏讞書》案例十四至十八由二千石官派出官吏進行審理，雖前後原委細節各有所不同，但均可以歸入本司法文書集成第二類小標題所謂「覆」的範圍内〔一〇〕；《奏讞書》案例二二是一份附帶詳細偵查記録的推薦文書，其中稱「爲奏」等，性質與第二類小標題所謂的「奏」相同。總之，儘管在整理程度上二者仍然存在較大差距，嶽麓秦簡的這份司法文書集成與《奏讞書》之間無疑存在一定的繼承關係，可以將其理解爲《奏讞書》這種法律文獻的一個原型。

至於這部司法文書集成的命名，有兩種考量。整理小組最初經過一番初步整理，將嶽麓秦簡的主要内容分爲七類，小書所收爲其中第五類，原稱爲《奏讞書》。從與張家山漢簡《奏讞書》的繼承聯繫來講，仍可將其視爲「奏讞類」法律文獻，並無誤。同時，我們現在知道第二類卷册原來有過三種標題，對三個標題的相互關係也得到基本理解。「奏讞」一詞的出現又比較晚，其形成似與漢高帝七年詔書以及疑罪上請制度的確立密切關聯，與本司法文書集成的編輯情況大相徑庭。因此，我們尊重古代作者（或使用者）的命名方式，並參考銀雀山漢簡《守法守令等十三篇》的先例，在第二類卷册總標題的「爲獄訋狀」加上「等」、「四種」的限制性詞語，去掉因殘泐未釋之「訋」字，將小書所收司法文書集成命名爲《爲獄等狀四種》〔一一〕。

六

這部司法文書集成中缺簡和殘簡較多，給整理工作造成一定的困難。爲緩解缺簡、殘簡給整理和復原帶來的困擾，筆者采取了四種與慣例不同的措施：（一）依據前後文、文書格式等信息補擬缺簡以及殘簡部分缺失的文字，並加【】

號以示區別。這種補擬的釋文不一定正確，僅供讀者參考。爲方便參照，在現存簡的序號外，給缺簡也另編序號，冠以「缺」字，如「缺〇一」、「缺〇二」，或「缺 01」、「缺 02」等。（二）將所有案例的内容按照文書格式分類並製成表格，稱爲文書層次表。文書格式是司法文書復原工作的重要標誌，尤其第一、三類的奏讞文書呈現出較爲固定的文書格式和結構，簡文不連續之處也可以依據相關信息確定簡的相對位置。文書層次表原放在附録中，今移至釋文與注釋之間，以便參考。（三）試加語譯。奏讞等司法文書内容較複雜，語言特殊，即使長年從事簡牘工作者以及熟悉法律史研究者也未必能達成共識。不同的理解會左右釋讀、句讀、綴合、編聯等多方面，影響廣泛。舊著原在附録中收入所有案例的語譯，今改置文書層次表之下，以便讀者對照閱讀，瞭解筆者的相關認識。（四）附加簡序驗證資料。復原簡序的主要依據無疑是簡文，但跨簡簡文的連續性在相當程度上受到個人理解的影響，難以避免主觀因素。筆者參照背面劃綫、背面反印文和簡的揭取位置等客觀標誌，反復對簡序以及釋文進行驗證和調整。相關資料仍放在附録中，供讀者參考。

七

筆者於二〇一〇年加入整理小組，當時小組成員除筆者外有如下七名：陳松長、于振波、王勇、劉傑、蕭燦、黄沅玲、鄭明星。二〇一二年秋天賀曉朦又加入，成員總數達到了九名。

筆者於二〇一〇年十月十一日至十一月十二日第一次以整理小組成員身份訪問了嶽麓書院，拿到了所謂奏讞書類簡的紙本和電子資料〔一二〕，用一個月的時間在院内臨摹所有簡，並寫出初步釋文。

筆者於二〇一一年三月三日至三月三十一日第二次訪問嶽麓書院，與整理小組研讀了筆者的初步整理成果。研讀形式爲：將各案彩色和紅外綫圖版逐簡投影，由筆者導讀。此時筆者向整理小組成員和幾位訪客提供了紙本的釋文、文書層次表和正背雙面的編聯圖版〔一三〕，並交待背面劃綫連續或中斷等拼聯情況。當時來訪的大西克也（日本東京大學）、勞武力（Ulrich Lau，德國漢堡大學）和史達（Thies Staack，德國漢堡大學）也參加了討論。因爲缺簡較多，擔心在初步分類時有些遺漏，所以第二次訪問結束之前承蒙陳松長特允，向黄沅玲領取了所有簡的圖像資料，以便返日後繼續細查。

第三次訪問從二〇一一年九月六日至十月六日，主要目的是九月二十四日、二十五日舉辦的「嶽麓書院藏秦簡（第三卷）國際研讀會」。研讀形式與同年三月份基本相同，但向與會學者提供的《嶽麓書院藏〈奏讞狀〉研讀會參考材料》〔一四〕不包含圖版資料，衹有各案釋文、文書層次表和《〈奏讞狀〉概述》。與會學者提出了許多寶貴意見，其中最大的收穫是將本司法文書集成的命名方式從與秦代用詞習慣不合的「奏讞狀」改成「爲獄等狀四種」。與會學者有：陳偉（武漢大學）、胡平生（中國文化遺産研究院）、金慶浩（韓國成均館大學）、勞武力、李均明（清華大學）、李力（中南財經政法大學）、名和敏光（日本山梨大學）、彭浩（荊州博物館）、石原遼平（日本東京外國語大學）、史達、孫家洲（中國人民大學）、蕭洪泳（湖南大學）、徐世虹（中國政法大學）、楊小亮（中國文化遺産研究院）、張春龍（湖南省文物考古研究所）、張嘯東（人民美術出版社）、趙平安（清華大學）、鄒水傑（湖南師範大學）。

九月研讀會結束之後原本衹剩下兩項工作，即復原四類卷册和編寫注釋。出乎意料的是，在完成這兩項工作之前還遇到了很棘手的問題，即所謂「簡號問題」〔一五〕。起初還以爲紅外綫圖版電子文檔的管理上出現小毛病，導致彩色與紅外綫圖版的簡號有出入，但經細查後發現，在清理初期拍攝的整版照片上就有一些簡的位置，與彩色和紅外綫圖版的簡號不相合，而且整版照片上的簡數有時也與簡號不合，問題極其嚴重。此外，殘簡的簡號與整版上的位置關係也呈現出交錯複雜的模樣，讓人深感疑惑。爲解除這些謎團，筆者四赴長沙，從二〇一二年三月四日至十六日核實清理記録等原始資料，並與整理小組磋商修改簡號等事宜。

第五次和第六次的訪問時間分别爲二〇一二年九月二十六日至十月四日和同年十月二十日至二十五日。目的是提交初稿並商量具體出版事宜。十月三十一日將初稿交付上海辭書出版社。

舊著所收的兩套圖版爲筆者的整理工作提供了不可缺少的基礎。彩色圖版由湖北省博物館郝勤建拍攝，紅外線圖版用日本三菱財團資助的紅外線掃描儀正反兩面掃描後製成。鄭明星、孫維國、蘇俊林、廖繼紅、付贊、梁豔强、李靖嶸等協助拍攝掃描，彩色圖版和紅外線圖版的整理工作由黄沅玲負責，舊著臨刊時賀曉朦又幫助處理大量的圖像。這本小書用摹本取代舊著圖版，摹本由何滿福（復旦大學）製作。製作過程中，我們比較了彩圖與紅外綫圖版的每個筆畫，力求反映出兩套圖版每個字的最佳處，可以説這套摹本代表筆者對原簡字迹的理解。摹本宗旨並不在於書法審美，而在於正確反映各字的字形結構和部分殘泐墨迹的殘留情況〔一六〕，基於相關分析，我們修改了舊有釋文的一些失誤，提高了釋讀的準確度。

舊著列入嶽麓書院藏秦簡整理小組的出版計劃，雖然整理和撰寫全由筆者主持並進行，但出版事宜卻無法自己作主，匆忙之間留下了種種遺憾。舊著出版之後，又得到了學界的廣泛反響，方家的批評指正進一步加深了筆者對文本的理解。這本小書擬修訂舊著的明顯錯誤，重新向讀者提供一個可靠的版本〔一七〕。

筆者參加整理工作得到了如下研究資助：

・日本學術振興會科學研究費補助金　基盤研究B《中國文書行政形成過程の研究》（JSPS課題番號二〇三三〇〇〇一，研究代表：陶安）

・日本平和中島財團　亞洲地域重點學術研究助成《嶽麓書院所藏秦簡〈奏讞書〉の釋讀と法學的研究》（研究代表：陶安）

小書的執筆過程中又得到國家「二〇一一計劃」出土文獻與中國古代文明研究協同創新中心、復旦大學出土文獻與古文字研究中心、日本學術振興會科學研究費補助金　基盤研究B《最新史料に見る秦・漢法制の變革と帝制中國の成立》（JSPS課題番號一六H〇三四八七，研究代表：陶安）和東京外國語大學亞非語言文化研究所研究共同研究課題「中國古代簡牘的横向聯合研究」（研究代表：陶安）的資助。

二〇一八年九月十七日
筆者謹識
於復旦大學光華樓二九〇八室

注釋：

〔一〕朱漢民、陳松長主編，陶安撰：《嶽麓書院藏秦簡（叁）》，上海辭書出版社，二〇一三年。

〔二〕舊著僅收二五二枚簡，現在總數增加了三枚簡，具體增減情況如下：

一、舊著出版後新發現五枚簡，分別編號爲094（2）、243（2）、243（3）、244（2）、244（3）。

二、舊著出版後新發現一枚殘片，清理編號爲1845，遥綴於簡146上方。

三、舊著所收七枚待考殘簡中有三枚已與其他簡綴合。

四、舊著將簡殘601誤綴於簡212下方，今重新編號爲253，置於第三類《學爲僞書案》末尾。相關考證請參看注〔一七〕拙稿。

〔三〕舊著另設「第五類」，收録數枚待考殘簡，今歸入各類各案，具體移動情況如下：

246（殘414）：移於第一類《暨過誤失坐官案》末尾。

247（殘453）：重新編號爲006（2），插入第一類《癸、瑣相移謀購案》。

248（殘132）：遥綴於第四類《綰等畏耎還走案》簡239上方。

249（殘251）：移於第四類《綰等畏耎還走案》末尾。

250（殘304）：遥綴於第四類《綰等畏耎還走案》簡240下方。

251（殘521＋殘697）：綴合於第四類《綰等畏耎還走案》簡239上方。

252（殘646）：移於第四類《綰等畏耎還走案》末尾。

〔四〕有關書寫風格的上述描述據陳松長示教，第二類卷册以下亦同。

〔五〕陳松長、張以靜：《〈嶽麓書院藏秦簡（叁）〉的書手辨析與書體特徵》，《出土文獻研究》第十三輯，二〇一四年，141－146頁。

〔六〕可以參看邢義田《從簡牘看漢代的行政文書範本——「式」》（原刊《嚴耕望先生紀念論文集》，臺北稻鄉出版社，一九九八年。二〇一一年又收於邢義田《治國安邦——法制、行政與軍事》，中華書局）、高恒《漢簡牘中所見的「式」》（高恒《秦漢簡牘中法制文書輯考》，社會科學文獻出版社，二〇〇八年）。

〔七〕參看拙著《嶽麓秦簡復原研究》（上海古籍出版社，二〇一六年）第二部分第三章《〈爲獄等狀四種〉標題簡「狀」字字解訂正》。

〔八〕舊著將「奏」和「爲奏」解釋爲「進言文書」和「寫立進言文書」，正確應爲「進言文書所附加的文字材料」和「寫立這種文字材料」，詳看拙著《嶽麓秦簡復原研究》第二部分第三章《〈爲獄等狀四種〉標題簡「奏」字字解訂正》。

〔九〕應該附帶説明的是，四類卷册之間的現有排序衹不過是整理工作順序的偶然性結果，已無法復原原始順序。

〔一〇〕本司法文書集成第二類所收乞鞫案件衹不過是「覆」的部分内容，也可以説《奏讞書》所收的「覆」案更爲全面。

〔一一〕起初舊著的這種命名方式也引起了一些誤解，相關討論可以參看蘇俊林《嶽麓秦簡〈爲獄等狀四種〉命名問題探討》（簡帛網，二〇一三年八月十日；後收入《簡牘學研究》第五輯，二〇一四年）、胡平生《嶽麓秦簡（叁）〈爲獄等狀四種〉題名獻疑》（《出土文獻研究》第十四輯，二〇一五年）、拙稿《嶽麓書院藏秦簡〈爲獄等狀四種〉題名解疑》（《首届中日韓出土簡牘研究國際論壇暨第四届簡帛學的理論與實踐學術研討會論文集》，二〇一九年，又待刊於《歷史研究》）。

〔一二〕此前，整理小組已據書寫風格等特徵對嶽麓秦簡進行分類，其中有原稱爲「奏讞書」的一類簡，筆者所拿到的即爲此一類共二二〇枚簡。

〔一三〕又向勞武力和史達提供了所有相關電子資料，以便他們及時準備英語譯文。直至交稿時均如此。

〔一四〕拙著《嶽麓書院藏〈奏讞狀〉研讀會參考材料》（二〇一一年内部刊物）。本材料仍有重大錯誤，不知原委，後來部分内容收於陳松長《嶽麓書院藏秦簡的整理與研究》（中西書局，二〇一四年）。

〔一五〕詳看拙著《嶽麓秦簡復原研究》緒論《出土信息、文本復原與嶽麓秦簡的簡號問題》。

〔一六〕爲此，對摹本的部分筆畫也曾進行圖像處理修改。其中又有部分字迹風格與原摹略有不同，請讀者海涵。

〔一七〕個别錯誤的修改原委可以參看拙著《嶽麓秦簡復原研究》第二部分第一章《〈嶽麓書院藏秦簡（叁）〉校勘記》，拙稿《嶽麓書院秦簡〈爲獄等狀四種〉第一類卷册釋文、注釋及編聯商榷》（《出土文獻與古文字研究》第九輯，二〇二〇年）、拙稿《嶽麓書院秦簡〈爲獄等狀四種〉第二類卷册案例八至案例十一釋文、注釋及編聯商榷》（同上）、拙稿《嶽麓書院秦簡〈爲獄等狀四種〉第二類卷册案例十二至案例十三釋文、注釋及編聯商榷》（《中國出土資料研究》第二十四輯，二〇二〇年）、拙稿《嶽麓書院秦簡〈爲獄等狀四種〉第三類、第四類卷册釋文、注釋及編聯商榷》（《中國出土資料研究》第二十三輯，二〇一九年）、拙稿《「盗未有取吏貲灋戍律令」重考——兼論〈爲獄等狀四種〉案例一對立法的影響》（待刊）、拙稿《「非吏所興」補考——兼論〈爲獄等狀四種〉案例二購金款額》（待刊）。

凡例

一、小書收録嶽麓書院藏秦簡《爲獄等狀四種》，共有四類竹、木簡，二百五十五個簡號，按内容分爲十五個司法案例。二百五十五個簡號包含五枚舊著出版後新發現或新歸案的簡，相關整理編號用後綴「（2）」、「（3）」等，以示區别。

二、小書以摹本代替舊著圖版，簡的輪廓儘量按照彩色圖版臨摹，簡文以紅外綫圖版爲主，以彩圖爲輔。摹本力圖結合兩種圖版最佳處，代表筆者對兩套圖版的總體認識。

三、小書依據後續研究對舊著釋文、注釋、文書層次表、語譯、簡序驗證資料等項内容進行修改訂正。文書層次表與語譯合併，直接附於各案釋文末尾。簡序驗證資料原所收正背對照圖版從省。

四、入藏時簡已散亂，在初期清理揭取的過程中，每枚簡都編過較爲原始的編號，即清理編號。爲便於核對，將所有簡的清理編號括注於單簡摹本整理編號下；兩枚以上的殘簡拼綴者，則同時注明其殘簡的清理編號。有關清理編號的校訂工作可參看拙著《嶽麓秦簡復原研究》。

五、在整理過程中，筆者盡可能將已折斷的簡拼合復原，並根據文句銜接、文書格式、背面劃綫、背面反印文及揭取位置加以編排，並按照排序編號，即整理編號。不能確定編排次序的簡，置於各案末尾。

六、能確定相對位置和數量的缺簡，舊著已另編序號，冠以「缺」字，以示區别。雖然缺簡有所改變，各簡序號照用舊著序號，以免造成混亂。

七、釋文以繁體竪排。爲方便讀者，簡文除個别特有字形或用字外，其他文字盡可能采用通行字，不一一隸定。

八、釋文中使用下列符號：

⧄ 表示簡折斷。

□ 表示未能釋出的字，一字一□。一字有一半未釋出者，用半個□表示。

…… 表示未能釋出的文字字數未能確定。

字⃞ 表示以文意補釋的字（據殘筆可以確定者，直接釋出，不加框）。

▯ 表示原文中簡面空白處。

● 表示原文中的圓形墨點。

L 表示原文中的鈎形符號。

= 表示原文中的重文、合文符號。

（？） 表示釋文有疑問。

（ ） 對異體字、假借字括注通行字（在語譯中兼作括注符號與補出文意符號）。

〈 〉 對錯字括注正字。

［ ］ 表示衍文。

〖 〗 以文例補出脱文。

【 】 補充殘簡、缺簡的記載内容，共有三種不同的情況：

【字字】　以前後文意可以推知簡文者。

【□□】　以殘簡長短、編繩位置等可以推知字數者。

【……】　字數未詳者。

（附於摹本後面的釋文仍用斷簡符號「☒」。）

九、釋文分兩種：第一部分《摹本》附於單簡摹本後面的釋文儘量按照原貌抄録，不加標點符號，不括注異體字、錯字，也不補出脱文等；第二部分《釋文注釋》的連讀釋文加以句讀，重文符號直接寫出所代表的字，原文鈎形符號多從省。

十、注釋引用出土資料時，文書類標明材料簡稱與簡號，如里耶秦簡 8－0067 正、居延漢簡 10.11 等；古書類標明篇名與簡號，如《秦律十八種》簡 001、《封診式》簡 01 等，對原始標題與整理者所起的篇名不加以區别，自明者也不逐一標明材料名。龍崗秦簡和嶽麓書院所藏律令簡，未能復原古書原貌，衹好參照文書類體例，在材料名下直標簡號，如龍崗秦簡 142（170A）、嶽麓秦簡（肆）簡 271 等。參考出土資料整理者的注釋，不一一標明。

十一、語譯中删除多數釋文括注符號、補文符號和疑問符號，直接按照所推定或所補的簡文加以語譯。人名與地名左側加兩種竪綫，分别作「人名」、「地名」。引述前後加引文符號（「」、『』）；引述與轉述難以分清之處也多加引號當作引述處理。詞義有歧義不能確定的字詞並列寫出兩種不同語譯，中間加斜綫，以示區别。

第一部分　摹本

第一類

編聯摹本

001 002 003 004 005 006 006(2) 007 008 009 012 011 012 013 014 015 016 017 018 019

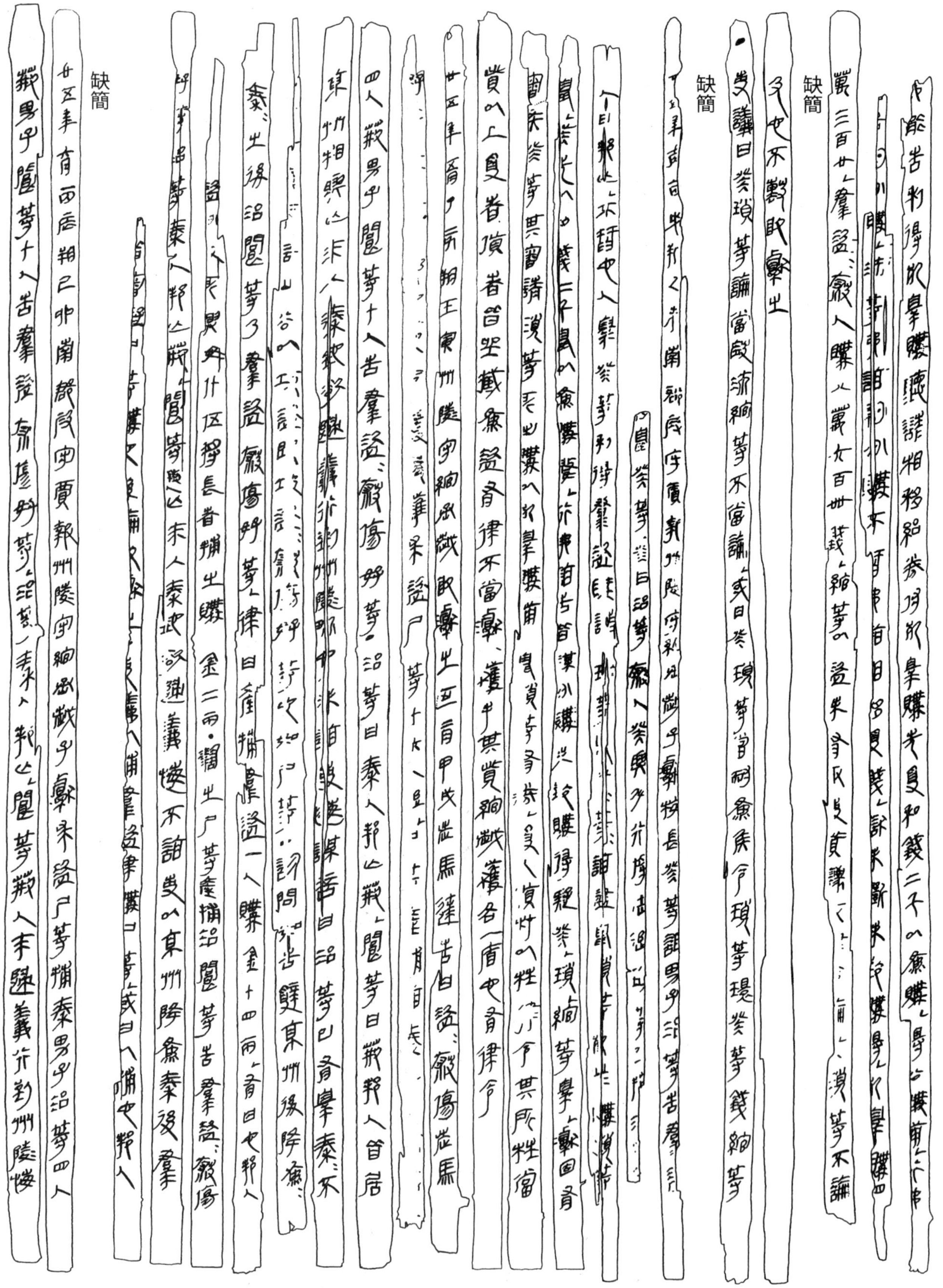

020 021 022 q02 023 024 q03 025 026 027 028 029 030 031 032 033 034 035 036 037 038 039 q04 040 041

缺簡

042 043 044 045 046 047 048 049 050 051 052 053 054 055 q05 056 057 058 059 060 061 062 063 064 065

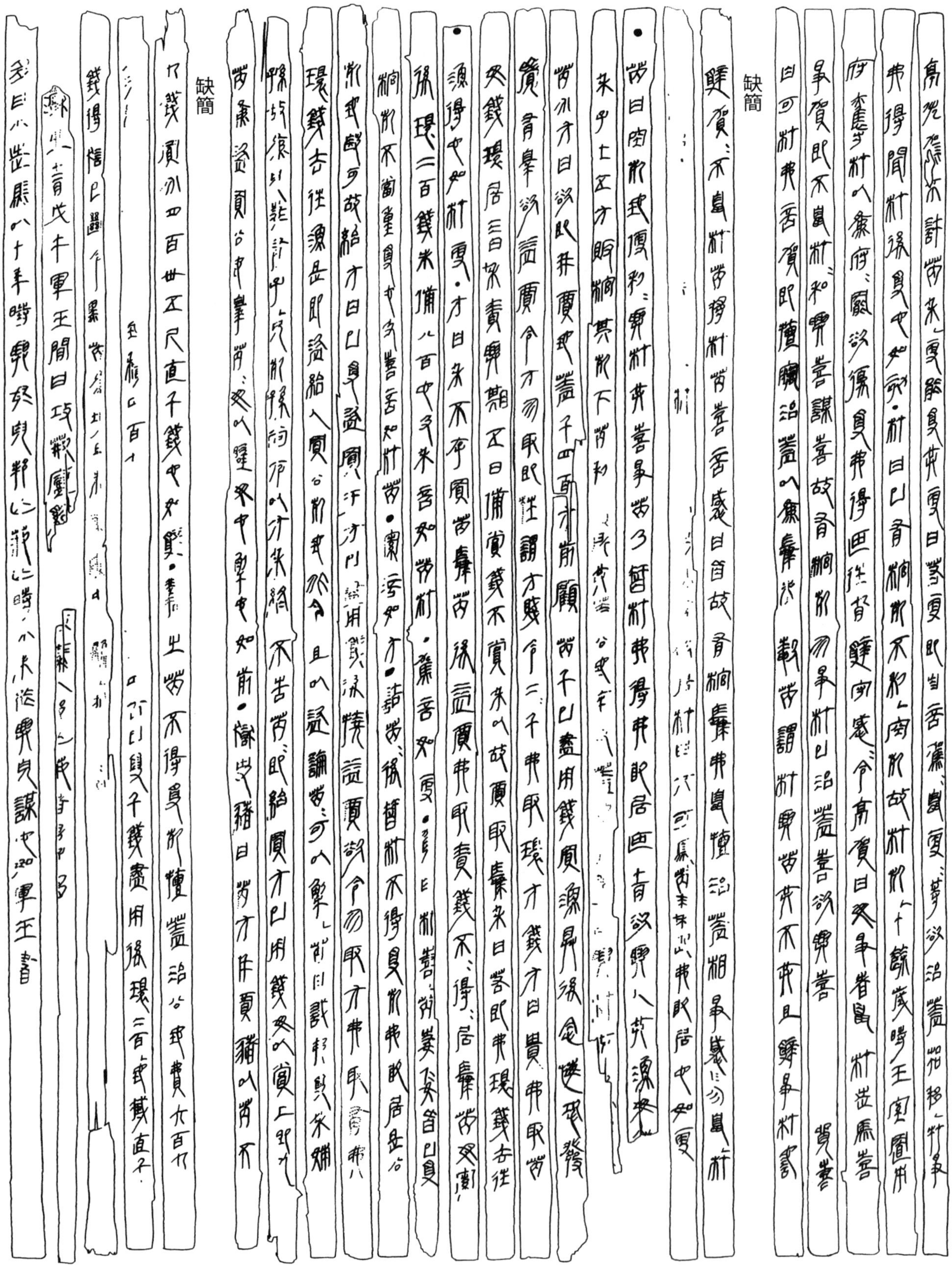

缺簡

缺簡

066 067 068 069 070 q06 071 072 073 074 075 076 077 078 079 080 081 082 083 084 q07 085 086 087 088 089

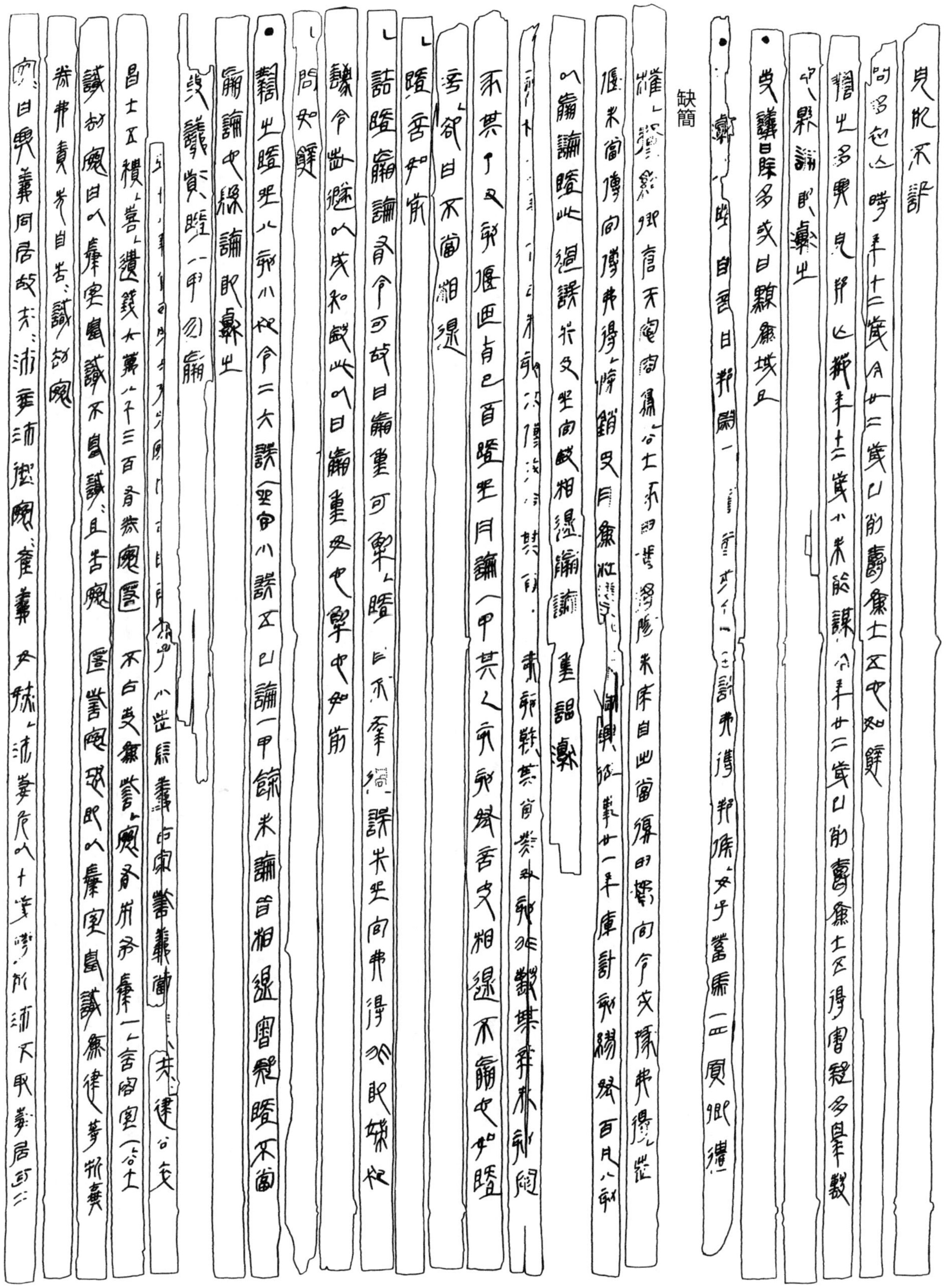

090 091 092 093 094 094(2) 409 096 097 095 098 099 100 101 102 103 104 105 106 107 108 109 110 111 112

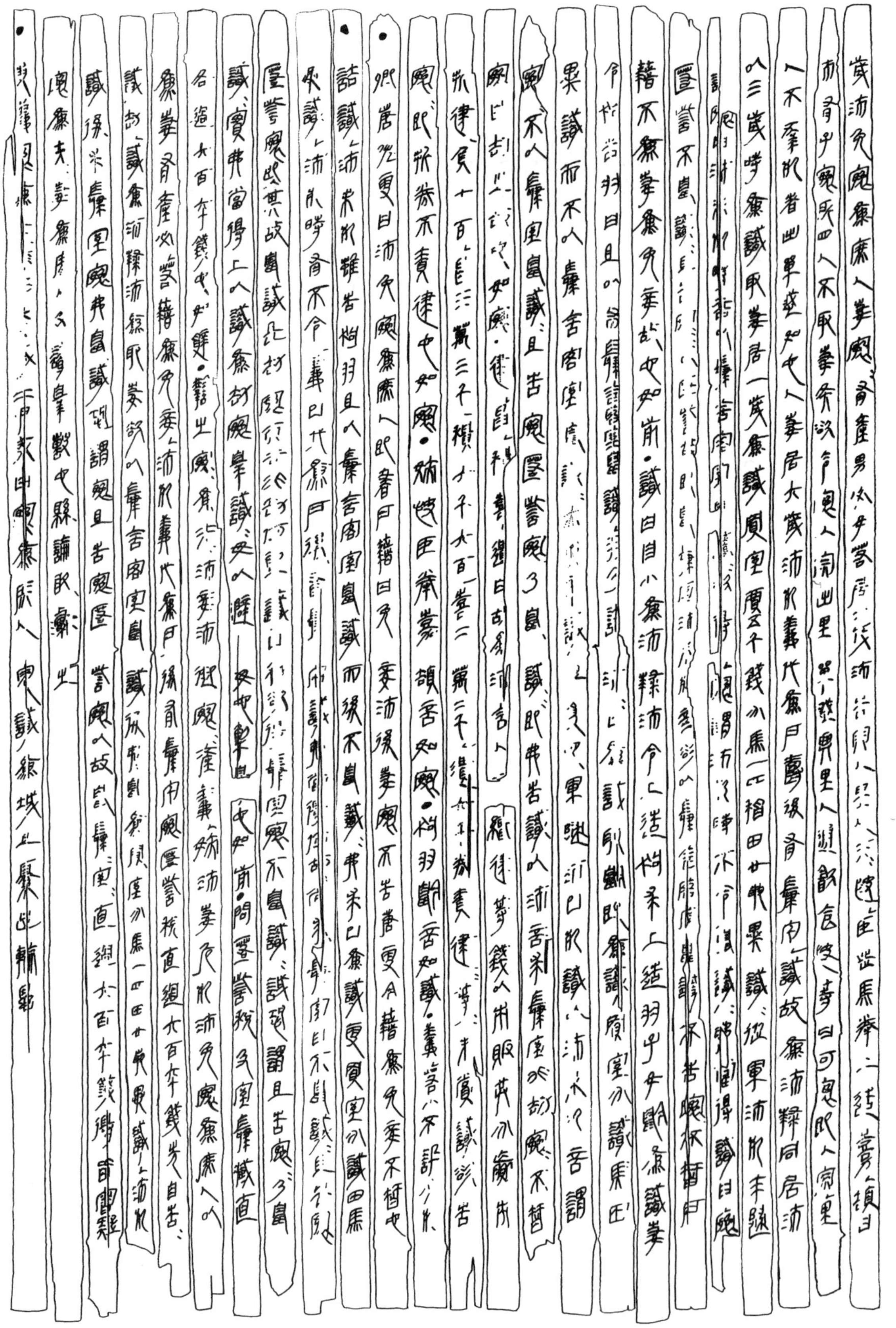

113 114 115 116 117 118 119 120 121 122 123 124 125 126 127 128 129 130 131 132 133 134 135 136

待考殘簡

246

單簡摹本

○一　癸、瑣相移謀購案

001(殘227＋1347)

●廿[五][年]六月丙辰朔癸未州陵守綰丞越敢潚之迺四月辛酉校長癸求

002(1002－1)

盗上造柳士五轎∟沃詣男子治等八人女子二人告羣盜=殺人∟治等曰羣盜=〔一〕

003(1032＋1030)

殺人∟辟未斷未致購∟到其甲子沙羨守驩曰士五瑣等捕治[等][移]鼠癸等●癸[曰]

004(0061＋殘039)

☑[治]等羣盜=殺人校長果部州陵守綰令癸與令佐士五行將柳等追☑

005(0055－1＋0053＋0055－3)

迹行到沙羨界中瑣等已捕∟瑣等言治等四人邦亡不智它人何辠∟癸等智∟利

006(0093)

得羣盜=殺人購∟癸行請告瑣等曰瑣等弗能詣告移鼠癸=等=詣州陵盡鼠瑣等

006(2)（殘453）

☑購四萬三百廿錢癸等☑

007(0164)

鼠瑣等以爲購錢數┗得公購備鼠瑣等┗行弗詣告皆謀分購┗未致購得它如沙羨書

008(0157)

●行┗柳┗轎┗沃┗言如癸●士五瑣渠┗樂曰與士五得┗潘┗沛戍之山材見治等共捕治等四〔二〕

009(0160)

人言秦人邦亡其它人不言所坐┗得┗潘┗沛令瑣等將詣沙羨┗沛等居亭約得購分

010(0184)

購錢┗未到沙羨實不智治等何辠弗能告有不智辠盜購多┗利癸等約死辠購聽

011(1361)

請券付死辠購先受錢二千未受公購錢得沛等不智瑣等弗詣相移受錢它如癸

012(1222)

等┗沛┗潘┗得言如瑣等

013(1221)

五月甲辰州陵守綰丞越史獲論令癸瑣等各贖黥癸└行戍衡山郡各三歲以當灋先備

014(1466－1)

贖不論沛等└監御史康劾以爲不當錢不處當更=論=及論失者言夬●綰等曰治等發興吏[三]

015(1469)

徒追└癸等弗身捕瑣等捕弗能告請相移給以求購=未致得└綰等以盜未有取吏貲灋戍律

016(1473)

令論癸瑣等口（？）令瑣等環癸等錢它如癸等及劾●診問死辠購四萬三百廿└羣盜=殺人購八

017(殘155)

□□它如告辤治等別□

018(1491＋0923)

●鞫之癸└行└柳└轎└沃└羣盜治等盜殺人└癸等追└瑣└渠└樂└得└潘└沛巳共捕└沛等令

019(1343)

瑣等詐約分購未詣└癸等智治等羣盜=殺人利得其購紿瑣等約死辠購└瑣等

020(1345)

弗能告利得死辠購聽請相移給券付死辠購先受私錢二千以爲購乚得公購備乚行弗

021(1346＋1002－2)

[詣]告約分購乚沛等弗詣約分購不智弗詣相移受錢乚獄未斷未致購得乚死辠購四

022(1031)

萬三百廿乚羣盜＝殺人購八萬六百卌錢乚綰等以盜未有取吏貲灋[戍]律令論[癸]瑣等不論

023(0054)

及它不觳敢讞之

024(0094)

●吏議曰癸瑣等論當毆沛綰等不當論乚或曰癸瑣等當耐爲侯令瑣等環癸等錢綰等

025(0163－1)

廿五年七月丙戌朔乙未南郡叚守賈報州陵守綰丞越子讞校長癸等詣男子治等告羣盜[＝]

026(0158)

⧄移鼠癸等乚癸（？）曰治等殺人癸與佐行將[徒]追瑣等已捕[治][等][四]

027(0152＋殘020)

人曰邦亡乚不智它人辠癸等利得羣盜購請瑣等鼠癸＝等＝詣盡鼠瑣等死辠購瑣等

028(0183)

鼠乚癸先以私錢二千鼠以爲購數乚行弗詣告皆謀分購未致購得疑癸乚瑣乚綰等辠乚瀌固有

029(殘303＋1359)

審矣癸等其審請瑣等所出購以死辠購備鼠瑣等有券乚受人貨材以枉律令其所枉當

030(1220)

貲以上受者貨者皆坐臧爲盜有律不當瀌乚獲手其貲綰越獲各一盾它有律令

注釋：

〔一〕簡002（清理編號1002－1）粘上簡021的殘片（清理編號1002－2），覆蓋「柳士五輙沃詣男子治」九字的部分筆畫。舊著紅外綫單簡圖版將簡1002－2切去，以便辨別殘筆。摹本字迹和輪廓亦據經過加工的紅外綫圖版，僅據彩色圖版補摹「沃」字水旁和相關簡面。

〔二〕「瑣」字下脱或殘鈎形符號。

〔三〕舊著彩色圖版簡032（清理編號1466－2）壓在簡014（清理編號1466－1）上，僅見簡014的邊緣。在紅外掃描時，兩簡纔被剥離。摹本僅據紅外綫圖版。

○二　尸等捕盜疑購案

031(1219)

廿五年五月丁亥朔壬寅州陵守綰丞越敢讞之迺二月甲戌走馬達告曰盜＝殺傷走馬

032(1466－2)

好□□□部（？）中（？）即（？）令（？）覆（？）□驩（？）求盜尸等十六人追∟尸等產捕詣秦男子治等

033(1468)

四人荆男子閬等十人告羣盜＝殺傷好等●治等曰秦人邦亡荆∟閬等曰荆邦人皆居

034(1472)

京州相與亡來入秦地欲歸羛行到州陵界中未詣吏悔謀言曰治等已有辠秦＝不

035(0922＋殘142)

□歸羛來居山谷以攻盜即攻盜＝殺傷好等它如尸等●診問如告辤京州後降爲＝〔一〕

036(1342)

秦＝之後治閬等乃羣盜殺傷好等∟律曰產捕羣盜一人購金十四兩∟有曰它邦人

037(1339)

□□□盜非吏所興毋什伍將長者捕之購金二兩●鞫之尸等產捕治閬等告羣盜＝殺傷〔二〕

038(1336)

好等治等秦人邦亡荆ㄴ閬等荆人亡來入秦地欲歸羛悔不詣吏以京州降爲秦後羣

039(1479+1348)

☒[等]皆審疑尸等購它縣論敢讞之●吏議以捕羣盗律購尸等ㄴ或曰以捕它邦人

040(0083)

廿五年六月丙辰朔己卯南郡叚守賈報州陵守綰丞越子讞求盗尸等捕秦男子治等四人

041(0095)

荆男子閬等十人告羣盗[=]殺傷好等ㄴ治等秦人邦亡ㄴ閬等荆人來歸羛行到州陵悔

042(0138)

□□□□□□攻（？）盗（？）ㄴ（？）京州降爲秦乃殺好等疑尸等購●讞固有審矣治等審秦人毆尸

043(0162)

等當購金七兩閬等其荆人毆尸等當購金三兩它有令

注釋：

〔一〕「歸羛來」三字據簡052背面反印文補釋。

〔二〕簡首三字，墨跡與污漬交錯，無法摹寫。

〇三　猩、敞知盗分贓案

044(0159)

●廿三年四月江陵丞文敢潚之廿三年九月庚子令下劾掾江陵獄上造敞士五

045(0200+0195)

猩智人盗埱冢分臧得敞當耐鬼薪猩黥城旦遝戊午赦爲庶人鞫

046(1360)

審潚

047(1217)

●今視故獄廿一年五月丁未獄史窣詣士五去疾ㄴ號曰載銅●去疾ㄴ號曰號乘軺

048(1218)

之醴陽與去疾買銅錫冗募樂一男子所載欲買得它如窣

049(1309)

●執一男=子=士五定名猩

050(1467)

●猩曰□□□□□樂爲庸取銅草中得它如號等

051(1471)

●孱陵獄史民詣士五達與猩同獄將從猩●達曰亡與猩等獵漁不利負責

052(1341)

冗募上造禄等從達等漁謂達乚禄等亡居荑道界中有廬舍乚欲殹從禄乚達

053(1338)

等從禄乚猩獨居舍爲養達與僕徒時等謀埱冢不告猩冢巳勶分器乃告

054(1335)

猩乚蒔等不分猩乚達獨分猩它如猩●猩曰達等埱冢不與猩謀分器蒔等不分

055(1480)

猩乚達獨私分猩=爲樂等庸取銅草中它如達及前●醴陽丞悝曰冗募上造敞

056(0084)

埱冢者錫到舍達巳分錫乚達謂敞巳到前不得錫今冢中尚有器=巳出買敞所乚時

057(0096)

告達請與敞出餘器分敞達曰發冢一歲矣今勶敞乃來不可與敞乚達等相將之水旁

058(0143)

有頃來告敞曰與敞＝來後前者爲二面敞爲一面敞曰若皆行到冢得錫敞買及受分覺

059(0149－1)

亡得它如達等●達言如敞●達等堀冢不與猩敞謀得衣器告猩敞受分臧過六百六十錢

060(0008＋0037)

☑如辤●鞫之達等堀冢不與猩敞謀得衣器告猩敞受分臧過六百六十錢得猩當黥〔一〕

061(0193＋殘033)

城旦敞耐鬼薪遝戊午赦審∟江陵守感丞暨史同論赦猩敞爲庶人∟達等令（?）別（?）論敢潚之

注釋：

〔一〕簡060據文意和前後背面反印文的分佈情況遥綴而成，參看簡序驗證資料《第一類卷册結構表》。「得」字，參照查詢記錄（簡059），據文意補釋；其寸形末筆仍見簡0037上方。

〇四　芮盗賣公列地案

062(1214)

●敢瀱之江陵言公卒芮與夫〓材共蓋受棺列吏後弗鼠乚芮買其分肆士

063(1215)

五朵地直千蓋二百六十九錢以論芮乚二月辛未大守令曰問芮買與朵別買地且

064(1216)

吏自別〓直〓以論狀何如勿庸報鞫審瀱●視獄十一月己丑丞暨劾曰聞主市曹

065(1315)

臣史隸臣更不當受列受棺列買問論●更曰芮朵謂更棺列旁有公空列可受欲受

066(J48)

亭佐駕不許芮朵乚更能受共更曰若更即自言駕〓鼠更〓等欲治蓋相移乚材争

067(1340)

弗得聞材後受它如劾●材曰已有棺列不利乚空列故材列乚十餘歲時王室置市

068(1337)

府奪材以爲府〓罷欲復受弗得迺往九月辤守感〓令亭賀曰毋争者鼠材走馬喜

069(1334)

争賀即不鼠材〓私與喜謀喜故有棺列勿争材巳治蓋喜欲與喜□貿喜

070(1488)

曰可材弗言賀即擅竊治蓋以爲肆未毄芮謂材與芮共不共且辯争材詑

071(0085)

辯賀〓不鼠材芮將材芮喜言感曰皆故有棺肆弗鼠擅治蓋相争感曰勿鼠ㄥ材

072(0097)

……邛……材……芮□□欲居材曰不可須芮來朵即弗敢居它如更

073(0142)

●芮曰空列地便利〓與材共喜争芮乃智材弗得弗敢居廼十一月欲與人共漁毋錢

074(0670)

朵子士五方販棺其列下芮利買所共蓋公地卒（？）又（？）蓋□□□□與材共□□□

075(0001＋0038)

芮分方曰欲即并賈地蓋千四百方前顧芮千巳盡用錢買漁具後念悔恐發

076(1212)

覺有皋欲益賈令方勿取即枉謂方賤令二＝千弗取環方錢方曰貴弗取芮

077(1213)

毋錢環居三日朵責與期五日備賞錢不賞朵以故賈取肆朵曰若即弗環錢去往

078(1210)

●漁得它如材更●方曰朵不存買芮肆芮後益賈弗取責錢不＝得＝居肆芮母索

079(1316)

後環二百錢未備八百它及朵言如芮材●駕言如更●賀曰材喜∟芮妻佞皆已受

080(1317)

棺列不當重受它及喜言如材芮●索言如方●詰芮＝後智材不得受列弗敢居是公

081(1332)

列地殹可故給方曰巳受盜買于方巳盡用錢後撓益賈欲令勿取方弗取有弗

082(1331)

環錢去往漁是即盜紿人買公列地非今且以盜論芮＝可以解∟芮曰誠弗受朵姊

083(1333)

孫故爲兄妻有子ᒪ兄死孫尚存以方朵終不告芮=即給買方巳用錢毋以賞上即以

084(1350)

芮爲盜買公地辠芮=毋以避毋它解它如前●獄史豬曰芮方并賈豬以芮不

085(0086)

九錢買分四百卌五尺直千錢它如辤●鞫之芮不得受列擅蓋治公地費六百九

086(0141)

[錢]□……地積（?）四百[卌][五][尺]……[千]四百巳受千錢盡用後環二百ᒪ地臧直千

087(0607)

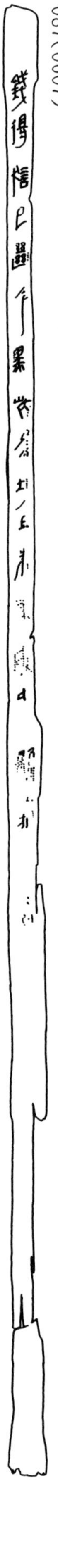

錢得獄巳斷令黥芮爲城旦未□□它縣論[敢][讞][之]

○五　多小未能與謀案

088(0101＋0560)

☑灋之十二月戊午軍巫閒曰攻荆廬谿☑故（？）秦人邦亡荆者男子多

089(1209)

多曰小走馬以十年時與母兒邦亡荆亡時小未能與兒謀它如軍巫書

090(1211)

兒死不訊

091(1208)

問多初亡時年十二歲今廿二歲巳削爵爲士五它如辤

092(1318)

鞫之多與兒邦亡荆年十二歲小未能謀今年廿二歲巳削爵爲士五得審疑多辠毄

093(1329)

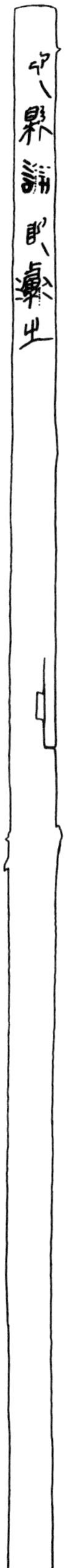

它縣論敢灋之

094(1330)

●吏議曰除多或曰黥爲城旦

〇六　暨過誤失坐官案

094(2)(J15)

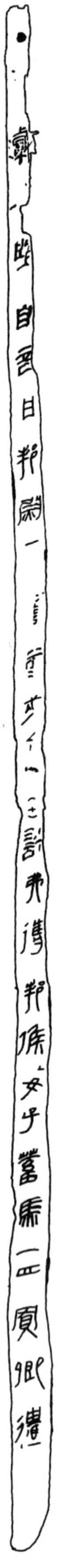

●[敢]讞之暨自言曰邦尉下（?）□更（?）戍令（?）□誤（?）弗傳邦候ㄥ女子蓄馬一匹買卿遣[一]

096(0087)

權ㄥ□谿卿倉天窻容鳥ㄥ公士豕田橘將陽未席自出當復田橘官令戍㫙弗得ㄥ走

097(0151＋0140)

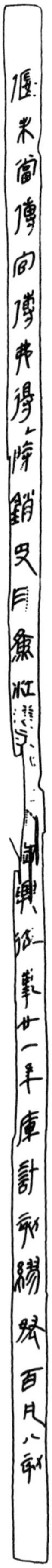

偃未當傳官傳弗得ㄥ除銷史丹爲江陵史□未定（?）與從事廿一年庫計劾繆弩百凡八劾

095(0696)

以羸論暨此過誤失及坐官毆相遝羸論重謁讞

098(1207＋1366)

●（?）視（?）獄（?）[廿][一]年六（?）[月]己未劾不傳（?）戍（?）令其七月丁亥劾輓其八月癸丑劾非轂其辛未劾窻

099(1206)

豖其丁丑劾偃廼十月己酉暨坐丹論一甲其乙亥劾弩言夬相遝不羸它如暨

100(1205)

言└卻曰不當相還

101(1319)

└暨言如前

102(1327)

└詰暨羸論有令可故曰羸重可解└暨曰不幸過誤失坐官弗得非敢端犯

103(1328)

瀘令赴隧以成私毆此以曰羸重毋它解它如前

104(J16)

└問如辤

105(0039)

●鞫之暨坐八劾小犯令二大誤一坐官小誤五已論一甲餘未論皆相還審疑暨不當

106(0088)

羸論它縣論敢讞之

107(0003)

☐吏議貲暨一甲勿羸

待考殘簡

246（殘 414）

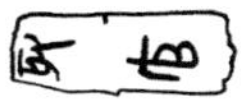

☐劾官☐

注釋：

〔一〕舊著失收本簡圖版和大部分釋文，僅據簡 104（清理編號 J16）背面圖版翻轉補製圖版，並據反印文補釋部分字詞。今參考史達《嶽麓秦簡〈爲獄等狀四種〉新見漏簡與案例六的編聯》（《湖南大學學報（社會科學版）》第二十八卷第四期，二〇一四年），據彩色和紅外綫圖版製作摹本，並釋出簡文，釋文參看拙著《嶽麓秦簡復原研究》第二部分第二章《〈爲獄等狀四種〉編聯方式的幾點補充説明》和拙稿《嶽麓書院秦簡〈爲獄等狀四種〉第一類卷册釋文、注釋及編聯商榷》，圖版可參看拙著《嶽麓書院藏秦簡（叁）校勘記（續）》（復旦大學出土文獻與古文字研究中心網站，二〇一四年七月二十四日）。摹本「暨」、「言」兩字仍據簡 104 背面圖版。

○七　識劫婉案

108(0023+0035)

☒之十八年八月丙戌大女子婉自告曰七月爲子小走馬羛占家訾羛當責夫=建公卒

109(1203)

昌士五積∟喜∟遺錢六萬八千三百有券婉匿不占吏爲訾∟婉有市布肆一∟舍客室一∟公士

110(1204)

識劫婉曰以肆室鼠識不鼠識=且告婉匿訾婉恐即以肆室鼠識爲建等折棄

111(1320)

券弗責先自告=識劫婉

112(1326)

婉曰與羛同居故夫=沛妾沛御婉=産羛女妭∟沛妻危以十歲時死沛不取妻居可二

113(1325)

歲沛免婉爲庶人妻婉=有産男必女若居二歲沛告宗人里人夫=快∟臣走馬拳上造嘉∟頡曰

114(J17)

沛有子婉所四人不取妻矣欲令婉入宗出里單賦與里人通歓食快等曰可婉即入宗∟里

115(0040)

人不幸死者出單賦如它人妻居六歲沛死羛代爲户爵後有肆宅∟識故爲沛隸同居沛

116(0089)

以三歲時爲識取妻居一歲爲識買室賈五千錢分馬一匹稻田廿畝異識=從軍沛死來歸

117(殘021+0322-2+0322-3+殘636)

謂婉曰沛未死時言以肆舍客室鼠識=欲得∟婉謂沛死時不令鼠識=弗當得識曰婉

118(1202)

匿訾不鼠識=且告婉=以匿訾故即鼠肆室沛未死言欲以肆舍客室鼠識不告婉不智户

119(1201)

籍不爲妻爲免妾故它如前●識曰自小爲沛隸沛令上造狗求上造羽子女齡爲識妻

120(1321+殘288)

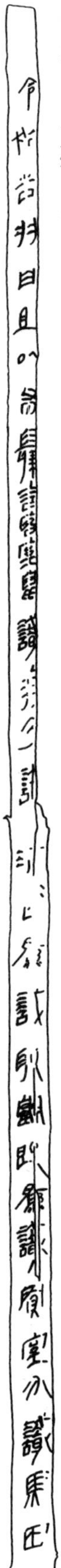

令狗告羽曰且以布肆舍客室鼠識∟羽乃許沛=巳爲識取齡即爲識買室分識馬田

121(1324)

異識而不以肆舍客室鼠識=亦（?）弗（?）□識□受它軍歸沛巳死識以沛未死言謂

122(J55)

𡟰=不以肆室鼠識=且告𡟰匿訾𡟰乃鼠識=即弗告識以沛言求肆室非劫𡟰不智

123(0041)

𡟰曰劫之故它如𡟰●建乚昌乚積【乚】喜乚遺曰故爲沛舍人【沛】織建等錢以市販共分贏市

124(0090)

折建負七百乚昌三萬三千乚積六千六百乚喜二萬二千乚遺六千券責建=等=未賞識欲告

125(0046)

𡟰=即折券不責建它如𡟰●娭快臣拳嘉頡言如𡟰●狗羽齡言如識●萉乚若小不訊必死

126(1200)

●卿唐佐更曰沛免𡟰爲庶人即書户籍曰免妾沛後妻𡟰不告唐更今籍爲免妾不智它

127(1198)

●詰識乚沛未死雖告狗羽且以肆舍客室鼠識而後不鼠識=弗求巳爲識更買室分識田馬

128(1323)

異識乚沛死時有不令乚萉巳代爲户後有肆宅識弗當得何故尚求肆室曰不鼠識=且告𡟰

129(J60)

匿訾娩即以其故鼠識是劫娩而云非劫何解∟識曰□欲得肆室娩不鼠識＝誠恐謂且告娩＝乃鼠

130(0042)

識＝實弗當得上以識爲劫娩辠識＝毋以避毋它解辠它如前●問匿訾税及室肆臧直

131(0045)

各過六百六十錢它如辤●鞫之娩爲夫＝沛妾沛御娩＝產羛∟姎沛妻危死沛免娩爲庶人以

132(1199)

爲妻有產必∟若籍爲免妾∟沛死羛代爲户後有肆宅娩匿訾税直過六百六十錢先自告＝

133(1197)

識劫∟識爲沛隸沛爲取妻欲以肆舍客室鼠識後弗鼠爲買室分馬一匹田廿畝異識∟沛死

134(J56)

識後求肆室娩弗鼠識恐謂娩且告娩匿訾娩以故鼠肆＝室＝直過六百六十錢得皆審疑

135(0043)

娩爲夫＝妻爲庶人及識辠毄它縣論敢讞之

136(0044)

●吏議婏爲夫=妻貲識二甲或曰婏爲庶人完識爲城旦繫足輸蜀

第二類

編聯摹本

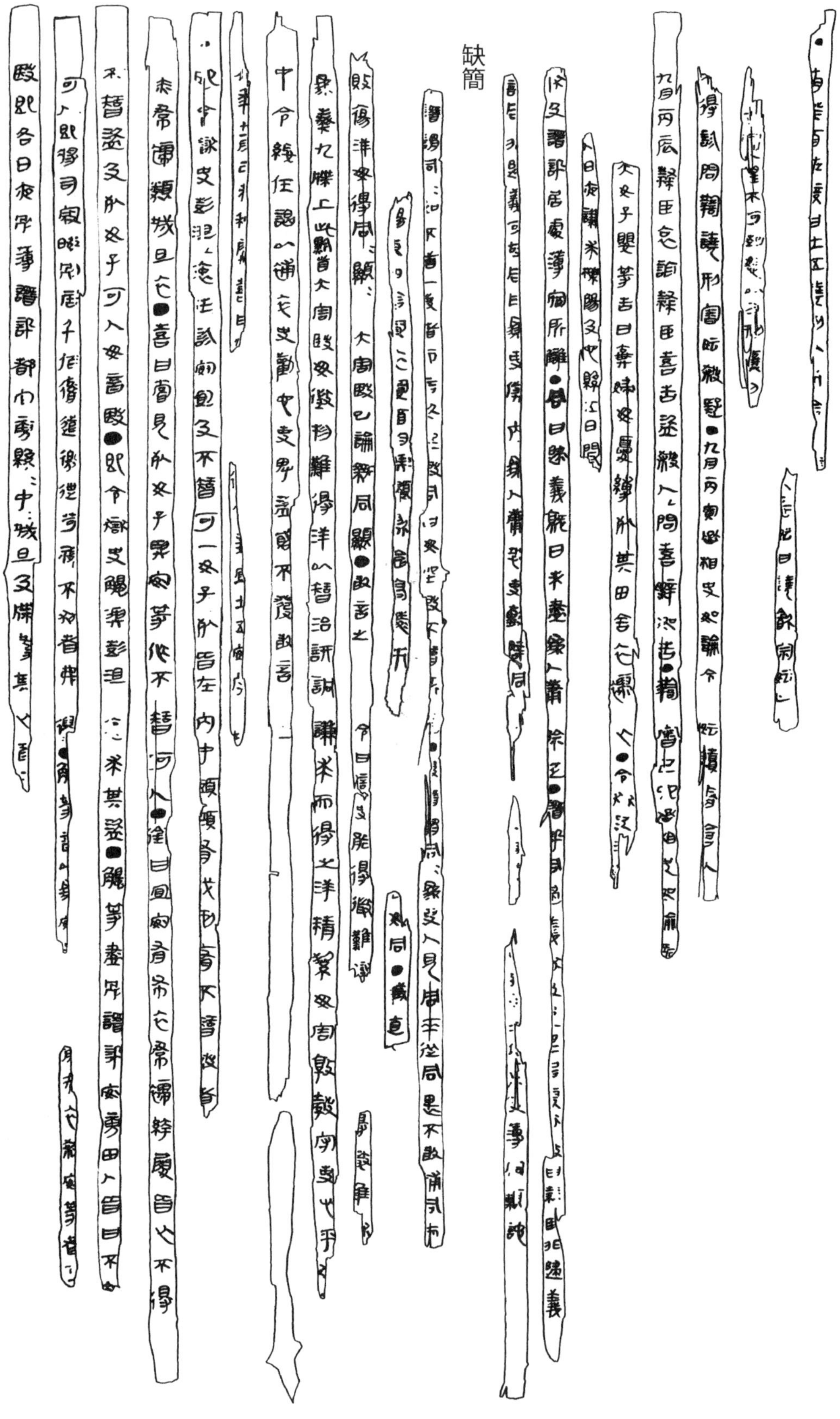

137 138 139 140 141 142 156 143 144 q11 145 146 147 148 149 150 151 152 154 155 153

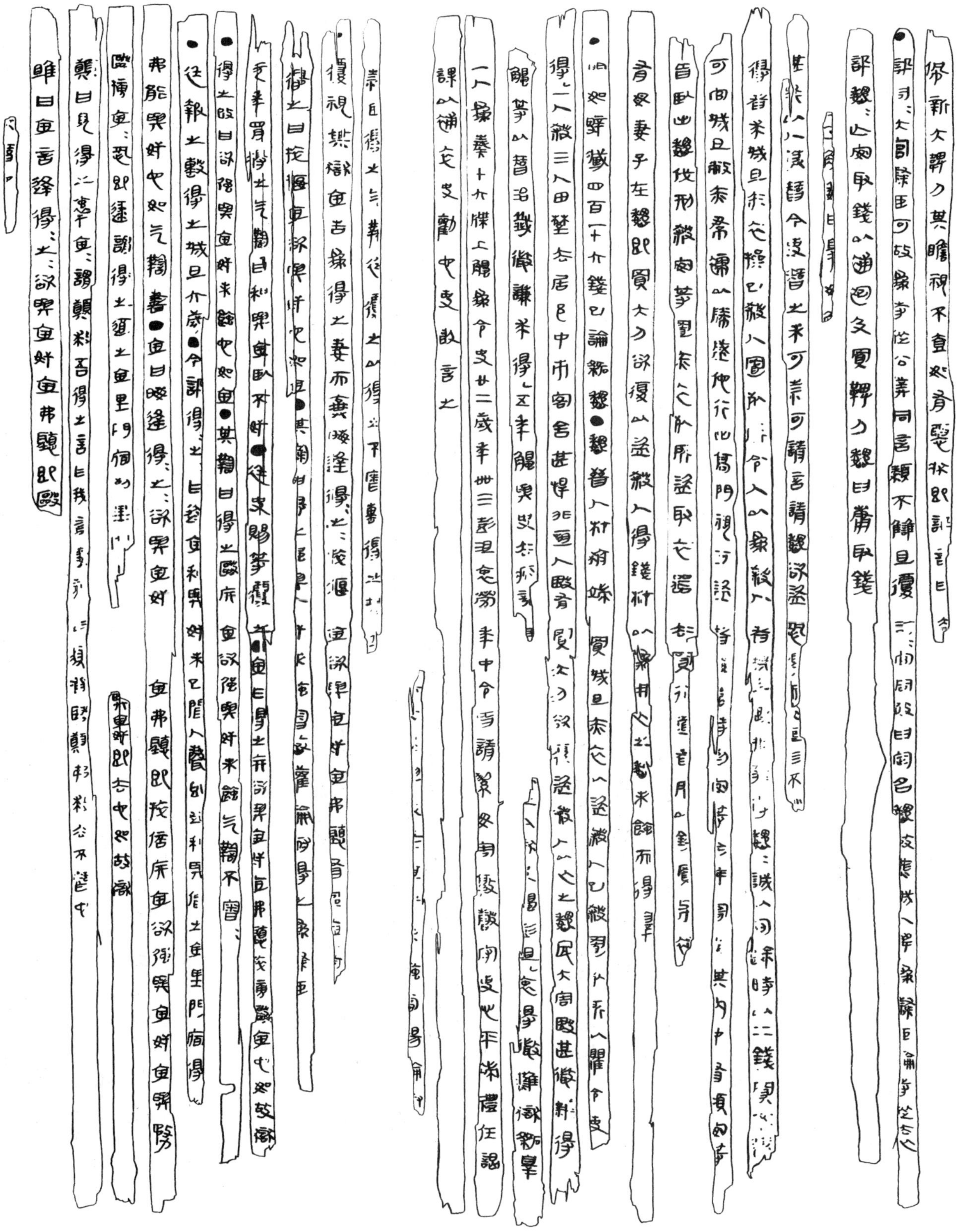

157 158 159 165 160 161 162 163 164 166 167 168 169 170 171 172 173 174 175 176 177 178 179 180 181 182

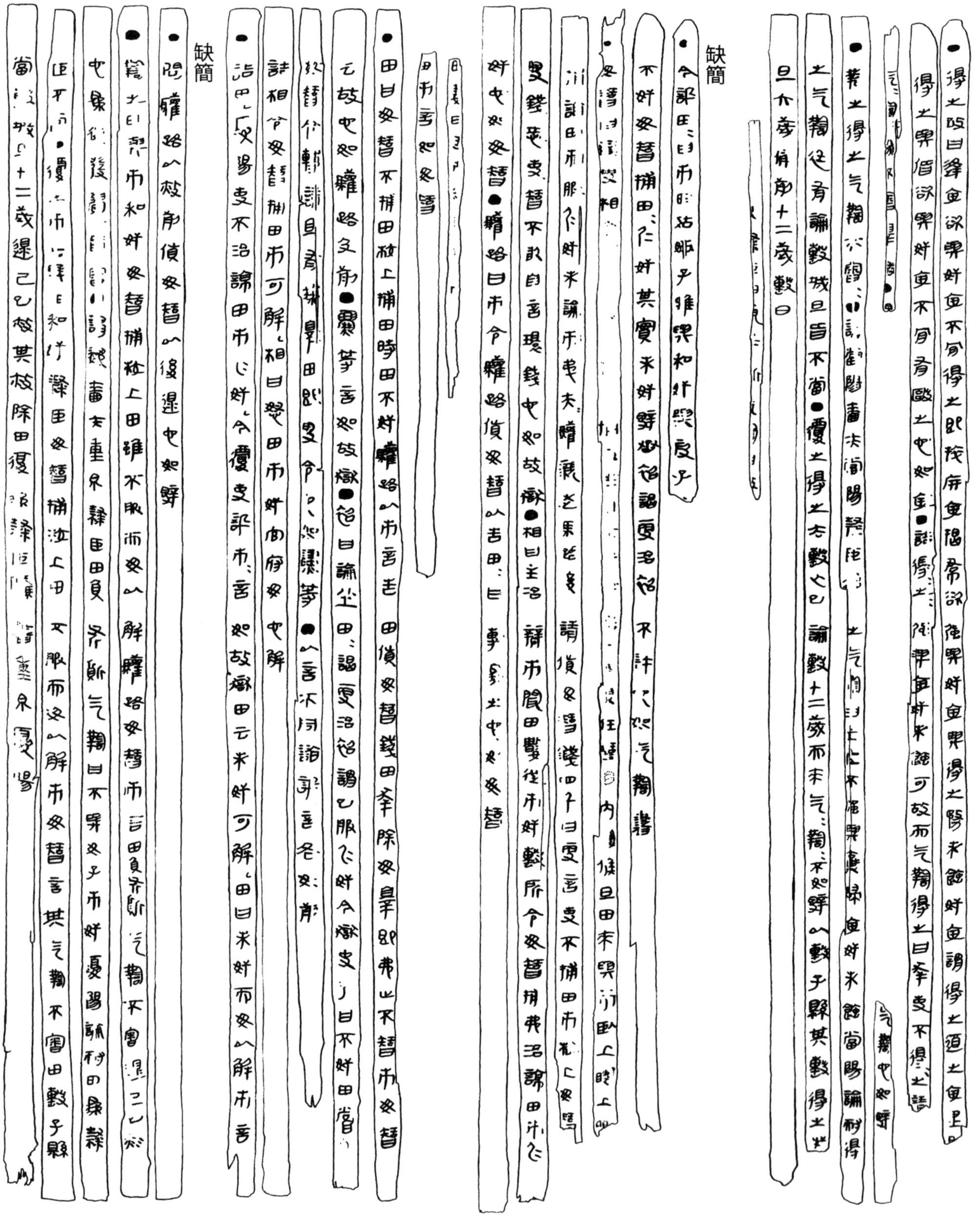

183 184 185 186 187 188 189 q13（缺簡） 190 191 192 193 194 195 196 197 198 199 200 201 202 q14（缺簡） 203 204 205 206 207

208

209

137背

139背

140背

單簡摹本

○八　譊、妘刑殺人等案

137(0452(0)-1)

●十月癸酉佐競曰士五譊刑人（？）市舍□□☑〔一〕（正）

爲獄訨狀（背）

138(0452(0)-2)

☑□妾妘曰譊歙宗妘亡☑

139(0494)

☑□□嗑不可起怒以刀刑（？）棄刀☑（正）

爲气鞫奏狀〔二〕（背）

140(0421)

不（？）得訬問鞫譊刑審妘殺疑●九月丙寅丞相史如論令妘贖舂倉人☑（正）

[爲]覆奏狀〔三〕（背）

141(0455)

九月丙辰隸臣哀詣隸臣喜告盜殺人∟問喜辤如告●鞫審己卯丞相史如論磔☐

注釋：

〔一〕簡137［清理編號0452（0）-1］正面漏拍，舊著彩色圖版據紅外綫圖版補製，摹本亦僅據紅外綫圖版。

〔二〕簡139（清理編號0494）扭轉變形，原圖版正面、背面都僅拍攝部分簡面，舊著彩色圖版已無法復原原狀，紅外綫圖版經過圖像處理，據正背雙面圖像儘量復原原狀。摹本字迹據復原圖像。

〔三〕簡140（清理編號0421）背面漏拍，舊著彩色圖版據紅外綫圖版補製，摹本亦僅據紅外綫圖版。

○九　同、顯盜殺人案

142(0320)

☑大女子嬰等告曰棄婦毋憂縛死其田舍衣襦亡●令獄史洍☐☑

156(殘 353)

☑人日夜謙求櫟陽及它縣五日聞☑

143(1824＋殘 340)

狀及譖訊居處薄宿所讎●同曰歸義就日未盡爲人庸除芝●譖訊同歸義狀及邑里居處狀改曰隸臣非歸義

144(1834＋1817)

☑訊同非歸義可故同曰爲吏僕内爲人庸恐吏毄辟同☐☐☑☐☐☐☐☑☐☐☐☐☐☐☐及薄宿類詑〔一〕

145(1816)

☐譖謂同＝和不首一吏者而言毋坐毆同曰毋坐毆不智所問（？）●復譖謂同＝爲吏人見同巫從同畏不敢捕同而☑

146(1845＋0462－1)

☑☐噣東田舍買衣買酒肉與顯歓食高陵市☑言（？）如同●臧直☑

147(0452＋殘 385)

敗傷洋毋得同＝顯＝☐大害毆已論磔同顯●敢言之☐令曰獄史能得微難獄☑得微難獄☑

148(0643)

爲奏九牒上此黔首大害殹毋徵物難得洋以智治訮詗謙求而得之洋精絜毋害敦殼守吏心平[端][禮]☐

149(0517)

中令綏任謁以補卒史勸它吏卑盜賊不發敢言之

注釋：

〔一〕舊著紅外綫圖版缺簡144－2（清理編號1817－1），疑掃描時遺失，摹本僅據彩色圖版。

一〇　魏盜殺安、宜等案

150(殘115＋殘114)

六年十一月己未私屬喜曰□☐佀人妾宜士五安□□□☐

151(0511)

●即令獄史彭沮ㄴ衷往誇安宜及不智可一女子死皆在内中頭頸有伐刑痏不智殺者☐

152(0418)

赤帬襦類城旦衣●喜曰嘗見死女子與安等作不智可人●銜曰宜安有布衣帬襦絝履皆亡不得

154(0422)

不智盜及死女子可人毋音毆●即令獄史觸與彭沮衷求其盜●觸等盡別譖訊安旁田人皆曰不智

155(0454＋殘087)

可人即將司寇晦別居千佰嶴道徼迣苛視不犳者弗得●觸等音以爲安□☐有赤衣殺安等者城☐

153(0329)

毆即各日夜別薄譖訊都官旁縣=中=城旦及牒書其亡者□☐

157(1828)

佩新大韓刀其瞻視不壹如有惡狀即訊言曰大宮☐

158(1822)

●訊同〓大宮隸臣可故爲寺從公僕同言類不讎且覆詣（？）〓官同改曰定名魏故燕城人降爲隸臣輸寺從去亡

159(1818)

訊魏〓亡安取錢以補袍及買鞞刀魏曰庸取錢

165(殘408)

▨□可解魏曰辠毋解▨

160(0452（2）)

甚矣以人莫智今吏智之未可奈可請言請魏欲盗恐得而□□□不▨

161(0642)

得者求城旦赤衣操巳殺人置死所令人以爲殺人者城旦毆（？）弗（？）能（？）得（？）魏〓誠以旬餘時以二錢買不智

162(0516)

可官城旦敝赤帬襦以縢盛佗行出高門視可盗者莫（？）食時到安等舍□寄□其内中有頃安等〔一〕

163(0512)

皆卧出魏伐刑殺安等置赤衣死所盗取衣器去買行道者所以錢買布補▨〔二〕

164(0419)

有母妻子在魏即買大刀欲復以盜殺人得錢材以爲用亡之魏未蝕而得辠

166(0423)

●問如辤臧四百一十六錢巳論磔魏●魏晉人材犺端買城旦赤衣以盜殺人巳殺置死所以臞令吏▨

167(0427)

得乚一人殺三人田壄去居邑中市客舍甚悍非恒人毆有買大刀欲復（？）盜殺人以亡之魏民大害毆甚微難得

168(0307＋1830)

觸等以智治鐵微謙求得乚五年觸與史去疢謁（？）爲（？）▨□之（？）今獄史觸彭沮乚衷得微難獄磔辠

169(1821)

一人爲奏十六牒上觸爲令史廿二歲年卌三彭沮衷勞年中令皆請絜毋害敦殼守吏心平端禮任謁

170(1819)

課以補卒史勸它吏敢言之

注釋：

〔一〕紅外綫圖版上，簡162（清理編號0516）在「舍」字下折斷，其左下小殘片正背圖像都相同，似掃描時忘記翻轉。因此，摹本「舍」下未釋字僅據彩色圖版。

〔二〕舊著簡163（清理編號0512）彩色圖版下半部分係背面誤拍，摹本字迹僅據紅外綫圖版。彩色圖版下半部分有來自簡151（清理編號0511）的反印文「頭頸有」、「殺者」，舊著第二類卷册結構表漏收「有」、「者」兩字。

一一 得之强與棄妻奸案

171(1846)

⧄□不强與棄妻娈奸未餘當陽論耐⧄

172(0453)

隸臣得之气鞫廷覆之以得之不審毄得之城旦⧄

173(0442)

●覆視其獄娈告爲得之妻而棄晦逢得=之=捽偃娈欲與娈奸娈弗聽有毆娈●娈⧄

174(殘119＋0629)

得之曰捽揠娈欲與奸它如娈●其鞫曰得之强與人奸未餘審ㄥ丞□讙論耐得之爲隸臣

175(殘120＋0509)

●元年四月得之气鞫曰和與娈卧不奸●廷史賜等覆之●娈曰得之庰欲與娈奸娈弗聽捽搒毆娈它如故獄

176(0420)

●得之改曰欲强與娈奸未餘它如娈●其鞫曰得之毆庰娈欲强與奸未餘气鞫不審=

177(0482)

●廷報之毄得之城旦六歲●今訊得=之=曰逢娈和與奸未巳聞人聲即起和與偕之娈里門宿得之⧄

178(0428)

弗能與奸它如气鞫書●变曰晦逢得=之=欲與变奸□变弗聽即捽倍庌变欲强與变奸变與務

179(0306＋1832)

毆搒变=恐即逯謂得之迺之变里門宿到里門宿▨與变奸即去它如故獄〔一〕

180(1820)

顛曰見得之牽变=謂顛救吾得之言曰我有妻（？）勢（？）悍（？）須者毆顛弗救去不智它

181(1776)

睢曰变言逢得=之=欲與变奸变弗聽即毆▨

182(殘 364)

▨不智它〔二〕

183(0441)

●得之改曰逢变欲與奸变不肎得之即捽庌变揭帬欲强與奸变與得之務未蝕奸变謂得之迺之变里門▨

184(0628)

得之與偕欲與奸变不肎有毆之它如变●詰得=之=强與变奸未蝕可故而气鞫得之曰幸吏不得=之請▨

185（殘 117＋殘 103＋殘 124）

气=鞫=爲不審辠殹●問（？）☐气鞫它如辤

186（0424）

●鞫之得之气鞫不審=●謂當陽嗇夫當陽隸臣得之气鞫曰□□不强與棄婦㚣奸未飾當陽論耐得

187（0425）

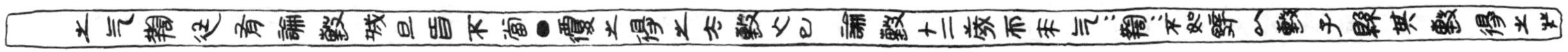

之气鞫廷有論毄城旦皆不當●覆之得之去毄亡已論毄十二歲而來气=鞫=不如辤以毄子縣其毄得之城

188（0429）

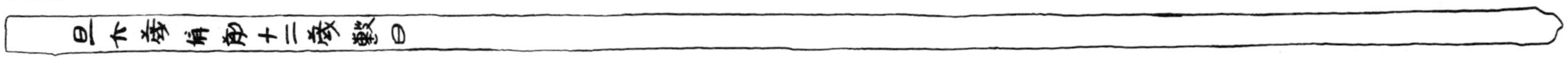

旦六歲備前十二歲毄日

注釋：

〔一〕簡 179－1（清理編號 0306）下方「里門宿」三字一段的簡面縱向裂爲三片，拍攝時將左側和中間兩片顛倒誤拼。舊著彩色圖版照樣收録，紅外綫圖版經圖像處理盡可能復原原貌，但因彩圖筆畫更全，小書摹本據彩圖摹出所有殘留筆畫，並按照紅外綫復原圖調整其相對位置關係。

〔二〕簡 182（清理編號殘 364）下端有編繩痕跡，應爲中或下道編繩；從簡 180（清理編號 1820）文例推測，「它」字應爲本簡簡文最後一字，因而下端不標斷簡符號。

一二　田與市和奸案

189(殘314＋殘496)

☐泉隸臣[田]負斧質气鞫曰[故]☐

190(1777)

●今訊田=曰市田姑姊子雖與和奸與叚子□☐

191(0439)

不奸毋智捕田=仁奸其實未奸辤丞祒謁更治祒不許它如气鞫書

192(0628（2）)

●毋智曰獄史相□……捕（?）□□□□□告（?）□□見（?）任（?）智（?）自（?）内（?）□侯（?）旦田來與市卧上□上即（?）

193(0445)

[捕]詣田市服仁奸未論市弟夫=驩親走馬路後請貨毋智錢四千曰更言吏不捕田市校上毋智☐

194(0426)

受錢恐吏智不敢自言環錢它如故獄●相曰主治瓣市聞田數從市奸㲄所令毋智捕弗治諒田市仁

195(0430)

奸它如毋智●驩路曰市令驩路貨毋智以告田=曰剸爲之它如毋智

196(殘367)

☐田妻曰□市□……☐

197(1831)

田市言如毋智

198(0437)

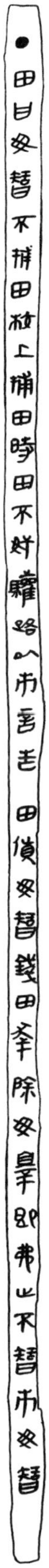

●田曰毋智不捕田校上捕田時田不奸驩路以市言告田貨毋智錢田幸除毋辠即弗止不智市毋智

199(0438)

云故它如驩路及前●爨等言如故獄●詔曰論坐田=謁更治詔謂巳服仁奸今獄夬乃曰不奸田嘗□

200(0444)

毋智令轉請且有爲（？）辠田即受令它如爨等●以言不同詰訊言各如前

201(0431)

詰相令毋智捕田市可解∟相曰怒田市奸官府毋它解

202(0433)

●詰田∟夏陽吏不治諒田市仁奸∟今覆吏訊市=言如故獄田云未奸可解∟田曰未奸而毋以解市言

203(0436)

●問驩路以赦前貨毋智以後遝它如辤

204(0435)

●鞫之田與市和奸毋智捕校上田雖不服而毋以解驩路毋智市言田負斧質气鞫不審遝己巳赦

205(0432)

它爲後發覺乚皆審●謂魏嗇夫重泉隸臣田負斧質气鞫曰不與女子市奸夏陽論耐田爲隸

206(0434)

臣不[當]●覆之市[仁]與田和奸隸臣毋智捕校上田不服而毋以解市毋智言其气鞫不審田毄子縣

207(0440)

當[毄]城旦十二歲遝己巳赦其赦除田復爲隸臣騰（？）書重泉夏陽

一三　善等去作所案

208(1829)

▨去之楊臺苑中除芝徒所聞士五善公士定公卒良□▨

209(1823)

▨中去作所數日復作●問善∟定∟良∟獾∟去作

第三類

編聯摹本

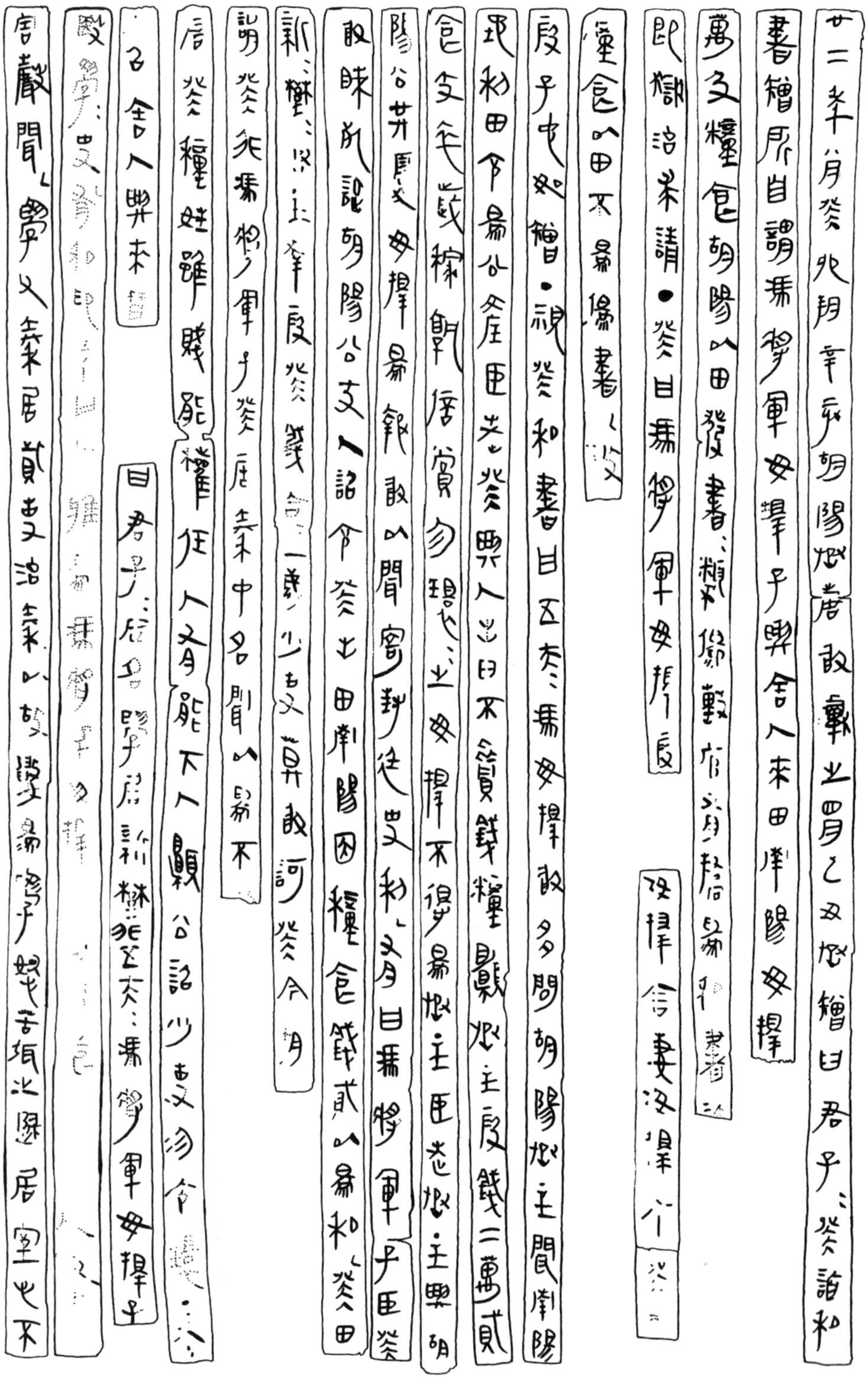

210 211 212 213 214 215 216 217 218 219 220 221 222 223 224 225

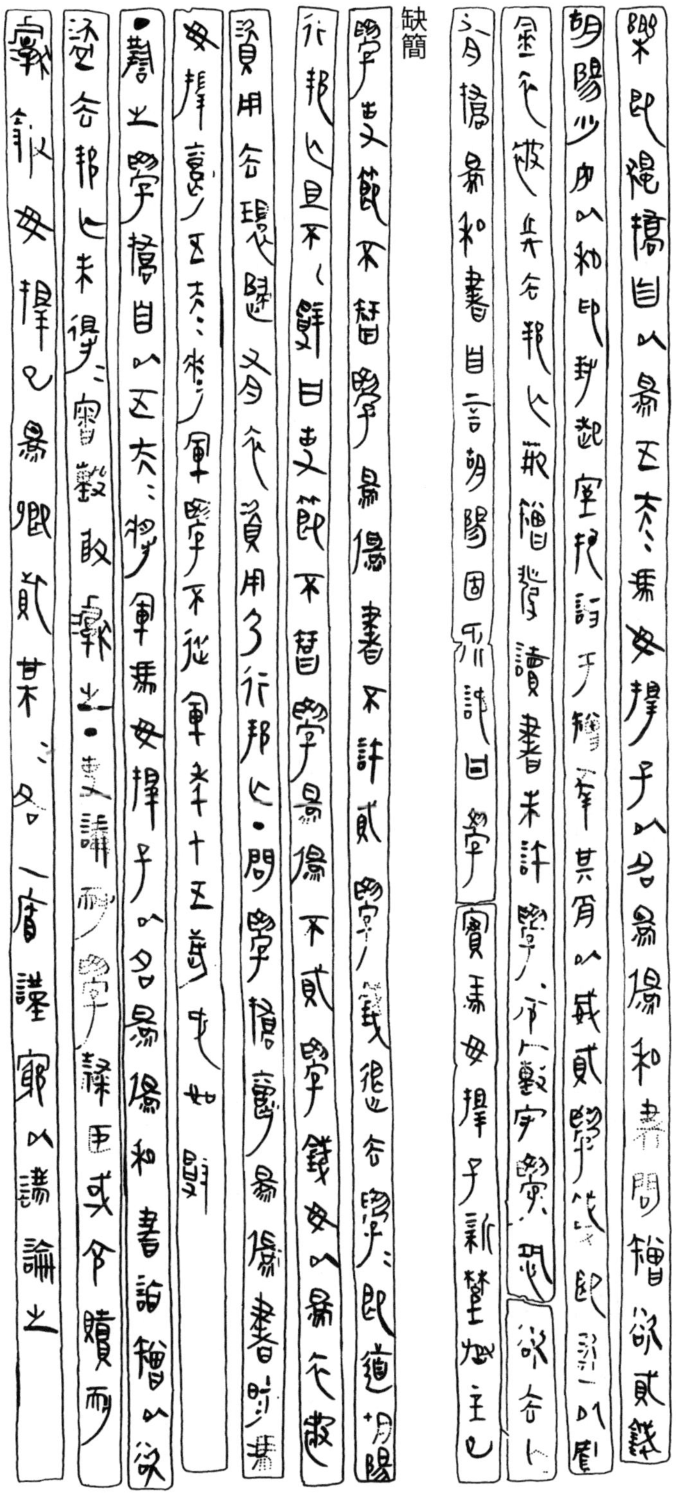

226　227　228　229

缺簡

q15　230　231　232　233　234　235　236

待考殘簡

253

單簡摹本

一四　學爲僞書案

210(1649＋2186)

廿二年八月癸卯朔辛亥胡陽丞唐敢讞之四月乙丑丞矰曰君子=癸詣私

211(0473)

書矰所自謂馮將軍毋擇子與舍人來田南陽毋擇〼

212(2174＋1840＋殘604)

萬及糧食胡陽以田發書=類僞觳官有撟爲私書詣〼

213(1088＋2184)

即獄治求請●癸曰馮將軍毋擇叚（？）〼毋擇舍妻毋擇令癸□

214(1194)

糧食以田不爲僞書ㄥ□〼

215(0882)

叚子它如矰●視癸私書曰五夫=馮毋擇敢多問胡陽丞主聞南陽

216(0323＋殘566＋殘655)

地利田令爲公産臣老癸與人出田不賫錢穜顯丞主叚錢二萬貣

217(0903＋2183)

食支卒歲稼孰倍賞勿環＝之毋擇不得爲丞主臣走丞主與胡

218(J10＋J11－1)

陽公共憂毋擇爲報敢以聞寄封廷史利∟有曰馮將軍子臣癸

219(0477)

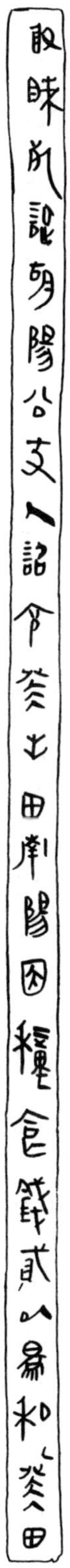

敢眛死謁胡陽公丈人詔令癸出田南陽因穜食錢貣以爲私∟癸田

220(1089－2＋1089－1＋2109)

新＝壄＝丞主幸叚癸錢食一歲少吏莫敢訶癸今胡☑

221(0988＋0995)

謂癸非馮將軍子癸居秦中名聞以爲不☐☑

222(殘704＋殘559＋2007)

☐癸穜姓雖賤能權任人有能下人顯公詔少吏勿令環●今

223(殘595＋0904＋1095)

□召舍人興來智（?）〼曰君子＝定名學居新壄非五夫＝馮將軍毋擇子

224(J01)

毆（?）學＝史乚有私印章（?）曰（?）□雅爲（?）馮將軍毋擇……食……

225(0408)

害聲聞乚學父秦居貲吏治秦以故數爲學怒苦姐之歸居室心不

226(0478)

樂即獨撟自以爲五夫＝馮毋擇子以名爲僞私書問矰欲貣錢

227(2006＋1106＋2171)

胡陽少内以私印封起室把詣于矰幸其肎以威貣學錢即盜以買

228(0860＋1195)

□衣被兵去邦亡荆矰發讀書未許學乚令人毄守學＝恐欲去亡

229(1646＋1656＋2182)

有撟爲私書自言胡陽固所詑曰學實馮毋擇子新壄丞主巳

230(0471＋0328＋殘708)

學吏節不智學爲僞書不許貣學錢退去學＝即道胡陽

231(0469)

行邦亡且不乚辤曰吏節不智學爲僞不貣學錢毋以爲衣被

232(0407)

資用去環歸有衣資用乃行邦亡●問學撟爵爲僞書時馮

233(0470)

毋擇爵五夫＝將軍學不從軍年十五歲它如辤

234(1044)

●鞫之學撟自以五夫＝將軍馮毋擇子以名爲僞私書詣贈以欲

235(1650)

盜去邦亡未得＝審毄敢瀐之●吏議耐學隸臣或令贖耐

236(0861)

瀐報毋擇巳爲卿貴某＝各一盾謹竆以灋論之

待考殘簡

253（殘601）

☑□請□☑

第四類

編聯摹本

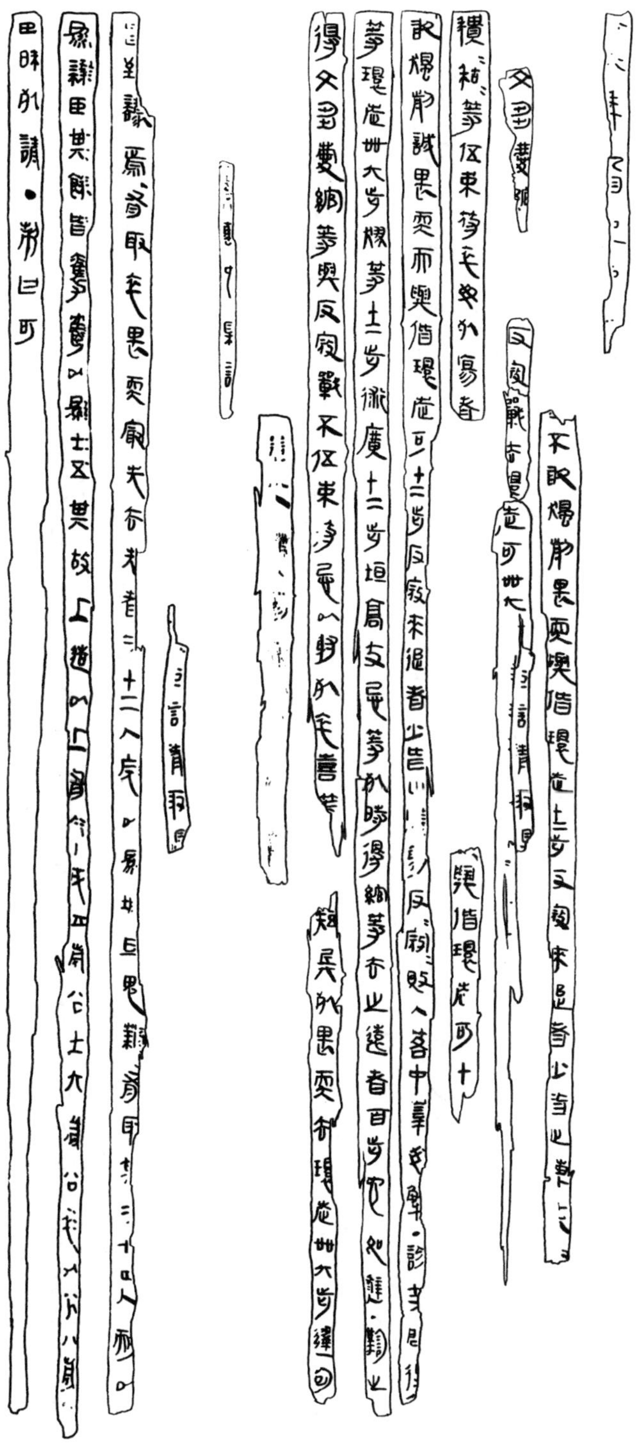

237 238 239 240 241 242 243 243 (2) 245 243 (3) 244 244 (2) 244 (3)

待考殘簡

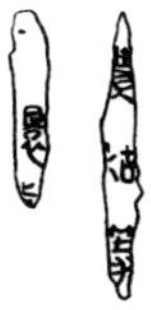

249 252

單簡摹本

一五　綰等畏耎還走案

237(殘161)

廿六年九月己卯[朔]☐

238(1067－1)

☐□不敢獨前畏耎與偕環走十二步反寇來追者少皆止陳（？）共（？）射（？）☐〔一〕

239〔二〕(殘132＋殘521＋殘697＋0493－1)

☐文㒚慶綰☐反寇戰去環走可卌六[步]□□□□□□……☐〔三〕

240〔四〕(1066＋殘304)

積＝秙＝等伍束符卒毋死傷者☐□與偕環走可十☐

241(0405)

敢獨前誠畏耎而與偕環走可十二步反寇來追者少皆止陳（？）射反＝寇＝敗入笿中皋毋解●診丈問得

242(0472－2)

等環走卌六步繆等十二步術廣十二步垣高丈忌等死時得綰等去之遠者百步它如辤●鞫之〔五〕

243(1043(2))

得文芻慶綰等與反寇戰不伍束符忌以射死卒喜等☐短兵死畏耎去環走卌六步逢包

243(2)(1067－2)

☐□□□□暘□……□……□☐

245(殘193)

☐□□穀它縣論☐

243(3)(0493－2)

☐□臣信（？）請取得（？）☐

244(0406)

皆致灋焉乚有取卒畏耎寇先去先者次（？）十二人完以爲城旦鬼薪乚有取其次（？）廿四人耐以

244(2)(0472－1)

爲隸臣其餘皆奪爵以爲士五其故上造以上有令戍四歲公士六歲公卒以下八歲□

244(3)(1043)

臣昧死請●制曰可

待考殘簡

249（殘 251）

☒積秙等☒

252（殘 646）

☒□環走☒

注釋：

〔一〕簡 238（清理編號 1067－1）的彩色圖像上仍粘簡 243（2）（清理編號 1067－2），覆蓋簡的上半部分字迹，摹本「□不敢獨前畏耎與偕環走十二步」十四字僅據紅外綫圖版。

〔二〕舊著將簡殘 132 和殘 521＋697 分别編號爲簡 248 和簡 251，一同當作「待考殘簡」歸入第五類，今據歐揚修訂本遥綴在簡 239 上方，詳見拙稿《嶽麓書院秦簡〈爲獄等狀四種〉第三類、第四類卷册釋文、注釋及編聯商榷》。

〔三〕紅外綫掃描時簡 239－3（清理編號 0493－1）仍粘上簡 243（3）（清理編號 0493－2），摹本一併摹出。「步」以下字迹的右側均被覆蓋，多數字無法辨認。第六個、第七個未釋字的殘留筆畫與「畏耎」頗像。

〔四〕舊著將簡殘 304 編號爲簡 250，當作「待考殘簡」歸入第五類，今參考歐揚修訂本，遥綴在簡 240 下方，詳見前注拙稿。

〔五〕簡 242（清理編號 0472－2）原被壓在簡 244（2）（清理編號 0472－1）之下，在紅外掃描時纔剥離。因此，舊著缺彩色圖版，摹本僅據紅外綫圖版。

第二部分　釋文注釋

第一類

○一 癸、瑣相移謀購案

●廿（二十）五年六月丙辰朔癸未〔一〕，州陵守綰、丞越敢讞（讞）之〔二〕：迺四月辛酉〔三〕，校長癸、求〇〇一盜上造柳、士五（伍）轎、沃詣男子治等八人、女子二人〔四〕，告羣盜盜殺人〔五〕。治等曰：羣盜盜〇〇二殺人。辟〔六〕，未斷，未致購〔七〕。到其甲子〔八〕，沙羨守驩曰〔九〕：士五（伍）瑣等捕治等，移鼠（予）癸等。●癸曰：〇〇三【□□】治等羣盜盜殺人校長果部〔一〇〕。州陵守綰令癸與令佐士五（伍）行將柳等追〔一一〕。【□】〔一二〕〇〇四迹行到沙羨界中，瑣等巳（已）捕。瑣等言治等四人邦亡〔一三〕，不智（知）它人何辠（罪）。癸等智（知），利〇〇五得羣盜盜殺人購。癸、行請告瑣等曰：瑣等弗能詣告〔一四〕，移鼠（予）癸等〔一五〕。癸等詣州陵，盡鼠（予）瑣等〇〇六【死辠（罪）】購四萬三百廿（二十）錢。癸等【券付死辠（罪）購〔一六〕。瑣等利得死辠（罪）購，聽請相移。先以私錢二千】〔一七〕〇〇六(二)鼠（予）瑣等，以爲購錢數。得公購，備鼠（予）瑣等。行弗詣告，皆謀分購〔一八〕。未致購，得〔一九〕。它如沙羨書〔二〇〕。〇〇七

●行、柳、轎、沃言如癸。●士五（伍）瑣、渠、樂曰：與士五（伍）得、潘、沛戍〔二一〕。之山材〔二二〕，見治等，共捕。治等四〇〇八人言秦人，邦亡，其它人不言所坐〔二三〕。得、潘、沛令瑣等將詣沙羨。沛等居亭，約得購分〇〇九購錢。未到沙羨，實不智（知）治等何辠（罪），弗能告。有（又）不智（知）羣盜購多。利癸等約死辠（罪）購，聽〇一〇請，券付死辠（罪）購，先受錢二千。未受公購錢，得。沛等不智（知）瑣等弗詣，相移受錢。它如癸〇一一等。沛、潘、得言如瑣等。〇一二

五月甲辰〔二四〕，州陵守綰、丞越、史獲論令癸、瑣等各贖黥〔二五〕。癸、行戍衡山郡各三歲〔二六〕，以當灋（法）〔二七〕，先備〇一三贖〔二八〕。不論沛等。監御史康劾以爲〔二九〕：不當，錢不處，當更論〔三〇〕。更論及論失者言夬（決）〔三一〕。●綰等曰：治等發，興吏〇一四徒追〔三二〕。癸等弗身捕，瑣等捕，弗能告。請相移，給以求購〔三三〕。購未致，得。綰等以盜未有取、吏貲灋（法）戍律〇一五令論癸、瑣等〔三四〕。口（?）令瑣等環（還）癸等錢。它如癸等及劾。

●診、問〔三五〕：死辠（罪）購四萬三百廿（二十）〔三六〕；羣盜盜殺人購八〇一六【萬六百卌（四十）錢。……】□〔三七〕。它如告、辤（辭）〔三八〕。治等別【論……。】〇一七

●鞫之〔三九〕：癸、行、柳、轎、沃，羣盜治等盜殺人，癸等追，瑣、渠、樂、得、潘、沛巳（已）共捕。沛等令〇一八瑣等詣，約分購，未詣。癸等智（知）治等羣盜盜殺人，利得其購，給瑣等約死辠（罪）購。瑣等〇一九弗能告，利得死辠（罪）購，聽請相移，給券付死辠（罪）購，先受私錢二千以爲購，得公購備。行弗〇二〇詣告，約分購。沛等弗詣，約分購，不智（知）弗詣，相移受錢。獄未斷，未致購，得。死辠（罪）購四〇二一

萬三百廿（二十），羣盜盜殺人購八萬六百卌（四十）錢。綰等以盜未有取、吏貲灋（法）[戍]律令論[癸]、瑣等；不論〇二二【沛等……。審〔四〇〕。疑癸、瑣、綰等辠（罪）。癸、瑣、綰】〔四一〕缺〇二及它不毄（繫）〔四二〕。敢𤅊（讞）之。〇二三

●吏議曰〔四三〕：癸、瑣等論當毆（也）；沛、綰等不當論。或曰：癸、瑣等當耐爲侯（候）〔四四〕，令瑣等環（還）癸等錢；綰等〇二四【……。】缺〇三

廿（二十）五年七月丙戌朔乙未〔四五〕，南郡叚（假）守賈報州陵守綰、丞越〔四六〕：子𤅊（讞）：校長癸等詣男子治等，告羣盜[盜]〇二五【殺人。沙羡曰：士五（伍）瑣捕治等】〔四七〕，移鼠（予）癸等。癸（？）曰：治等殺人，癸與佐行將[徒]追。瑣等巳（已）捕，[治][等][四]〇二六人曰邦亡，不智（知）它人辠（罪）。癸等利得羣盜購，請瑣等[鼠]（予）[癸]等，癸等詣，盡鼠（予）瑣等死辠（罪）購。瑣等〇二七鼠（予）。癸先以私錢二千鼠（予）以爲購數。行弗詣告，皆謀分購。未致購，得。疑癸、瑣、綰等辠（罪）。𤅊（讞）固有〇二八審矣〔四八〕。癸等，其審請瑣等；所出購，以死辠（罪）購，備鼠（予）瑣等，有券。受人貨材（財）以枉律令〔四九〕，其所枉當〇二九貲以上，受者、貨者皆坐臧（贓）爲盜〔五〇〕，有律，不當𤅊（讞）。獲手〔五一〕，其貲綰、越、獲各一盾。它有律令〔五二〕。〇三〇

文書/程序層次	釋文	譯文
縣級奏讞文書：奏讞開頭詞	●廿（二十）[五][年]六月丙辰朔癸未〔一〕，州陵守綰、丞越敢𤅊（讞）之〔二〕：	●（秦王政）二十五年（公元前二二二年）六月丙辰朔癸未（二十八日），州陵縣居守綰、縣丞越冒昧請示如下：
原審・揭發：控告	迺四月辛酉〔三〕，校長癸、求001盜上造柳、士五（伍）轎、沃詣男子治等八人、女子二人〔四〕，告羣盜盜殺人〔五〕。	上個四月辛酉（初五），校長癸、求001盜上造柳、士伍轎、（士伍）沃將男子治等八人、女子二人押送到官府，（並）控告爲合夥行盜搶劫殺人。
原審・揭發：供述（治等）	治等曰： 「羣盜盜002殺人。」 辟〔六〕，未斷，未致購〔七〕。	治等說： 「（我們）合夥行盜搶劫002殺人。」 立案，（但）還沒論斷，（也）沒頒發獎賞。
原審・揭發：沙羨書（檢舉）	到其甲子〔八〕，沙羨守驩曰〔九〕： 「士五（伍）瑣等捕治[等]，[移]鼠（予）癸等。」	到了當月甲子（初八），沙羨縣居守驩（來信）稱： 「士伍瑣等緝捕治等，交給癸等。」

縣級奏讞文書

原審

偵查

文書/程序層次	釋文	譯文
供述（癸）	●癸曰：003 「【□□】治等羣盜盜殺人校長果部〔一〇〕。州陵守綰令癸與令佐士五（伍）行將柳等追〔一一〕。【□】〔一二〕004迹行到沙羨界中，瑣等巳（已）捕。瑣等言治等四人邦亡〔一三〕，不智（知）它人何辠（罪）。癸等智（知），利005得羣盜盜殺人購。癸、行請告瑣等曰： 『瑣等弗能詣告〔一四〕，移鼠（予）癸等〔一五〕。癸等詣州陵，盡鼠（予）瑣等006【死辠（罪）】購四萬三百廿（二十）錢。』 癸等【券付死辠（罪）購〔一六〕。瑣等利得死辠（罪）購，聽請相移。先以私錢二千】〔一七〕006(2)鼠（予）瑣等，以爲購錢數。得公購，備鼠（予）瑣等。行弗詣告，皆謀分購〔一八〕。未致購，得〔一九〕。」 它如沙羨書〔二〇〕。007	●癸說：003 「【□□】治等在校長果的管轄區內合夥行盜搶劫殺人。州陵縣居守綰命令我跟令佐士伍行帶領柳等追捕。【□】004迹走到沙羨縣境內，瑣等已捕獲（治等）。瑣等說，治等四人是逃出本國亡命的，不知道其他人（犯了）甚麼罪。我們是知道的，貪圖005拿到（破獲）合夥行盜搶劫殺人（案）的獎賞。我和行告訴並請求瑣等說： 『你們不能送到官府告發，（把嫌疑犯）交給我們吧。我們押送到州陵縣，006【把死罪】的獎賞四萬三百二十錢全都給你們。』 我們【寫了契據支付死罪的獎賞，接受了（我們的）請求，移交（嫌疑犯）。（我們）把個人的兩千錢先】006(2)給他們，充當獎金。（等）領到公家的獎賞（後），再把餘額補給他們。行沒到官府告發，（但）都謀劃分取獎賞。還沒頒發獎賞，（就）被察覺並捕住。」 其他如同沙羨文書所述。007
供述（行等）	●行、柳、轎、沃言如癸。	●行、柳、轎、沃所說如同癸所述。
供述（瑣）	●士五（伍）瑣、渠、樂曰： 「與士五（伍）得、潘、沛戍〔二一〕。之山材〔二二〕，見治等，共捕。治等四008人言秦人，邦亡，其它人不言所坐〔二三〕。得、潘、沛令瑣等將詣沙羨。沛等居亭，約得購分009購錢。未到沙羨，實不智（知）治等	●士伍瑣、渠、樂說： 「（我們）跟士伍得、潘、沛守邊。去山中伐木材（時），看到治等，一起（把他們）捕獲。治等四008人說（他們）是秦國人，逃出本國亡命的，其他人沒說所犯罪名。得、潘、沛讓我們（把治等）解押到沙羨。沛等留在亭中，約定拿到獎賞（後）分取009獎金。（我們）没到沙羨，實際上也不知道治等（犯

續表

文書/程序層次	縣級奏讞文書				
	原審			本審	
	偵查		判決	揭發	偵查
	供述（瑣）	供述（沛）		舉劾	供述（綰等）
釋文	何辠（罪），弗能告。有（又）不智（知）羣盗購多。利癸等約死辠（罪）購，聽010請，券付死辠（罪）購，先受錢二千。未受公購錢，得。沛等不智（知）瑣等弗詣，相移受錢。」 它如癸011等。	沛、潘、得言如瑣等。012	五月甲辰[二四]，州陵守綰、丞越、史獲論令癸、瑣等各贖黥[二五]。癸、行戍衡山郡各三歲[二六]，以當灋（法）[二七]，先備013贖[二八]。不論沛等。	監御史康劾以爲[二九]： 「不當，錢不處，當更論[三〇]。更論及論失者言夬（決）[三一]。」	●綰等曰： 「治等發，興吏014徒追[三二]。癸等弗身捕，瑣等捕，弗能告。請相移，給以求購[三三]。購未致，得。綰等以盗未有取，吏貲灋（法）戍律015令論癸、瑣等[三四]。口（？）令瑣等環（還）癸等錢。」 它如癸等及劾。
譯文	了）甚麼罪，不能告發（他們）。又不知合夥行盗的獎賞（比死罪）多。貪圖癸等所約定的死罪獎賞，（就）聽從了010（他們的）請求，寫契據支付死罪的獎賞，先收取兩千錢。還沒拿到公家的獎金，（就）被察覺並捕住。沛等不知道我們沒有（把治等）押送到（沙羨）以及移交收錢的情況。」 其他如同癸011等所述。	沛、潘、得所說如同瑣等所述。012	五月甲辰（十八日），州陵居守綰，縣丞越，史獲判決並命令癸、瑣等各贖黥罪。（還命令）癸和行在衡山郡守邊各三年，用來抵法，（守邊前）先（將贖黥罪）全部013贖清。沒有論處沛等。	監御史康舉劾，認爲： 「（判決）不合乎法律，錢（也）沒處置，應該重新論處。重新論處了（癸、瑣等），並且論處了誤判官員（之後），將判決（內容）上報！」	●綰等說： 「治等（的强盗案件）發生（後），我們組織了吏014徒追捕。癸等沒（能）自行捕獲，瑣等捕獲（治等），（但）未能告發。（癸等）請求（將治等）移交（給他們），來謀求騙取獎賞。獎賞還沒頒發，就被察覺並捕住。我們按照盗賊未能拿到（財物），官吏量加抵法守邊的律015令論處癸和瑣等。口頭命令瑣等還癸等錢。」 其他如同癸等和（監察御史）舉劾文書所述。

續表

文書/程序層次	釋文	譯文
縣級奏讞文書・本審・廷審・勘驗、查詢	●診、問〔三五〕：	●勘驗、查詢（結果如下）：
縣級奏讞文書・本審・廷審・勘驗、查詢	「死辠（罪）購四萬三百廿（二十）〔三六〕；羣盜盜殺人購八016【萬六百卌（四十）錢。……】□〔三七〕。」	「（破獲）死罪（罪犯十個人）的獎賞爲四萬三百二十（錢）；（破獲）合夥行盜搶劫殺人（罪犯十個人）的獎賞爲八016【萬六百四十錢。……】□。」
縣級奏讞文書・本審・廷審・勘驗、查詢	它如告、辤（辭）〔三八〕。	其他如同控告和被告人供述。
縣級奏讞文書・本審・廷審・附記	治等別【論……。】017	治等另行【論處……。】017
縣級奏讞文書・本審・廷審・審理	●鞫之〔三九〕：	●審理（結果）如下：
縣級奏讞文書・本審・廷審・審理	「癸、行、柳、轎、沃，羣盜治等盜殺人，癸等追，瑣、渠、樂、得、潘、沛巳（已）共捕。沛等令018瑣等詣，約分購，未詣。癸等智（知）治等羣盜盜殺人，利得其購，給瑣等約死辠（罪）購。瑣等019弗能告，利得死辠（罪）購，聽請相移，給券付死辠（罪）購。先受私錢二千以爲購，得公購備。行弗020詣告，約分購。沛等弗詣，約分購，不智（知）弗詣，相移受錢。獄未斷，未致購，得。死辠（罪）購四021萬三百廿（二十）；羣盜盜殺人購八萬六百卌（四十）錢。綰等以盜未有取，吏貲灋（法）戍律令論癸、瑣等，不論022【沛等……。】」	「就癸、行、柳、轎、沃而言，團夥盜匪治等搶劫殺人，癸等追捕，（但）瑣、渠、樂、得、潘、沛已經一起捕獲了（治等）。沛等讓018瑣等（把治等）押送到官府，約定分取獎賞，還沒押送到。癸等知道治等合夥行盜搶劫殺人，貪圖相應獎賞，（就）矇騙瑣等約定死罪的獎賞。瑣等019不能告發，貪圖死罪的獎賞，（就）接受（癸等的）請求，移交（嫌疑犯），（並）詐寫契據支付死罪的獎賞。先收了個人的兩千錢充當獎賞，（餘額等）拿到公家的獎賞（後再）補齊。行沒020到官府告發，（僅）約定分取獎賞。沛等沒到官府，（也僅）約定分取獎賞，（並且他們）不知道（瑣等）沒到官府，移交（嫌疑犯）收錢（的事）。本案還沒結案，還沒頒發獎賞，（就）被察覺並捕住。死罪的獎賞爲四021萬三百二十（錢）；合夥行盜搶劫殺人（罪）的獎賞爲八萬六百四十錢。綰等按照盜賊未能拿到（財物），官吏量加抵法守邊的律令論處癸和瑣等。沒有論處022【沛等……。】」
縣級奏讞文書・本審・廷審・審理	【審〔四〇〕。】	【（以上）確鑿無疑。】
縣級奏讞文書・本審・主文	【疑癸、瑣、綰等辠（罪）。】	【不能確定癸、瑣、綰等的罪名。】
縣級奏讞文書・附記	【癸、瑣、綰】〔四一〕缺02及它不毄（繫）〔四二〕。	【癸、瑣、綰】缺02和其他人（都）沒拘押。
縣級奏讞文書・奏讞結尾詞	敢潚（讞）之。023	冒昧請示如上。023

續表

文書/程序層次		釋文	譯文
吏議	吏議一	●吏議曰〔四三〕： 「癸、瑣等論當殹（也）；沛、綰等不當論。」	●（縣廷）擔當人判決意見如下： 「癸和瑣等的判決符合法律；沛和綰等不應論處。」
	吏議二	或曰： 「癸、瑣等當耐爲侯（候）〔四四〕，令瑣等環（還）癸等錢；綰等024【……。】」缺03	另有如下（判決意見）： 「癸和瑣等應處以耐刑並貶爲候，命令瑣等還癸等錢；綰等024【……。】」缺03
郡報	郡報開頭詞	廿（二十）五年七月丙戌朔乙未〔四五〕，南郡叚（假）守賈報州陵守綰、丞越〔四六〕：	（秦王政）二十五年（公元前二二二年）七月丙戌朔乙未（十日），南郡太守代理賈答覆州陵居守綰、縣丞越：
	奏讞文書摘要	子讞（讞）： 「校長癸等詣男子治等，告羣盜盜025【殺人。沙羨曰：士五（伍）瑣捕治等】〔四七〕，移鼠（予）癸等。癸（？）曰：『治等殺人，癸與佐行將徒追。』瑣等巳（已）捕，治等四026人曰邦亡，不智（知）它人辠（罪）。癸等利得羣盜購，請瑣等鼠（予）癸等，癸等詣，盡鼠（予）瑣等死辠（罪）購。瑣等027鼠（予）。癸先以私錢二千鼠（予）以爲購數。行弗詣告，皆謀分購。未致購，得。 疑癸、瑣、綰等辠（罪）。」	閣下請示（如下）： 「校長癸等送來男子治等，控告爲合夥行盜搶劫025【殺人。沙羨縣說：士伍瑣等緝捕治等】，交給癸等。癸（對瑣等）說：『治等殺人，癸跟佐行帶領兵卒追捕。』瑣（雖）已捕獲（嫌疑犯），（但祇有）治等四026人說逃出本國亡命，（瑣等）不知道其他人的罪。癸等貪圖拿到合夥行盜罪的獎賞，請求瑣等（將嫌疑犯）交給癸等，（約定）癸等（把他們）押送到官府，把死罪的獎賞全都給瑣等。瑣等027（就將嫌疑犯）給（癸等）。癸先拿個人的二千錢給（瑣等，）充當獎賞。行沒到官府告發，（但）都謀劃分取獎賞。還沒頒發獎賞，（就）被察覺並捕住。 不能確定癸、瑣、綰等的罪名。」
	主文	讞（讞）固有028審矣〔四八〕。癸等，其審請瑣等；所出購，以死辠（罪）購，備鼠（予）瑣等，有券。受人貨材（財）以枉律令〔四九〕，其所枉當029貲以上，受者、貨者皆坐臧（贓）爲盜〔五〇〕，有律，不當讞（讞）。獲手〔五一〕，其貲綰、越、獲各一盾。	所請示的本來028很清楚。就癸等而言，他們明明白白請求了瑣等；所支出的獎賞，是用死罪獎賞（爲標準），全額給瑣等，有契據（爲證）。「收人所送財物，因而破壞法律，如果因破壞（法律）而所犯的罪在029貲罪以上，收的人、送的人都按照贓款判爲盜罪。」律中有明文規定，不應該請示。獲經手，將綰、越、獲各處以貲一盾。
	郡報結尾詞	它有律令〔五二〕。030	其他（事宜）有律令（可循）。030

注釋：

〔一〕秦王政二十五年六月丙辰朔，癸未爲二十八日。注釋中所有曆日都依據張培瑜《根據新出曆日簡牘試論秦和漢初的曆法》（《中原文物》二〇〇七年第五期）。

〔二〕州陵，秦縣名，見《漢書·地理志》，屬南郡，治今湖北洪湖東北。

守，在秦代官制中有兩種不同的用法：（一）「郡名＋守」，如《語書》簡01「南郡守騰」，郡長官，太守。《史記·秦始皇本紀》：「分天下以爲三十六郡，郡置守、尉、監。」《漢書·百官公卿表》：「郡守，秦官，掌治其郡，秩二千石。」簡牘資料中又稱「大守」（里耶秦簡8－0067正、《芮盜賣公列地案》簡063）、「泰守」（里耶秦簡8－0062正）等。（二）「守＋官職」或「官職/地名＋守」，如里耶秦簡6－04「遷陵守丞敦狐」或本簡「州陵守綰」、里耶秦簡8－0134正「司空守樛」等，居守、代理，又轉用爲試職。在本簡中指州陵縣令代理。《戰國策·秦策五》「文信侯出走，與司空馬之趙，趙以爲守相」，高誘注：「守相，假也。」《續漢書·百官志》劉昭注引蔡質《漢儀》：「初稱守，滿歲拜真。」《二年律令》簡105－106：「其守丞及令、長若真丞存者所獨斷治論有不當者，令真令、長、丞不存及病者皆共坐之，如身斷治論及存者之罪。」《秦律十八種》簡161：「官嗇夫節（即）不存，令君子毋（無）害者若令史守官，毋令官佐、史守。」丞，各級長官的副職，在此指縣丞。《說文·収部》：「丞，翊也。」《資治通鑑·周紀二》「縣置令、丞」，胡三省注：「丞，翊也，副貳也。」《續漢書·百官志》：「縣萬户以上爲令，不滿爲長。侯國爲相。皆秦制也。丞各一人。尉大縣二人，小縣一人。」

讞，《禮記·文王世子》鄭玄注訓「白」，向上級機關請示。《秦律十八種》簡121－122：「縣毋敢擅壞更公舍官府及廷，其有欲壞更殹（也），必瀻（讞）之。」後來逐漸轉换爲專指刑事案件中的請示。《漢書·刑法志》：「高皇帝七年，制詔御史：……（中略）……自今以來，縣道官獄疑者，各讞所屬二千石官，二千石官以其罪名當報之。所不能決者，皆移廷尉，廷尉亦當報之。廷尉所不能決，謹具爲奏，傅所當比律令以聞。」《說文·水部》：「瀻，議辠也。」

〔三〕廼，或作迺、乃，古訓「往」，如玄應《一切經音義》卷七十三引《倉頡篇》「迺，往也」。近人多因《公羊傳》昭公十二年何休注「乃，乃是歲也」而訓爲「是」、「此」，如《經傳釋詞》卷六「乃猶是也」；楊樹達《詞詮》卷二「指示形容詞，是也，此也」。「廼、迺、乃」似爲近指的時間代詞，指以往時段中最近的時點，如里耶秦簡9－0982正「九月丙辰朔己巳：……（中略）……迺甲寅」之「迺甲寅」爲「上個甲寅」，即八月甲寅。「廼四月辛酉」在秦王政二十五年六月份指當年四月辛酉。秦王政二十五年四月丁巳朔，辛酉爲初五。

〔四〕校長，縣屬吏，主亭部盜賊事。《封診式》簡25：「羣盜　爰書：某亭校長甲、求盜才（在）某里曰乙、丙縛詣男子丁，斬首一，具弩二、矢廿（二十）。」《二年律令》簡471－472：「縣、道司馬、候、厩有乘車者，秩各百六十石，毋（無）乘車者，及倉、庫、少内、校長、髳長、發弩、衛〔衛〕將軍、衛〔衛〕尉士吏、都市亭厨有秩者及毋（無）乘車之鄉部，秩各百廿（二十）石。」《史記·高祖本紀》：「高祖爲亭長，乃以竹皮爲冠，令求盜之薛治之。」裴駰《集解》引應劭曰：「求盗者，舊時亭有兩卒，其一爲亭父，掌開閉掃除；一爲求盗，掌逐捕盗賊。」《法律答問》簡 066：「求盗追捕罪人，罪人挌（格）殺求盗。」

上造，秦漢爵名，下數第二級，見《漢舊儀》等。上造享受減刑特權。《二年律令》簡 082：「上造、上造妻以上及内公孫、外公孫、内公耳玄孫有罪，其當刑及當爲城旦舂者，耐以爲鬼薪白粲。」

士伍，秦漢無爵身份之一。《漢舊儀》：「無爵爲士伍。」《二年律令》簡 364－365：「公士、公卒及士五（伍）、司寇、隱官子，皆爲士五（伍）。」

詣，法律術語，將犯人等押送到官府。《説文・言部》：「詣，候至也。」《封診式》簡 37：「某里士五（伍）甲縛詣男子丙，告曰：…（中略）…」居延新簡 EPT68：31＋EPT68：32：「將良詣居延獄，以律令從事。」

〔五〕羣盗，合夥行盗，又指合夥行盗的人，即團夥盗匪。《封診式》簡 28－29：「此首某里士五（伍）戊殹（也），與丁以某時與某里士五（伍）己、庚、辛，强攻羣盗某里公士某室，盗錢萬，去亡。」《二年律令》簡 062：「盗五人以上相與功（攻）盗，爲羣盗。」

盗殺人，搶劫殺人。此兩種行爲都處以磔刑。《二年律令》簡 065－066：「羣盗及亡從羣盗，毆（毆）折人枳（肢）、胅體及令佊（跛）蹇（蹇）若縛守將人而强盗之，及投書、縣（懸）人書恐猲（喝）人以求錢財，盗殺傷人，盗發冢，略賣人若已略未賣，橋（矯）相以爲吏、自以爲吏以盗，皆磔。」

〔六〕辟，罪，引申爲加之以罪，即治理。《書・金縢》「我之弗辟，我無以告我先王」，陸德明《釋文》：「辟，治也。」《奏讞書》簡 137：「好時辟䖍有鞫。」又參看〈同、顯盗殺人案〉簡 144「恐吏毄（繫）辟同」。

〔七〕購，懸賞，獎賞。《説文・貝部》：「以財有所求也。」《漢書・高帝紀下》顔師古注：「購，設賞募也」。《法律答問》簡 135：「捕亡完城旦，購幾可（何）？當購二兩。」

〔八〕其，指前文「廼四月」，其甲子，爲秦王政二十五年四月初八。

〔九〕沙羨，秦縣名，見龍崗六號秦墓木牘、《二年律令》簡 456、荆州紀南城松柏漢墓 M1 竹簡《南郡免老簿》（簡 35），屬南郡，治今湖北武漢市江夏區西金口。《漢書・地理志》歸江夏郡，應係元狩二年設立江夏郡時所改屬。羨讀以脂切（yí），顔師古注引晉灼曰：「羨音夷。」

〔一〇〕從文意判斷，殘缺部分疑爲「男子」二字。

部，轄區。《奏讞書》簡 080－081：「蒼即與求盗大夫布、舍人簪褭餘共賊殺武于校長丙部中。」《守法守令等十三篇》簡 976：「後其將吏出於縣部界……」

〔一一〕佐，輔佐屬吏，如《秦律十八種》簡 021「倉佐」、《秦律雜抄》簡 13「司空佐」等，或總稱爲「官佐」，如《秦律十八種》簡 161 等。令佐，僅見秦簡，可以參看里耶秦簡 6－05 正等，職掌似與令史相同。

〔一二〕或説「追」下殘缺兩字，疑爲「癸等」。

〔一三〕邦亡，秦律罪名，逃出邦境，以「出徼」爲構成要件，處以黥爲城旦舂。《法律答問》簡 005：「人臣甲謀遣人妾乙盗主牛，買（賣），把錢偕邦亡，出徼得。論各可（何）殹（也）？當城旦黥之，各畀主。」同上簡 048：「告人曰邦亡，未出徼闌亡，告不審。論可（何）殹（也）？爲告黥城旦不審。」在此邦亡指非法越過秦國國境逃往楚國。

〔一四〕秦制頒發獎賞的條件較爲嚴格，控告時如果揭發犯罪行爲不準確，即不頒發獎賞或減少獎賞，甚至判爲告不審罪，「弗能詣告」指此。《法律答問》簡 044：「甲告乙盜牛，今乙賊傷人，非盜牛殹（也）。問：甲當論不當？不當論，亦不當購。或曰：爲告不審。」同上簡 138：「甲捕乙，告盜書丞印以亡。問，亡二日，它如甲，已論耐乙。問：甲當購不當？不當。」同上簡 134：「甲告乙賊傷人，問，乙賊殺人，非傷殹（也）。甲當購。購幾可（何）？當購二兩。」

〔一五〕移予，又稱相移，將嫌疑犯交給別人或相互交換。此種行爲被秦、漢律所禁止。《秦律雜抄》簡 38：「●捕盜律曰：捕人相移以受爵者，耐。」《二年律令》簡 155：「捕罪人弗當以得購賞，而移予它人及詐（詐）僞，皆以取購賞者坐臧（贓）爲盜。」（原釋文句讀有誤，據本案記載改正）也有准許相移的特殊情況。《二年律令》簡 150－151：「捕從諸侯來爲間者一人，捧（拜）爵一級，有（又）購二萬錢。不當捧（拜）爵者，級賜萬錢，有（又）行其購。數人共捕罪人而當購賞，欲相移者，許之。」

〔一六〕券，用於買賣、債務等的契據，書於簡牘，側面加刻齒，分爲兩半（或三份），雙方（或三方）各執其一，以爲憑證。《說文・刀部》：「券，契也。……（中略）……券別之書，以刀判，契其旁，故曰契券。」在此「券」字用爲動詞「付」的狀語，可以理解爲「以契據的書面形式支付」或「寫立契據支付」。

〔一七〕簡文殘缺部分據後文擬補。「死罪購」、「先以私錢二千」可以參看簡 027 與 028 的郡報，「癸等券付死辠（罪）購」、「瑣等利得死辠（罪）購，聽請相移」參看簡 020 的鞫文。個別字詞會有出入，字數也會有增減，擬補釋文僅供參考，以下均同。

〔一八〕謀，謀劃。法律術語中「謀」包含現代刑法四種犯罪類型：（一）「共謀」。《二年律令》簡 026：「謀賊殺、傷人，與賊同灋（法）。」（二）「教唆」。《二年律令》簡 057：「謀遣人盜若教人可盜所，人即以其言□□□□及智（知）人盜與分，皆與盜同灋（法）。」（三）「預備」。如《二年律令》簡 208：「諸謀盜鑄錢，頗有其器具未鑄者，皆黥以爲城旦舂。」（四）「未遂」。《二年律令》簡 022：「謀賊殺，傷人未殺，黥爲城旦舂」。「謀」字表示此四類犯罪行爲針對犯罪意志的形成產生刑事責任。

〔一九〕得，法律術語，常與「（先）自告」和「自出」即自首相對而言，表示官方或第三者捕獲或察覺。《法律答問》簡 131：「把其叚（假）以亡，得及自出，當爲盜不當？自出，以亡論。其得，坐臧（贓）爲盜；盜罪輕於亡，以亡論。」《法律答問》簡 004：「甲謀遣乙盜，一日，乙且往盜，未到，得，皆贖黥。」

〔二〇〕它如某某，文書習語，放在文書結尾或文書中引文的結尾處，以防有遺漏或表示周全。居延新簡 EPT53：138：「甘露二年八月戊午朔丙戌，甲渠令史齊敢言之。第十九隧長敞自言：『當以令秋射，署功勞。即石力發弩矢□弩臂，皆應令。甲渠候漢彊、守令史齊署發中矢數于牒。』它如爰書。敢言之。」

沙羨書，沙羨守驩向州陵縣揭發犯罪事實的文書。與正式告發行爲的「告」、「劾」有別，故前後僅稱「曰」、「書」，與《奏讞書》案件十五之「江陵忠言」（簡 069）在被告供詞結尾被引爲「它如書」（簡 071）相似。

〔二一〕戍，防守邊境。《說文・戈部》：「戍，守邊也。」除徭役（《秦律十八種》簡 101、137 等）之外，多當作輕微的刑罰使用。《秦律雜抄》簡 11－12：「不當稟軍中而稟者，皆貲二甲，法（廢）；非吏殹（也），戍二歲。」《二年律令》簡 076：「盜出黃金邊關徼，吏卒徒部主者智（知）而出及弗索，與同罪；弗智（知），索弗得，戍邊二歲。」還有爲贖身或「償興日」戍邊的情況。《秦律十八種》簡151：「百姓有母及同牲（生）爲隸妾，非適（謫）罪殹（也）而欲爲冗邊五歲，毋賞（償）興日，以免一人爲庶人，許之。」

〔一二二〕材，疑爲動詞，表示伐木取材之義。

〔一二三〕坐，坐獄，引申爲指責，受到指責，獲罪。《左傳》襄公十年「王叔之宰與伯輿之大夫瑕禽坐獄於王庭，士匄聽之」，杜預注：「獄，訟也。《周禮》：命夫命婦不躬坐獄訟，故使宰與屬大夫對爭曲直。」《韓非子·定法》：「公孫鞅之治秦也，設告相坐而責其實。」《法律答問》簡146：「亡久書、符券、公璽、衡羸（纍），已坐以論，後自得所亡。論當除不當？不當。」《二年律令》簡158：「女子已坐亡贖耐，後復亡當贖耐者，耐以爲隸妾。」不言所坐，不説所犯。

〔一二四〕秦王政二十五年五月丁亥朔，甲辰爲十八日。

〔一二五〕史，從事文書事務的小吏。《周禮·天官·宰夫》：「六曰史，掌官書以贊治。」《二年律令》簡475：「試史學童以十五篇，能風（諷）書五千字以上，乃得爲史。」

贖，以財物等抵消罪過。《玉篇·貝部》：「贖，以財拔罪也。」秦律中有兩種不同的贖刑：（一）閏刑，代替其他正刑，僅適用於特權身份。《法律答問》簡177：「真臣邦君公有罪，致耐罪以上，令贖。」（二）正刑，不限身份，直接適用於制定法中各種罪名。《秦律雜抄》簡32：「匿敖童，及占瘁（癃）不審，典、老贖耐。」簡013所見「贖黥」應爲正刑，即盜未遂罪（簡015所見「盜未有取」）的法定刑。《法律答問》簡004：「甲謀遣乙盜，一日，乙且往盜，未到，得，皆贖黥。」又簡030－031：「『抉籥（鑰），贖黥。』可（何）謂『抉籥（鑰）』？『抉籥（鑰）』者已抉啟之乃爲『抉』，且未啟亦爲『抉』。抉之弗能啟即去，一日而得，論皆可（何）殹（也）。抉之且欲有盜，弗能啟即去，若未啟而得，當贖黥。抉之非欲盜殹（也），已啟乃爲抉，未啟當貲二甲。」

〔一二六〕衡山郡，秦郡名。本案記載可以證明秦王政二十五年已設置衡山郡。里耶秦簡8－1234有「衡山守章」與「衡山發弩丞」。

〔一二七〕法，刑罰。《説文·廌部》：「灋，刑也。……（中略）……法，今文省。」《鹽鐵論·詔聖》：「秋冬殺藏，聖人則而爲法……（中略）……法者刑罰也，所以禁强暴也。」當法，充當懲罰，即表示「戍」當作刑罰使用，與「徭戍」、「更戍」等有別（「戍」參看本案注二一）。

〔一二八〕先備贖，事先全部贖清，即在「戍衡山郡」之前將盜未遂罪法定刑的「贖黥」全都贖清。

〔一二九〕監御史，秦官，職掌督察郡政。《漢書·百官公卿表》：「監御史，秦官，掌監郡。漢省，丞相遣史分刺州，不常置。武帝元封五年初置部刺史，掌奉詔條察州，秩六百石，員十三人。」

劾，官員以職權告發或檢舉犯罪行爲，與普通告發形式的「告」相對。《語書》簡07－08：「今且令人案行之，舉劾不從令者，致以律，論及令、丞。」《二年律令》簡113：「治獄者，各以其告、劾治之。敢放訊杜雅，求其它罪，及人毋（無）告、劾而擅覆治之，皆以鞫獄故不直論。」

〔一三〇〕更，更改。《二年律令》簡110：「證不言請（情），以出入罪人者，死罪黥爲城旦舂，它各以其所出入罪反罪之。獄未鞫而更言請（情）者，除。」更論，更改舊的判決並重新進行審判。

〔一三一〕失，失事，在此指誤判。《法律答問》簡033－034：「士五（伍）甲盜，以得時直臧（贓），臧（贓）直（值）過六百六十，吏弗直，其獄鞫乃直臧（贓），臧（贓）直（值）百一十，以論耐。問：甲及吏可（何）論？甲當黥爲城旦；吏爲失刑辠（罪），或端爲，爲不直。」《二年律令》簡107：「鞫之不直，故縱弗刑，若論而失之，…（中略）…」論失者，即論處誤判的官員。

決，決獄、斷案。《史記・酷吏列傳》：「湯決大獄，欲傅古義，乃請博士弟子治《尚書》、《春秋》補廷尉史，亭疑法。」《二年律令》簡178：「有罪當收，獄未決而以賞除罪者，收之。」言決，上報判決內容。里耶秦簡16－0005正：「縣亟以律令具論當坐者，言名、夬（決）泰（太）守府。」8－1060＋8－1405：「當論＝（論，論）言夬（決）。」又可以稱爲「言論」。里耶秦簡9－0982正：「亡，定言論及譓問，不亡，定謾者訾（貲）。」

〔三二〕興，徵發、發動。《左傳》哀公二六年「大尹興空澤之士千甲」，陸德明《釋文》：「興，發也。」在此指組織吏徒追捕盜匪。相關法令可以參看《二年律令》簡140－141：「羣盜殺傷人、賊殺傷人、强盗即發縣道，縣道亟爲發吏徒足以追捕之。尉分將，令兼將，亟詣盜賊發及之所，以窮追捕之。毋敢□界而環（還）。吏將徒，追求盜賊，必伍之。盜賊以短兵殺傷其將及伍人，而弗能捕得，皆戍邊二歲。卅（三十）日中能得其半以上，盡除其罪。」

〔三三〕紿，詐騙、欺騙。《玉篇・糸部》：「紿，欺也。」段玉裁《說文解字注・糸部》：「紿，古多叚爲詒字。」《說文・言部》：「詒，相欺詒也。」《二年律令》簡261－262：「諸詐（詐）紿人以有取，及有販賣貿買而詐（詐）紿人，皆坐臧（贓）與盜同灋（法）。罪耐以下，有（又）署（遷）之。」

〔三四〕盜未有取，盜犯未能取得財物，即盜罪的未遂犯，法定刑爲贖黥（參看注二五）。本案犯罪行爲係詐取獎賞，本與盜犯有別，適用盜未有取等律令實爲一種比附。據《法律答問》記載可知，謀求「黥城旦」賞金的犯罪行爲已有成例或其他判決依據，量刑爲貲二甲，比本案輕。《法律答問》簡139：「有秩吏捕闌亡者，以畀乙，令詣，約分購。問：吏及乙論可（何）毆（也）？當貲各二甲，勿購。」

吏，官員。《說文・一部》：「吏，治人者也。」《秦律十八種》簡159：「除吏，尉已除之，乃令視事及遣之。所不當除而敢先見事，及相聽以遣之，以律論之。」在本案被告人中，祇有校長癸和令佐行，在初審時除贖黥外還處以「戍衡山郡各三歲」，其原因就是他們的官員身份。換言之，「吏貲灋（法）戍」表示針對犯了盜未遂罪的官員量加「戍」刑，以加强用法力度。

貲，秦律特有的法律制裁，用於輕罪，大致相當於罰款等行政處罰。細分爲財産罰與勞役罰。《秦律十八種》簡115：「御中發徵，乏弗行，貲二甲。失期三日到五日，誶；六日到旬，貲一盾；過旬，貲一甲。」《數》簡082：「貲一甲直（值）錢千三百卌（四十）四，直（值）金二兩一垂，一盾直（值）金二垂。」《法律答問》簡007：「或盜采人桑葉，臧（贓）不盈一錢。可（何）論？貲繇（徭）三旬。」《秦律雜抄》簡12－13：「●軍人買（賣）稟稟所及過縣，貲戍二歲。」《說文・貝部》「貲，小罰以財自贖也」的訓詁與「貲徭」、「貲戍」等辭例不相合，應據《後漢書・陳蕃傳》皆字作「貲」以及《淮南子》高誘注、《國語》韋昭解等訾字訓詁，將貲字訓爲「量」，「貲盾」、「貲甲」、「貲徭」、「貲戍」即量加「盾」、「甲」、「徭」、「戍」等刑之義。

戍，防守邊境，參看注〔二一〕。法戍，抵法守邊。「法」字修飾刑名「戍」，語法結構與「法耐」等相同。《秦律十八種》簡

153－154：「從軍當以勞論及賜，未拜而死，有辠（罪）灋（法）耐䙴（遷）其後，及灋（法）耐䙴（遷）者，皆不得受其爵及賜。其已拜，賜未受而死及灋（法）耐䙴（遷）者，鼠（予）賜。」「貲灋（法）戍」實質上與「貲戍」無異，「法」字强調懲罰義，與簡013「以當灋（法）」之「法」相應。或説：灋字讀爲「廢」，「廢戍」即廢職守邊。里耶秦簡8－1459正＋8－1293正＋8－1466正：「佐詘自言：士五（伍），居泥陽益固里，故廢戍，署女陰。」

〔三五〕診，實地調查、勘驗。《急就篇》「亭長游徼共雜診」，顏師古注：「診，驗視也。」《封診式》簡55－58：「即令令史某往診。令史某爰書：與牢隸臣某即甲診，男子死（屍）在某室南首，正偃。某頭左角刃痏一所，北（背）二所，皆從（縱）頭北（背），袤各四寸，相耎，廣各一寸，皆臽中類斧，腦、角、出（頔）皆血出，被（頗）污頭北（背）及地，皆不可爲廣袤；它完。」問，詢問、查詢，文書中多指函詢。函詢文書的範本見於《封診式》多次，如簡39－41：「●丞某告某鄉主：男子丙有鞫，辭曰：『某里士五（伍）甲臣。』其定名事里，所坐論云可（何），可（何）辠（罪）赦，或覆問毋（無）有，甲賞（嘗）身免丙復臣之不殹（也）。以律封守之。到以書言。」在「問」字下既可以接詢問之辭，如里耶秦簡8－0644：「敬問之：吏令徒守器而亡之，徒當獨負。●日足以責，吏弗責，負者死亡，吏代負償。徒守者往戍何？敬訊而負之，可不可？其律令云何？謁報。」又可以直接寫出查詢結果，如里耶秦簡8－0062正：「卅（三十）二年三月丁丑朔朔日，遷陵丞昌敢言之：令曰：上葆繕牛車薄（簿），恒會四月朔日泰守府。●問之：遷陵毋（無）當令者。敢言之。」奏讞文書中位於診和鞫之間的「問」字屬於後一類，表示查詢的結果。

〔三六〕四萬三百二十、八萬六百四十，分別爲捕獲死罪罪犯十人與羣盜十人的獎賞。按，《尸等捕盜疑購案》簡036稱「産捕羣盜一人，購金十四兩」，據《數》簡082，金一兩爲五百七十六錢，十四兩則爲八千六十四錢，乘十人分，正好與簡016和021至022的記載一致。

〔三七〕簡017第一字殘筆與「錢」字略近，本簡釋文或可擬補爲「【萬六百卌（四十）】錢。它如告、辤（辭）。治等別【論……。】」

〔三八〕辭，解説、陳述。《廣韻·之韻》引《説文》：「辭，説也。」徐灝《説文解字注箋·辛部》：「辭，凡有説以告於人者，謂之辭。」《秦律雜抄》簡35：「冗募歸，辭曰日已備，致未來，不如辭，貲日四月居邊。」司法程序中「辭」多指被告供詞或證言。《封診式》簡02－03：「凡訊獄，必先盡聽其言而書之，各展其辭。雖智（知）其訑，勿庸輒詰。其辭已盡書而毋（無）解，乃以詰者詰之。詰之有（又）盡聽書其解辭。」居延新簡EPT59：68「第十四燧卒氾賽不在署。謹驗問第十守候長士吏褒、候史褒，辭曰：十二月五日遣賽☑。」又引申爲申訴、控訴。今本《説文·辛部》：「辭，訟也。」《法律答問》簡095：「辭者辭廷。●今郡守爲廷不爲？爲殹（也）。」《奏讞書》案件二簡008－009：「大夫祿辤（辭）曰：六年二月中買婢媚士五（伍）點所，賈（價）錢萬六千。迺三月丁巳亡。求得媚，媚曰：不當爲婢。」（原釋文「祿」作「禒」，參看《猩、敞知盜分贓案》注一九。）「它如辭」之「辭」字指被告供詞，後文簡068「辭守感」、簡070「辭争」等「辭」字爲申訴義。

〔三九〕鞫，審問、窮問。《説文·幸部》：「簐（鞫），窮理罪人也。」《爾雅·釋言》：「鞫（鞫），窮也。」一般的訊問是由獄吏進行的，是一種預審，與現代警察、檢察所進行的審問相似，而鞫則由有權作出判決的縣令、丞等長官（參看《二年律令》簡102）主宰，是司法程序中最核心的審理程序。《二年律令》簡093：「鞫獄故縱、不直，及診、報辟故弗窮審者，死罪，斬左止（趾）爲城旦，它各以其罪論之。」里耶秦簡8－1743＋8－2015：「廿（二十）六年八月丙子，遷陵拔、守丞敦狐詣訊般芻等。辭各如前。（正）●鞫之：成吏、閒、起贅、平私令般芻，嘉出庸，賈（價）三百，受米一石，臧（贓）直（值）百卌（四十）。得。成吏亡，嘉死。審。（背）」

〔四〇〕審，詳知，明白無誤，係鞫文結尾的習慣用語，表示審理結果是經過仔細考察而得的，內容確鑿可靠。《説文·采部》：「宷，悉也。知悉諦也。从宀从采。審，篆文宷从番。」《墨子·尚同中》：「故古者聖王之爲刑政賞譽也，甚明察以審信。」《法律答問》簡068：「甲殺人，不覺，今甲病死已葬，人乃後告甲，甲殺人審。問：甲當論及收不當？告不聽。」《爲吏治官及黔首》簡86：「審用律令。」又參看《譊、妘刑殺人等案》簡140：「鞫：譊刑審，妘殺疑。」

〔四一〕缺簡簡文據簡014與028釋文和文例擬補。

〔四二〕繫，拘禁。《史記·越王勾踐世家》：「湯繫夏臺，文王囚羑里。」《法律答問》簡006：「甲盜牛，盜牛時高六尺，轂（繫）一歲，復丈，高六尺七寸。問：甲可（何）論？當完城旦。」

〔四三〕吏議，附加在奏讞文書的判決意見，是在奏讞機關内經過議論所産生的，與奏讞文書一同上報。本案由州陵縣奏讞，「吏」字指縣吏。續文稱「或曰」，則是在奏讞機關所産生的另一種判決意見。晉朝三公尚書劉頌在上疏中引晉律佚文：「律法斷罪，皆當以法律令正文。若無正文，依附名例斷之；其正文名例所不及，皆勿論，法吏以上。所執不同，得爲異議。」《唐律》斷獄律設「疑罪」條，其中仍稱「法官執見不同者，得爲異議」。秦漢奏讞文書之吏議，可以説是開了「異議」的先河。

〔四四〕耐爲候，秦及漢初律特有的複合刑之一。「耐」字表示針對罪囚軀體的某種制裁措施，「爲」字表示身分變更，「候」字表示處罰後的身份。語法結構如同「封爲侯」、「拜爲卿」等。至於「耐」字本義和候的服役條件，尚未得到定論。

〔四五〕秦王政二十五年七月丙戌朔，乙未爲十日。

〔四六〕南郡，秦郡名，見《漢書·地理志》。秦昭襄王二十九年（公元前二七八年）白起取楚都郢，置南郡。

假，（臨時）代理，假守即郡守代理。《史記·項羽本紀》「乃相與共立羽爲假上將軍」，張守節《正義》：「未得懷王命也，假，攝也。」里耶秦簡9－0010背：「卅（三十）五年四月己未朔乙丑，洞庭叚（假）尉觽謂遷陵丞。」

報，答覆。《文選》卷四十一司馬遷《報任少卿書》：「闕然久不報，幸勿爲過。」里耶秦簡9－0001正：「四月己酉，陽陵守丞廚敢言之：寫上。謁報，報署金布發。敢言之。」值得注意的是，里耶秦簡和西北漢簡中沒有以「報」爲發文形式的文書實例，《奏讞書》案例三簡026－027保留廷報較爲原始的文書格式，其發文形式也不用「報」而用「謂」，與普通下行文書無異。

〔四七〕「殺人」二字以文例補，「沙羡曰：士五（伍）瑣捕治等」九字據簡003記載與殘缺簡面大小推補。

〔四八〕讞固有審，指責奏讞者的習慣用語，也見於《尸等捕盜疑購案》簡042和《奏讞書》案例三簡026，表示相關的法律都很清楚，本來沒有必要向上級請示。審，明白、清楚。《公孫龍子·白馬論》：「故黃、黑馬一也，而可以應有馬，而不可以應有白馬，是白馬之非馬，審矣。」又參看本案注四〇。

〔四九〕枉律令，歪曲或破壞法律，漢律稱「枉法」。《漢書・刑法志》「吏坐受賕枉法」，顔師古注：「吏受賕枉法，謂曲公法而受賂者也。」《二年律令》簡060：「受賕以枉法及行賕者，皆坐其臧（贓）爲盜。罪重於盜者，以重者論之。」《奏讞書》簡051－052：「北地守讞（讞）：女子甑奴順等亡，自處彭陽。甑告丞相，自行書。順等自贖甑所，臧（贓）過六百六十，不發告書，順等以其故不論。疑罪。●廷報：甑、順等受、行賕狂（枉）灋（法）也。」

〔五〇〕坐贓爲盜，按照贓額判爲盜罪。《二年律令》簡014：「諸詐（詐）增減券書及爲書故詐（詐）弗副，其以避負償若受賞賜財物，皆坐臧（贓）爲盜。」

〔五一〕手，經手，似以寫立文書爲主。里耶秦簡8－0756：「有書，書壬手。」

〔五二〕它有律令，疑與「它如律令」相同，文書習語，用於下行文書結尾處。里耶秦簡8－0070正：「卅（三十）五年五月己丑朔庚子，遷陵守丞律告啓陵鄉嗇夫：鄉守恬有論事，以旦食遣自致。它有律令。」同上8－0155：「四月丙午朔癸丑，遷陵守丞色下少內：謹案致之。書到，言。署金布發。它如律令。」

〇二　尸等捕盜疑購案

廿（二十）五年五月丁亥朔壬寅〔一〕，州陵守綰、丞越敢讞（讞）之：迺二月甲戌〔二〕，走馬達告曰〔三〕：盜盜殺傷走馬〇三一好□□□部（？）中（？）。即（？）令（？）覆（？）□驩（？）、求盜尸等十六人追〔四〕。尸等產捕詣秦男子治等〇三二四人、荆男子閭等十人〔五〕，告羣盜盜殺傷好等。

●治等曰：秦人，邦亡荆；閭等曰：荆邦人，皆居〇三三京州〔六〕。相與亡，來入秦地，欲歸羛（義）〔七〕。行到州陵界中，未詣吏，悔。謀言曰：治等巳（已）有辠（罪）秦，秦不〇三四□歸羛（義）。來居山谷以攻盜〔八〕。即攻盜盜殺傷好等。它如尸等。

●診、問如告、辤（辭）。京州後降爲〇三五秦〔九〕。爲秦之後，治、閭等乃羣盜【盜】殺傷好等。律曰：產捕羣盜一人，購金十四兩。有（又）曰：它邦人〔一〇〕〇三六□□□盜，非吏所興〔一一〕、毋（無）什伍將長者，捕之〔一二〕，購金二兩。

●鞫之：尸等產捕治、閭等，告羣盜盜殺傷〇三七好等。治等秦人，邦亡荆；閭等荆人。亡，來入秦地，欲歸羛（義），悔，不詣吏。以京州降爲秦後，羣〇三八【盜盜殺傷好】等。皆審。疑尸等購。它縣論〔一三〕。敢讞（讞）之。

●吏議：以捕羣盜律購尸等。或曰：以捕它邦人〇三九【……。】缺〇四

廿（二十）五年六月丙辰朔己卯〔一四〕，南郡叚（假）守賈報州陵守綰、丞越：子讞（讞）：求盜尸等捕秦男子治等四人、〇四〇荆男子閭等十人，告羣盜盜殺傷好等〔一五〕。治等秦人，邦亡；閭等荆人。來歸羛（義），行到州陵，悔，〇四一□□□□□攻（？）盜（？），京州降爲秦，乃殺好等。疑尺（尸）等購。●讞（讞）固有審矣。治等，審秦人殹（也），尸〇四二等當購金七兩〔一六〕；閭等，其荆人殹（也），尸等當購金三兩〔一七〕。它有【律】令。〇四三

文書/程序層次		釋文	譯文
縣級奏讞文書	奏讞開頭詞	廿（二十）五年五月丁亥朔壬寅〔一〕，州陵守綰、丞越敢讞（讞）之：	（秦王政）二十五年（公元前二二二年）五月丁亥朔壬寅（十六日），州陵縣居守綰、縣丞越冒昧請示如下：
揭發	告發	迺二月甲戌〔二〕，走馬達告曰〔三〕：「盜盜殺傷走馬〇三一好□□□部（？）中（？）。」	上個二月甲戌（十七日），走馬達報告如下：「盜賊搶劫殺傷走馬〇三一好□□□部中。」
偵查	逮捕	即（？）令（？）覆（？）□驩（？）、求盜尸等十六人追〔四〕。尸等產捕詣秦男子治等〇三二四人、荆男子閭等十人〔五〕，告羣盜盜殺傷好等。	於是命令覆□（獄？）驩、求盜尸等十六人追捕。尸等活捉秦國男子治等〇三二四人和楚國男子閭等十人，並將其押送到官府，控告爲合夥行盜搶劫殺傷好等。

續表

文書/程序層次		釋文	譯文
縣級奏讞文書			
偵查	供述（治等）	●治等曰： 「秦人，邦亡荆。」	●治等說： 「（我們是）秦國人，逃出本國亡命到楚國的。」
	供述（闌等）	闌等曰： 「荆邦人， 皆居033京州〔六〕。相與亡，來入秦地，欲歸羛（義）〔七〕。行到州陵界中，未詣吏，悔。謀言曰： 『治等巳（已）有辠（罪）秦，秦不034□歸羛（義）。』 來居山谷以攻盗〔八〕。即攻盗盗殺傷好等。」 它如尸等。	闌等說： 「我們是楚國人， （我們和治等）都居住在033京州。相結伴逃亡，來到秦國，想歸附正義。走到州陵境内，還没到官府，（就）後悔了。我們商量說： 『治等已有罪於秦國，秦國不會034□（准許）歸附正義。』 （我們）來住在山谷中從事攻剽盗劫。就攻剽盗劫，搶劫殺傷了好等。」 其他如同尸等所述。
	勘驗、查詢	●診、問如告、辤（辭）。	●勘驗、查詢（結果）如同控告和被告人供述。
廷審	附記	京州後降爲035秦〔九〕。爲秦之後，治、闌等乃羣盗【盗】殺傷好等。	京州後來投降歸屬035秦國。屬秦之後，治和闌等纔合夥行盗【搶劫】殺傷好等。
	律令一	律曰： 「産捕羣盗一人，購金十四兩。」	律文規定： 「活捉團夥盗匪一人，獎賞黄金十四兩。」
	律令二	有（又）曰： 「它邦人〔一〇〕036□□□盗，非吏所興〔一一〕、毋（無）什伍將長者，捕之〔一二〕，購金二兩。」	又規定： 「其他國家的人036□□□盗，如果不是官方組織的，（又）没有隊伍和將帥首領的話，（有人能夠）捕獲他們（其中一人），獎賞黄金二兩。」
	審理	●鞫之：	●審理（結果）如下：

續表

文書/程序層次			釋文	譯文
縣級奏讞文書	廷審	審理	「尸等産捕治、閬等，告羣盗盗殺傷037好等。治等秦人，邦亡荆；閬等荆人。亡，來入秦地，欲歸羛（義），悔，不詣吏。以京州降爲秦後，羣038【盗盗殺傷好】[等]。」 皆審。	「尸等活捉治和閬等，控告爲合夥行盗搶劫殺傷037好等。治等是秦國人，逃出本國亡命到楚國；閬等是楚國人。（他們都）逃亡，來到秦國，想要歸附正義，（但）後悔了，不到官府。在京州投降歸屬秦國之後，合夥038【行盗搶劫殺傷好】等。」 （以上）都確鑿無疑。
	主文		疑尸等購。	不能確定尸等的獎賞。
	附記		它縣論〔一三〕。	其他相關者由縣（負責）論處。
	奏讞結尾詞		敢讞（讞）之。	冒昧請示如上。
吏議	吏議一		●吏議： 「以捕羣盗律購尸等。」	●（縣廷）擔當人判決意見（如下）： 「按照捕獲團夥盗匪的律條獎賞尸等。」
	吏議二		或曰： 「以捕它邦人039【……。】缺04」	另有如下（判決意見）： 「按照捕獲其他國家的人039【……。】缺04」
郡報	郡報開頭詞		廿（二十）五年六月丙辰朔己卯〔一四〕，南郡叚（假）守賈報州陵守綰、丞越：	（秦王政）二十五年（公元前二二二年）六月丙辰朔己卯（二十四日），南郡太守代理賈答覆州陵縣居守綰、縣丞越：
	奏讞文書摘要		子讞（讞）： 「求盗尸等捕秦男子治等四人、040荆男子閬等十人，告羣盗[盗]殺傷好等〔一五〕。治等秦人，邦亡；閬等荆人。來歸羛（義），行到州陵，悔，041□□□□□□攻（？）盗（？），京州降爲秦，乃殺好等。疑尺〔尸〕等購。」	閣下請示（如下）： 「求盗尸等捕獲秦國男子治等四人040和楚國男子閬等十人，（並）控告爲合夥行盗搶劫殺傷好等。治等是秦國人，逃出本國亡命；閬等是楚國人。（他們都）來（秦國）歸附正義，但走到州陵，後悔了，041□□□□□□攻剽盗劫，（在）京州投降歸屬秦國（後），（他們）纔殺害好等。不能確定尸等的獎賞。」
	主文		●讞（讞）固有審矣。治等，審秦人殹（也），尸042等當購金七兩〔一六〕；閬等，其荆人殹（也），尸等當購金三兩〔一七〕。	●所請示的本來很清楚。治等，明明白白是秦國人，尸042等（就）應該獎賞黃金七兩；閬等，他們是楚國人，尸等應該獎賞黃金三兩。
	郡報結尾詞		它有『律』令。043	其他（事宜）有『律』令（可循）。043

注釋：

〔一〕秦王政二十五年五月丁亥朔，壬寅爲十六日。

〔二〕秦王政二十五年二月戊午朔，甲戌爲十七日。

〔三〕走馬，秦爵名，下數第三級，與簪褭相當。《數》簡122－123：「大夫、不更、走馬、上造、公士，共除米一石，今以爵衰分之，各得幾可（何）？大夫三斗十五分斗五，不更二斗十五分斗十，走馬二斗，上造一斗十五分五，公士大半斗。」能確定年代的史料中，本簡所見走馬屬秦王政二十五年，爲走馬最晚的辭例，里耶秦簡⑯0005背所見簪褭屬秦始皇二十七年，爲簪褭最早辭例，似在二十六年前後，爵名走馬被簪褭所取代。里耶秦簡8－0461正：「走馬如故，更簪褭。」

〔四〕據文意推測，「覆」下一字疑爲「獄」。覆獄，官職名，即「覆獄卒史」、「覆獄（某縣）獄史」或「御史覆獄」等複合官職名之簡稱。里耶秦簡8－0144正＋8－0136正：「【……】五月己亥朔辛丑，倉守敬敢言之：令下：覆獄遝遷陵隸臣鄧，【……】□□名吏（事）、它坐，遣言。」

〔五〕産捕，生捕，活捉。《二年律令》簡148：「能産捕羣盗一人若斬二人，捧（拜）爵一級。」

荆，秦國稱楚國爲荆。《史記·秦始皇本紀》「二十三年，秦王復召王翦，彊起之，使將擊荆」，張守節《正義》：「秦號楚爲荆者，以莊襄王名子楚，諱之，故言荆也。」《呂氏春秋·音律》「周昭王親將征荆」，高誘注：「荆，楚也。秦莊王諱楚，避之曰荆。」里耶秦簡8－0461正云「曰⿰王斤（吴）曰荆」，似秦始皇二十六年之後將舊楚國東部和西部分别稱爲「吴」與「荆」。

〔六〕皆，指治等與闖等。按，獄吏的引述並不十分嚴謹，「荆邦人」三字係闖等供述，而「皆居京州」以下係獄吏據雙方供述加以概括的筆録。

京州，疑爲楚國地名，未詳。

〔七〕羛，《説文·我部》「義」字異體。歸義，歸附正義，即歸附秦國之謂。《史記·滑稽列傳》：「遠方當來歸義，而騶牙先見。」

〔八〕攻盗，攻剽盗劫，即武裝起來公然行劫。劉向《説苑·指武》：「所謂誅之者，非爲其晝則攻盗，暮則穿窬也，皆傾覆之徒也。」又參看《二年律令》簡062（見《癸、瑣相移謀購案》注五）。

〔九〕降爲秦，投降成爲秦地或秦人。《戰國策·秦策一》：「代、上黨不戰而已爲秦矣。」高誘注：「爲，猶屬也。」張家山漢簡《曆譜》簡02：「新降爲漢。」《奏讞書》簡009：「楚時去亡，降爲漢。」

〔一〇〕它邦人，其他邦國的人，似可包含屬邦人。《奏讞書》簡021：「律所以禁從諸侯來誘者，令它國毋得取（娶）它國人也。」

〔一一〕非吏所興，與「吏所興」相對而言，表示它邦人入盗者並不是由敵方政府所組織的，而是以個人身份侵入秦地的。《二年律令》簡061：「徼外人來入爲盗者，要（腰）斬。吏所興，能捕若斬一人，捧（拜）爵一級。不欲捧（拜）爵及非吏所興，購如律。」簡037簡首三字殘泐不清，據文意判斷，疑爲「來入爲」，但殘留筆畫未必吻合。

〔一二〕什伍，軍隊或吏徒編制，五人爲伍，十人爲什，稱什伍。《二年律令》簡141：「吏將徒，追求盗賊，必伍之。」將長，疑爲分將、兼將等將領和伍長、什長或屯長等小隊長。可以參看《二年律令》簡140（見《癸、瑣相移謀購案》注〔三二〕）。又，《法律答問》簡208：「可（何）如爲『大痍』？『大痍』者，支（肢）或未斷，及將長令二人扶出之，爲大痍。」

整理小組注引《商君書・境内》:「五人一屯長,百人一將。」

〔一三〕它縣論,奏讞文書主文結尾處習慣用語,本義應爲「其他相關者由縣負責論處」。《奏讞書》簡015:「疑娼罪。它縣論。敢灉（讞）之。」

〔一四〕秦王政二十五年六月丙辰朔,己卯爲二十四日。

〔一五〕「盜」、「殺」兩字右半部分殘泐,從文例與字距判斷,其間原應有重文符號。

〔一六〕購金七兩,目前有兩種解釋:第一,治等四人,按照羣盜處理,每人獎賞十四兩,共賞五十六兩;覆獄驪帶領尸等共十六人追捕治等,但其中衹有尸等八人將治等、閬等送到官府,每人領取獎金七兩,其他八人要麽没有參與逮捕行爲,要麽没有資格領取獎賞。

第二,治等秦人衹有四人,不夠羣盜標準的「五人以上」,因而衹論賞以普通死罪爲標準,一人獎賞七兩。金七兩,即四〇三二〇錢,正好與《癸、瑣相移謀購案》簡016和021－022所見「死罪購」一致（參看《癸、瑣相移謀購案》注〔三六〕）。

〔一七〕購金的計算根據未詳,或許「三」字不塙。若「購金七兩」係死罪購,「三」應爲「二」之筆誤,「購金二兩」即捕獲「它邦人」一人的獎賞（見簡036－037,參看注〔一〇〕、〔一一〕）。

○三　猩、敞知盜分贓案

●廿（二十）三年四月，江陵丞文敢讞（讞）之〔一〕：廿（二十）三〔二〕年九月庚子〔二〕，令下〔三〕，劾：渌（録）江陵獄〔四〕：上造敞、士五（伍）○四四猩智（知）人盜埱冢〔五〕，分臧（贓）〔六〕。得。敞當耐鬼薪，猩黥城旦〔七〕。遝戊午赦（赦）〔八〕，爲庶人〔九〕。鞫○四五審，讞（讞）〔一〇〕。○四六

●今視故獄〔一一〕：廿（二十）一年五月丁未〔一二〕，獄史窣詣士五（伍）去疾、號曰〔一三〕：載銅。●去疾、號曰：號乘軺○四七之醴陽〔一四〕，與去疾買銅錫冗募樂一男子所〔一五〕，載欲買（賣）。得。它如窣。○四八

●執一男子。男子士五（伍），定名猩〔一六〕。○四九

●猩曰：□□□□樂，爲庸（傭）〔一七〕，取銅草中。得。它如號等。○五〇

●孱陵獄史民詣士五（伍）達〔一八〕。與猩同獄，將從猩。●達曰：亡，與猩等獵漁。不利，負責（債）。○五一冗募上造禄等從達等漁〔一九〕，謂達，禄等亡居荑（夷）道界中〔二〇〕，有廬舍〔二一〕，欲毆（驅）從禄。達○五二等從禄。猩獨居舍爲養〔二二〕，達與僕徒時（蒔）等謀埱冢。不告猩，冢巳（已）奧（徹），分器，乃告○五三猩。蒔等不分猩，達獨分猩。它如猩。●猩曰：達等埱冢，不與猩謀。分器，蒔等不分○五四猩，達獨私分猩。猩爲樂等庸（傭），取銅草中。它如達及前。●醴陽丞悝曰：冗募上造敞○五五【……●敞曰：……】〔二三〕缺○五埱冢者錫。到舍，達巳（已）分錫。達謂敞：巳（已）到前〔二四〕，不得錫。今冢中尚有器，器巳（已）出，買（賣）敞所。時（蒔）○五六告達，請與敞出餘器，分敞。達曰：發冢一歲矣！今奧（徹），敞乃來，不可與敞。達等相將之水旁〔二五〕，○五七有頃，來告敞曰：與敞。敞來後，前者爲二面，敞爲一面〔二六〕。敞曰：若（諾）。皆行，到冢，得錫。敞買及受分〔二七〕。覺〔二八〕，○五八亡。得。它如達等。

●達言如敞。

●【問】：達等埱冢，不與猩、敞謀，得衣器告〔二九〕；猩、敞受分，臧（贓）過六百六十錢〔三〇〕。○五九【它】如辤（辭）。

●鞫之：達等埱冢，不與猩、敞謀，得衣器告；猩、敞受分，臧（贓）過六百六十錢。得。猩當黥○六〇城旦，敞耐鬼薪。遝戊午赦（赦）。審。江陵守感、丞暨、史同論赦（赦）猩、敞爲庶人。達等令（?）別（?）論。敢讞（讞）之。○六一

文書/程序層次〔三一〕	釋文	譯文
縣級奏讞文書：奏讞開頭詞	●廿（二十）三年四月，江陵丞文敢潚（讞）之〔一〕：	●（秦王政）二十三年（公元前二二四年）四月，江陵縣丞文冒昧請示如下：
縣級奏讞文書：揭發：太守命令（檢舉）	廿（二十）三〔二〕年九月庚子〔二〕，令下〔三〕，劾： 「彔（錄）江陵獄〔四〕：上造敞、士五（伍）044猩智（知）人盜埱冢〔五〕，分臧（贓）〔六〕。得。敞當耐鬼薪，猩黥城旦〔七〕。遝戊午赦（赦）〔八〕，爲庶人〔九〕。鞫045審，潚（讞）〔一〇〕。」046	（秦王政）二十二年（公元前二二五年）九月庚子（二十九日），（郡的）命令下達，舉劾（如下）： 「省察江陵縣刑事案件（時發現如下問題）：上造敞、士伍044猩知道人盜掘墳墓，（而）私分贓物。（他們）是被捕（而非自動投案）的。敞應處以耐刑並貶爲鬼薪，猩處以黥刑並貶爲城旦。趕上戊午赦令，（免）爲庶人。審理045明白（之後）來請示！046」
縣級奏讞文書：原審：叙述	●今視故獄〔一一〕：	●現在查閱原案：
縣級奏讞文書：原審：揭發：控告	廿（二十）一年五月丁未〔一二〕，獄史窣詣士五（伍）去疾、號曰〔一三〕： 「載銅。」	（秦王政）二十一年五月丁未（二十八日），獄史窣將士伍去疾和號押送到官府，並說： 「（非法）運銅。」
縣級奏讞文書：原審：偵查：供述（號等）	●去疾、號曰： 「號乘軺047之醴陽〔一四〕，與去疾買銅錫冗募樂一男子所〔一五〕，載欲買（賣）。得。」 它如窣。048	●去疾和號說： 「號乘坐軺車047去醴陽縣，跟去疾從冗募樂手下的一個男子買來青銅，裝運想轉賣。（我們）是被捕（而非自動投案）的。」 其他如同窣所述。048
縣級奏讞文書：原審：偵查：繫牒	●執一男子。男子士五（伍），定名猩〔一六〕。049	●逮捕男子一人。（該）男子的身份爲士伍，名叫猩。049
縣級奏讞文書：原審：偵查：供述（猩）	●猩曰： 「□□□□樂，爲庸（傭）〔一七〕，取銅草中。得。」 它如號等。050	●猩說： 「□□□□樂，充當傭工，從草中拿出青銅。（我）是被捕（而非自動投案）的。」 其他如同號等所述。050

續表

文書/程序層次	釋文	譯文
縣級奏讞文書		
原審		
偵查		
敘述	●孱陵獄史民詣士五（伍）達〔一八〕。與猩同獄，將從猩。	●孱陵獄史民將士伍達押送到官府。與猩是同案（犯），送來（以便）與猩（案）併案處理。
供述（達）	●達曰： 「亡，與猩等獵漁。不利，負責（債）。051 冗募上造祿等從達等漁〔一九〕，謂達， 『祿等亡居荑（夷）道界中〔二〇〕，有廬舍〔二一〕』， 欲毆（驅）從祿。達052 等從祿。猩獨居舍爲養〔二二〕，達與僕徒時（蒔）等謀埱冢。不告猩，冢巳（已）鬻（徹），分器，乃告053 猩。蒔等不分猩，達獨分猩。」 它如猩。	●達說： 「逃亡，與猩等打獵捕魚。不順利，負債。051 冗募上造祿等隨我們（一起）捕魚，對我說， 『我們逃亡藏在夷道境內，有房子（住）。』 他是想要驅使我們隨從他。我052 們（就）跟著他（去了）。猩一個人留在屋裏負責做飯，我跟僕人蒔等一起謀劃挖墓（事）。（當時）沒告訴猩，墳墓已經挖通，分好贓物（後），纔告訴053 猩。蒔等沒分給猩，衹有我分給他。」 其他如同猩所述。
供述（猩）	●猩曰： 「達等埱冢，不與猩謀。分器，蒔等不分054 猩，達獨私分猩。猩爲樂等庸（傭），取銅草中。」 它如達及前。	●猩說： 「達等挖墓，（事前）沒跟我商量。分贓物（時），蒔等沒分給054 我，衹有達私自分給我。我充當樂等的傭工，將青銅從草中拿出來。」 其他如同達和以前猩所述。
供述（悝）	●醴陽丞悝曰： 「冗募上造敞055 【……。】」	●醴陽縣丞悝說： 「冗募上造敞055 【……。】」
供述（敞）	【●敞曰：】 「【……】〔二三〕缺05 埱冢者錫。到舍，達巳（已）分錫。達謂敞： 『巳（已）到前〔二四〕，不得錫。今冢中尚有器，器巳（已）出，買（賣）敞所。』」	【●敞說：】 「【……】缺05 挖墓者青銅。到了廬舍，達已經分完青銅。達對我說： 『（你）抵達之前（我們所得的）青銅，（你）不能拿到。現在墓中仍有器物，把它們拿出來（後），賣給你。』」

文書/程序層次				釋文	譯文
縣級奏讞文書	原審	偵查	供述（敞）	時（蒔）056告達，請與敞出餘器，分敞。達曰：	蒔056請求達，要跟我一起拿出餘下的器物，並分給我。達說：
				『發冢一歲矣！[今]勶（徹），敞乃來，不可與敞。』	『（我們）掘墓已經一年了！現在挖通了，敞纔來，不能跟他合夥（分贓）。』
				達等相將之水旁〔二五〕，057有頃，來告敞曰：	達等一同去水邊，057不久，回來對我說：
				『與敞。敞來後，前者爲二面，敞爲一面〔二六〕。』	『跟你合夥了。你來得晚，先來的擔當兩面，你擔當一面。』
				敞曰：	我說：
				『若（諾）。』	『好。』
				皆行，到冢，得錫。敞買及受分〔二七〕。覺〔二八〕，058亡。得。』	（我們）都走到墳墓，拿到了青銅。我既買贓又分贓。（事情）敗露，058（我就）逃亡了。被捕。』
				它如達等。	其他如同達等所述。
			供述（達）	●達言如敞。	●達所說如同敞所述。
	本審	廷審	查詢	●【問】：	●【查詢（結果如下）：】
				「達等𡍯冢，不與猩、敞謀，得衣器告〔二九〕；猩、敞受分，臧（贓）過六百六十錢〔三〇〕。」059	「達等挖墓，（事前）沒跟猩和敞商量，獲得贓物（後纔）告訴（他們）；猩和敞所分得贓物，贓款超過六百六十錢。」059
				【它】如辤（辭）。	【其他】如同被告人供述。
			審理	●鞫之：	●審理（結果）如下：
				「達等𡍯冢，不與猩、敞謀，[得]衣器告；猩、敞受分，臧（贓）過六百六十錢。得。猩當黥060城旦，敞耐鬼薪。遝戊午赦（赦）。」	「達等挖墓，（事前）沒跟猩和敞商量，獲得贓物（後纔）告訴（他們）；猩和敞所分得贓物，贓款超過六百六十錢。（他們）是被捕（而非自動投案）的。猩應處以黥刑060並貶爲城旦，敞處以耐刑並貶爲鬼薪。趕上戊午赦令。」
				審。	（以上）確鑿無疑。

續表

文書/程序層次		釋文	譯文
縣級奏讞文書	主文	江陵守感、丞暨、史同論赦（赦）猩、敞爲庶[人]。達等令（？）别（？）論。	江陵縣居守感、縣丞暨、史同判處並赦免猩和敞爲庶人。達等令另行論處。
	奏讞結尾詞	敢潚（讞）之。061	冒昧請示如上。061

注釋：

〔一〕江陵，秦縣名，見《漢書·地理志》，屬南郡，治今湖北江陵。原爲楚國郢都，秦昭襄王二十九年白起取郢爲南郡，秦置江陵縣也應在此時。

〔二〕秦王政二十三年九月丁卯朔，無庚子日。按，舉劾的時間應在奏讞前，可以確定「二十三年九月庚子」中必有筆誤。可能性最大者爲簡文本當作「廿（二十）二年」，承上文「廿（二十）三年」而致誤。秦王政二十二年九月壬申朔，庚子爲二十九日。

〔三〕令下，命令（被）下達。《語書》簡 02：「法律未足，民多詐巧，故後有間令下者。」

〔四〕嚴格隸定，「扌录」字從彖作「掾」形。按，秦漢隸書彖、录兩旁常常混用，本簡「扌录」字所從聲符彖其實係录旁，如同人名「禄」從彖旁作「椽」形（參看後注〔一九〕）。「扌录」字不見於先秦及秦漢文獻，與「録」字的關係應屬改换形旁，與「讞」字作「潚」形相似。録，省察。《漢書·孔光傳》：「成帝初即位，舉爲博士，數使録冤獄，行風俗。」同書《雋不疑傳》「每行縣録囚徒還，其母輒問不疑：『有所平反，活幾何人？』」，顏師古注：「省録之，知其情狀有冤滯與不也。」睡虎地秦簡也出現過當動詞使用的「掾」形字，似應改釋「扌录」，讀爲「録」。《效律》簡 51－53：「官嗇夫貲二甲，令、丞貲一甲；官嗇夫貲一甲，令、丞貲一盾。其吏主者坐以貲、誶如官嗇夫。其它冗吏、令史扌录（録）計者，及都倉、庫、田、亭嗇夫坐其離官屬于鄉者，如令、丞。」同上簡 55：「司馬令史扌录（録）苑計，計有劾，司馬令史坐之，如令史坐官計劾然。」

〔五〕埱冢，挖墓。《法律答問》簡 028「盗埱厓」，整理小組注：「埱（音觸），《説文》：『氣出土也。』歷代注釋者没有適當的解釋。簡文此字…（中略）…是挖掘的意思。」或以爲「气」、「穵」形近，《説文》「气（氣）」字即「穵（挖）」之誤。

〔六〕分贓，秦律罪名，或稱「受分」，分取贓款或贓物。《法律答問》簡 009：「甲盗，臧（贓）直（值）千錢，乙智（知）其盗，受分臧（贓）不盈一錢。問：乙可（何）論？同論。」《二年律令》簡 057：「智（知）人盗與分，皆與盗同灋（法）。」

〔七〕黥城旦，又稱「黥爲城旦」或「黥以爲城旦」，秦及漢初律特有的複合刑之一。黥，肉刑，在面額等刺刻塗墨；城旦，刑徒身份，剝奪財産權等多種重大行爲能力，並終身科以重勞動；爲，表示身分變更，如同「封爲侯」、「拜爲卿」等。《二年律令》簡055－056：「盜臧（贓）直（值）過六百六十錢，黥爲城旦舂；六百六十到二百廿（二十）錢，完爲城旦舂；不盈二百廿（二十）到百一十錢，耐爲隸臣妾；不盈百一十到廿（二十）二錢，罰金四兩；不盈廿（二十）二錢到一錢，罰金一兩。」

耐鬼薪，又稱「耐爲鬼薪」或「耐以爲鬼薪」，秦及漢初律特有的複合刑之一，專用於葆子以及上造以上特權身份。可以參看《二年律令》簡082（見《癸、瑣相移謀購案》注〔四〕）。敞與猩在量刑上的差異來自二者的身份差距，敞爲上造，而猩爲士伍。

〔八〕赦，《説文·攴部》「赦」字或體。詔令以頒布日的干支命名之例見居延漢簡甲渠候出土的所謂「元康四年賜爵令」（162.6＋162.14）：「☑令賜一級　元康四年令　Ｓ　出☑□卌（四十）七　公乘鄴宋里戴通　卒　故小男，丁未、丁未、丙辰、戊寅、乙亥、癸巳，癸酉令賜各一級，丁巳令賜一級。」

遝，及，即趕上、遇到。《説文·辵部》與「迨」字互訓，《方言》卷三、《廣雅·釋言》訓「及」。又參看《田與市和奸案》注〔一八〕。

〔九〕庶人，身份泛稱，相當於百姓、平民。《二年律令》簡189：「奴與庶人奸，有子，子爲庶人。」律文多與刑徒、奴婢相對而言。《二年律令》簡204－205：「捕盜鑄錢及佐者死罪一人，予爵一級。其欲以免除罪人者，許之。捕一人，免除死罪一人，若城旦舂、鬼薪白粲二人，隸臣妾、收人、司空三人，以爲庶人。」同上簡162－163：「奴婢爲善而主欲免者，許之。奴命曰私屬，婢爲庶人，皆復使及筭（算）事之如奴婢。主死若有罪，以私屬爲庶人，刑者以爲隱官。」錢大昕《廿二史考異·光武帝紀下》：「凡律言庶人者，對奴婢及有罪者而言。」

〔一〇〕鞫審，讞，針對下級機關的指示，意思爲審問明白（之後）來請示。《法律答問》簡053：「有投書，勿發，見輒燔之；能捕者購臣妾二人，毄（繫）投書者，鞫審讞（讞）之。」

〔一一〕視，查看、查閱。《封診式》簡68：「診必先謹審視其迹。」視故獄，查閱原案。《奏讞書》簡099：「覆視其故獄。」

〔一二〕秦王政二十一年五月庚辰朔，丁未爲二十八日。

〔一三〕獄史，縣屬吏，負責刑事案件的搜查、預審以及其他治安工作等。《續漢書·百官志》劉昭注引《漢官》：「洛陽令秩千石……（中略）……鄉有秩、獄史五十六人，佐史、鄉佐七十七人，斗食令史、嗇夫、假五十人。」《奏讞書》簡075：「求盜甲告曰：從獄史武備盜賊。」《嚭盜殺安、宜等案》簡169，獄史觸又稱「爲令史廿（二十）二歲」，似乎秦國令史未曾分化，獄史實爲令史，「獄」字僅表示其所擔當的業務範圍。

〔一四〕軺，小馬車。《説文·車部》：「軺，小車也。」

醴陽，秦縣名，不見於《漢書·地理志》。《奏讞書》簡069有「醴陽令」，整理小組注：「『醴』疑讀爲『澧』，縣在澧水之陽，屬南郡。」

〔一五〕鍚，疑讀爲「鐋」，銅之美者。按，隸書易旁與昜旁多混同使用，僅據字形不能排除其讀爲「錫」的可能性，但「銅鍚」、「鍚」（簡048、056、058）均與前文簡047「載銅」相應，應泛指盜墓所出土的青銅器。《説文·玉部》：「鐋，金之美者。」《爾雅·釋器》：「黄金謂之鐋。」師獸簋：「十五鍚（鐋）鐘。」

冗募，身份。《秦律雜抄》簡35「冗募歸」，整理小組注：「意即衆募，指募集的軍士。《漢書·趙充國傳》稱爲『應募』。」

樂一男子，樂（手下）的一名男性，即猩。按，後文簡 055 稱「猩爲樂等庸（傭）」（簡 050 略同），可知樂手下的猩是去疾、號的載銅案與猩、敞分贓案之間的橋梁。

〔一六〕定，審定，確定。《管子·九守》：「脩〔循〕名而督實，按實而定名。」（「循」字據黎翔鳳《管子校注》訂正）《封診式》簡 40：「其定名事里。」居延漢簡 239.46：「鞫毄（繫）書到，定名縣爵里年☐」此處「定名」用作名詞，指經過官方證實之名，即户籍上的正式名字。

此簡爲繫（拘管）猩的記録，即《奏讞書》簡 076、078 所謂繫牒。繫牒比較完整的文字形式應如下引居延漢簡 13.6：

坐迺四月中不審日行道到屋蘭界中，與戍卒函何陽争言，鬭以劍擊傷右手指二所。●地節三年八月己酉械繫。

戍卒東郡畔戍里靳龜

〔一七〕傭，受僱爲人勞動。《玉篇·人部》：「傭，傭賃也。」《韓非子·外儲說右下》：「臣有子三人，家貧，無以妻之，傭未及反。」《奏讞書》簡 111：「十月不盡八日爲走馬魁都庸（傭），與偕之咸陽。」

〔一八〕孱陵，秦縣名，屬南郡，據里耶秦簡 J1⑯0052 離江陵縣 110 里，治今湖北公安縣西南。《漢書·地理志》歸武陵郡，但據《二年律令》簡 456、荆州紀南城松柏漢墓 M1 竹簡《南郡免老簿》（簡 35）可以確定其在西漢武帝初期仍屬南郡。

〔一九〕嚴格隸定，「禄」字從彖作「禒」形。按，「禒」字初見於《龍龕手鑒》，音息淺反（xiǎn），實係「𥙘」字訛體。「禄」字又爲秦漢時代常見人名，本案「禒」形字也是人名，因而可以將其釋爲「禄」無疑。《奏讞書》案件二之所謂「大夫禒」（簡 008 等）亦然。《正字通》示部：「禒，禄字之譌。」

〔二〇〕夷道，秦道名，見《漢書·地理志》，屬南郡，治今湖北枝城市西。道，「縣」異名。《續漢書·百官志》：「凡縣主蠻夷曰道」。

〔二一〕廬舍，寄居田野的簡陋房屋。《漢書·食貨志上》「餘二十畝以爲廬舍」，顔師古注：「廬，田中屋也。」出土史料中多與室屋或室相對。《二年律令》簡 004：「賊燔寺舍、民室屋廬舍。」居延漢簡 395.11：「捕律：禁吏毋夜入人廬舍捕人犯者。其室毆傷之，以毋（無）故入人室律從事。」

〔二二〕養，炊事或炊事員，多見里耶、敦煌、居延等地出土的帳簿類秦漢簡。里耶秦簡 9－2289 正：「四人徒養：枼、痤、带、復。」同上簡 8－0736 正：「大隸臣廿（二十）六人☐其四人吏養：唯、冰、州、臺。」王國維《流沙墜簡·屯戍叢殘考釋·戍役類》引《公羊傳》宣公十二年「廝役扈養」何休注：「炊亨（烹）者曰養。」據陸德明《經典釋文》，此義項讀去聲，餘亮反（yàng）。

〔二三〕簡 056 以下爲敞的供詞，缺簡上應有「敞曰」字樣。

〔二四〕已，原初爲動詞，表示「完成」義，後來轉换爲副詞，表示「已經」等義。此處似仍爲動詞，可以理解爲「完成『到』這一行爲之前」，也就是「抵達之前」。後文簡 056「器已出」、第二類《㲋盗殺安、宜等案》簡 161「已殺人」似亦相同。《封診式》簡 49：「法（廢）丘已傳，爲報。」《秦律十八種》簡 159：「除吏，尉已除之，乃令視事及遣之。」

〔二五〕相將，相偕，相共。王符《潛夫論·救邊》：「相將詣闕，諧辭禮謝。」之，往，去。《爾雅·釋詁上》：「之，往也。」

〔二六〕後、前，兩字前後相應，在此表示時間在後與在前。《史記·高祖本紀》：「足下前則失咸陽之約，後又有彊宛之患。」同書《項羽本紀》：「先即制人，後則爲人所制。」

面，疑爲方面，二面與一面應表示「出器」的分工以及分配方案。

〔二七〕此處所説都應爲前文所謂「餘器」，即敞來之後所搬出來的器物。「受分」指敞直接分到的「一面」器物，「買」指達等所分到的「二面」器物，敞從達等手裏買下。

〔二八〕覺，發覺。《説文・見部》：「覺，……（中略）……一曰：發。」《法律答問》簡 049：「誣人盜，直（值）廿（二十），未斷，有（又）有它盜，直（值）百，乃後覺。當并臧（贓）以論，且行真辠（罪）、有（又）以誣人論？當貲二甲一盾。」

〔二九〕衣器，器物泛指。按，衣器與前文簡 053、054「分器」、簡 056「有器」相應，可知其並非實指。《法律答問》簡 170：「『夫有罪，妻先告，不收。』妻賸（媵）臣妾、衣器當收不當？不當收。」《封診式》簡 08：「以某縣丞某書，封有鞫者某里士五（伍）甲家室、妻、子、臣妾、衣器、畜產。」《奏讞書》簡 214－215：「有受孔衣器、錢財，弗詣吏，有罪。」

〔三〇〕此句話表達出兩個重要的法律焦點：一個是「達等埱冢」，問題在於猩與敞何時得知此事；另一個是「猩、敞受分」，問題在於贓之多少。「達等埱冢，不與猩、敞謀，得衣器告」與前文簡 053－054「達與僕徒時（蒔）等謀埱冢。不告猩，冢巳（已）勶（徹），分器，乃告猩」相應，二者都表示猩（和敞）未參與共謀或實行行爲，而參與與否正好是區分「盜埱冢」罪與「分贓」罪的判斷標準。「分贓」與盜同法，按照所受分贓額判刑，所以稱「猩、敞受分，臧（贓）過六百六十錢」。《二年律令》簡 055：「盜臧（贓）直（值）過六百六十錢，黥爲城旦舂。」

〔三一〕本案的文書結構與《癸、瑣相移謀購案》和《芮盜賣公列地案》相似，三個案例都係重審案件，初審結束後被郡以上機關駁回，由縣重行審理，最後以「敢讞之」的形式向郡請示。整理這種案件文書結構的最大難處是分清初審與本審（即重審）的兩個文書層次。本案中，太守的劾文提及被告人敞，因而可知初審已應對敞進行審訊，而舊著居然將縣級文書中初次出現敞字的簡 055 以及後續的供詞歸入重審，明顯失誤。至於如何修改文書層次表，可以考量如下：本案在敞的供詞結束之後祇剩下廷審的查詢（「問」）和審理（「鞫」）兩個步驟。因爲劾文直接要求江陵進行「鞫」後再請示，所以很有可能重審手續祇有「鞫」一個環節，即由縣廷長官所主宰的審訊審理，查詢仍屬初審，但因查詢内容與審理結構非常相近，二者所提及的核心内容「得衣器告」又不見於此前的簡文，所以暫時將整個廷審程序一併視爲重審，即劾文所要求的廣義的「鞫」。既然《猩、敞知盜分贓案》的文書結構如此改正，同樣受到上級「鞫審」「讞」的指令而進呈的《芮盜賣公列地案》或許也應相同處理，但因相關的簡 084 至 086 殘缺較嚴重，無法確認相關内容細節，所以暫時不改動，仍舊以獄史豬提及「并賈」的供詞爲重審文書層次的開頭。

〇四　芮盜賣公列地案

●敢潚（讞）之：江陵言：公卒芮與大夫材共蓋受棺列〔一〕，吏後弗鼠（予）。芮買（賣）其分肆士○六二五（伍）朵〔二〕，地直（值）千，蓋二百六十九錢。以論芮。二月辛未〔三〕，大（太）守令曰：問：芮買（賣），與朵別賈（價）地〔四〕，且○六三吏自別直〔五〕？別直以論狀何如，勿庸報。鞫審，潚（讞）。

●視獄：十一月己丑〔六〕，丞暨刻曰：聞主市曹○六四臣史隸臣更不當受列〔七〕，受棺列，買（賣）。問論〔八〕。●更曰：芮、朵謂更：棺列旁有公空列，可受。欲受，○六五亭佐駕不許芮、朵〔九〕。更能受，共。更曰：若（諾）。更即自言駕〔一〇〕，駕鼠（予）更。更等欲治蓋相移，材爭○六六弗得。聞材後受。它如刻。●材曰：巳（已）有棺列，不利。空列，故材列。十餘歲時，王室置市○六七府〔一一〕，奪材以爲府。府罷，欲復受，弗得。迺往九月辤（辭）守感〔一二〕。感令亭賀曰〔一三〕：毋（無）争者鼠（予）材。走馬喜○六八争，賀即不鼠（予）材。材私與喜謀：喜故有棺列，勿争。材巳（已）治蓋，喜欲，與喜□貿〔一四〕。喜○六九曰：可。材弗言賀，即擅竊治蓋，以爲肆。未轂（就）〔一五〕，芮謂材：與芮共。不共，且辤（辭）争。材詑〔一六〕○七〇【……喜】缺○六辤（辭）賀，賀不鼠（予）材、芮，將材、芮、喜言感曰：皆故有棺肆，弗鼠（予），擅治蓋相争。感曰：勿鼠（予）。材○七一……卬……材……芮□□欲居，材曰：不可。須芮來。朵即弗敢居。它如更。○七二

●芮曰：空列地便利，利與材共。喜争，芮乃智（知）材弗得，弗敢居。迺十一月欲與人共漁〔一七〕，毋（無）錢。○七三朵子士五（伍）方販棺其列下，芮利買（賣）所共蓋公地，卒（?）又（?）蓋□□□□與材共□□□〔一八〕○七四芮分方曰〔一九〕：欲即并賈（價）地、蓋千四百。方前顧（雇）芮千〔二〇〕，巳（已）盡用錢買漁具。後念悔，恐發○七五覺有辠（罪）。欲益賈（價）令方勿取，即枉（誑）謂方：賤！令二〔二一〕。二千弗取，環（還）方錢。方曰：貴！弗取。芮○七六毋（無）錢環（還）。居三日，朵責，與期：五日備賞（償）錢；不賞（償），朵以故賈（價）取肆〔二二〕。朵曰：若（諾）。即弗環（還）錢，去往○七七［●］漁〔二三〕。得。它如材、更。●方曰：朵不存，買芮肆。芮後益賈（價），弗取。責錢，不得。不得居肆。芮母索○七八後環（還）二百錢，未備八百。它及朵言如芮、材。●駕言如更。●賀曰：材、喜、芮妻佞皆巳（已）受○七九棺列，不當重受。它及喜言如材、芮。●索言如方。●詰芮〔二四〕：芮後智（知）材不得受列，弗敢居，是公○八〇列地殹（也）。可（何）故紿方曰巳（已）受，盜買（賣）于方〔二五〕？巳（已）盡用錢，後撓益賈（價）〔二六〕，欲令勿取；方弗取，有（又）弗○八一環（還）錢，去往漁，是即盜紿人買（賣）公列地非〔二七〕？今且以盜論芮，芮可（何）以解？芮曰：誠弗受。朵姊○八二孫故爲兄妻，有子。兄死，孫尚存。以方、朵終不告芮〔二八〕，芮即紿買（賣）方；巳（已）用錢，毋（無）以賞（償）。上即以○八三芮爲盜買（賣）公地，

辠（罪）芮，芮毋（無）以避。毋（無）它解。它如前。●獄史豬曰：芮、方并賈（價），豬以芮不〇八四【……。】【●問：……費六百】[二九]缺〇七九錢，買（賣）分四百卅（三十）五尺[三〇]，直（值）千錢。它如辤（辭）。●鞫之：芮不得受列，擅蓋治公地，費六百九〇八五錢，□

……地積（？）四百卅（三十）五尺，……千四百[三一]，巳（已）受千錢，盡用。後環（還）二百。地臧（贓）直（值）千〇八六錢。得。獄巳（已）斷，令黥芮爲城旦。未□□[三二]。它縣論。敢灊（讞）之。〇八七

文書/程序層次[三三]			釋文	譯文
縣級奏讞文書	奏讞開頭詞		●敢灊（讞）之：	●冒昧請示如下：
	揭發	上言	江陵言：「公卒芮與大夫材共蓋受棺列[一]，吏後弗鼠（予）。芮買（賣）其分肆士062五（伍）朵[二]，地直（值）千，蓋二百六十九錢。以論芮。」	江陵縣呈報：「公卒芮和大夫材一起搭蓋所承租的棺材攤位。後來當局沒（將攤位租）給（他們）。芮將他的那部分店鋪賣給士062伍朵，地值一千錢，建築物值二百六十九錢。（江陵縣）以此論處芮。」
		太守命令	二月辛未[三]，大（太）守令曰：「問：芮買（賣），與朵別賈（價）地[四]，且063吏自別直[五]？別直以論狀何如，勿庯報。鞫審，灊（讞）。」	（秦王政二十二年，公元前二二五年）二月辛未（二十六日），（南郡）太守命令如下：「詢問：芮賣（店鋪）是跟朵將地分別定價，還是063當局自行分別估價？若是（自行）分別估價，不用回報判決情況。審理明白（之後）來請示。」
	原審	敘述	●視獄：	●查閱原案：
		揭發 檢舉	十一月己丑[六]，丞暨劾曰：「聞主市曹064臣史隸臣更不當受列[七]，受棺列，買（賣）。問論[八]。」	十一月己丑（十三日），丞暨舉劾如下：「據瞭解，主市曹064臣史的隸臣更不應承租攤位，（但）承租了棺材攤位，並（把它）賣了。查詢（後）論罪！」

續表

文書/程序層次				釋文	譯文
縣級奏讞文書	原審	偵查	供述（更）	●更曰：	●更說：
				「芮、朵謂更：	「芮和朵對我說：
				「棺列旁有公空列，可受。欲受，065亭佐駕不許芮、朵〔九〕。更能受，共。」	「棺材攤位旁邊有公家的空攤位，可以承租。（我們）想承租，065（但）亭佐駕不准許我們。你（如果）能承租，（我們）合夥吧。」
				更曰：	我說：
				「若（諾）。」	「好。」
				更即自言駕〔一〇〕，駕鼠（予）更。更等欲治蓋相移，材爭066弗得。聞材後受。」	我就向駕提出申請，駕（也答應）給我。我們想搭蓋並交換，（因）材來爭奪，066（最後我們）沒能得到。據說，材後來承租了。」
				它如劾。	其他如同舉劾文書所述。
			供述（材）	●材曰：	●材說：
				「巳（已）有棺列，不利。空列，故材列。十餘歲時，王室置市067府〔一一〕，奪材以爲府。府罷，欲復受，弗得。迺往九月辤（辭）守感〔一二〕。感令亭賀曰〔一三〕：	「我（本）已有一個棺材攤位，（但）不好。空的攤位，原來（也）是我的。十多年前，政府開設市官067官府，（把攤位）從我手裏拿走，當做官府。官府被廢棄（之後），我想再承租，沒能得到。在去年九月向（江陵縣）居守感提出申訴。感命令亭長賀說：
				「毋（無）爭者鼠（予）材。」	「（如果）没有別人爭訟（的話），（把攤位）給材。」
				走馬喜068爭，賀即不鼠（予）材。材私與喜謀：	走馬喜068來爭訟，賀就没給我。我私下跟喜商量（說）：
				「喜故有棺列，勿爭。材巳（已）治蓋，喜欲，與喜□貿〔一四〕。」	「你原已有棺材攤位，（你就）別來爭了。（等）我搭蓋好了，（如果）你想要，（我）跟你□交換。」

續表

文書/程序層次				釋文	譯文
縣級奏讞文書	原審	偵查	供述（材）	喜069曰：	喜069說：
				「可。」	「可以。」
				材弗言賀，即擅竊治蓋，以爲肆。未𣪠（就）〔一五〕，芮謂材：	我沒跟賀說，就自作主張偷偷地搭蓋，把（它）修成店鋪了。還沒修完，芮對我說：
				「與芮共。不共，且辤（辭）争。」	「（這店鋪）跟我合夥！不合夥（的話），（我）要争訟。」
				材詑〔一六〕070【……喜】缺06辤（辭）賀，賀不鼠（予）材、芮，將材、芮、喜言感曰：	我騙（了他）070【……喜】缺06向賀申訴，賀（就）不（把攤位）給我們了，並把我、芮、喜告到感處說：
				「皆故有棺肆，弗鼠（予），擅治蓋相争。」	「（他們）都原已有棺材店鋪，沒給，（他們竟然）擅自搭蓋（並）相互争訟。」
				感曰：	感說：
				「勿鼠（予）。」	「別給了。」
				材071……卲……材……芮□□欲居，材曰：	材071……卲……材……芮□□想要占用，我說：
				「不可。須芮來。」	「不可以。等芮來吧。」
				朵即弗敢居。」	朵就沒敢占用。」
				它如更。072	其他如同更所述。072
			供述（芮）	●芮曰：	●芮說：
				「空列地便利，利與材共。喜争，芮乃智（知）材弗得，弗敢居。廼十一月欲與人共漁〔一七〕，毋（無）錢。073朵子士五（伍）方販棺其列下，芮利買（賣）所共蓋公地，卒（？）又（？）蓋□□□□與材共□□□〔一八〕074芮分方曰〔一九〕：	「空的攤位其地方便有利，（所以）貪圖與材合夥共有。因爲喜争訟，我纔知道材不能得到，沒敢占用。上個十一月份，我想跟人家一起捕魚，沒錢。073（因爲）朵的兒子士伍方在那個攤位旁邊販賣棺材，我貪圖賣一起所搭蓋的公家土地，終於又搭蓋□□□□跟材一起□□□074（想）把我的份額那部分（店鋪賣給）方，說：

續表

文書/程序層次				釋文	譯文
縣級奏讞文書	原審	偵查	供述（芮）	『欲即并賈（價）地、蓋千四百。』	「（你）想要（的話），就地和建築物一併定價一千四百錢。」
				方前顧（雇）芮千[二〇]，巳（已）盡用錢買漁具。後念悔，恐發075覺有辠（罪）。欲益賈（價）令方勿取，即枉（誑）謂方：	方首付給我一千錢，已全都用來買了漁具。後來（我一）考慮，（就）後悔了，怕（事）發075受到懲罰。（於是）想提高價錢，讓方不想要，就假裝對方說：
				『賤！』	『太便宜了！』
				令二[二一]。二千弗取，環（還）方錢。方曰：	令他加倍。兩千錢不想要的話，將還他錢。方說：
				『貴！』	『太貴了！』
				弗取。芮076毋（無）錢環（還）。居三日，朵責，與期：	不想要。（但）我076沒錢還。過了三天，朵（來）討債，跟他約定：
				『五日備賞（償）錢；不賞（償），朵以故賈（價）取肆[二二]。』	『五天把錢還清。（如果）不償還，朵（可以）按照原來的價錢拿走店鋪。』
				朵曰：	朵說：
				『若（諾）。』	『好。』
				即弗環（還）錢，去往077［●］漁[二三]。得。』	（我）就不還錢，溜走去077捕魚。被捕。」
				它如材、更。	其他如同材和更所述。
			供述（方）	●方曰：	●方說：
				「朵不存，買芮肆。芮後益賈（價），弗取。責錢，不得。不得居肆。芮母索078後環（還）二百錢，未備八百。」	「朵不在（時），我買了芮的店鋪。芮後來提高價錢，我没要。討還欠款，没能拿到。（又）不能占用店鋪。芮的母親索078後來還了二百錢，還欠八百（錢）。」
				它及朵言如芮、材。	其他以及朵所説如同芮和材所述。
			供述（駕）	●駕言如更。	●駕所説如同更所述。

續表

文書/程序層次	縣級奏讞文書			
	原　審			
	偵　查			
	供述（賀）	供述（寀）	詰問	供述（芮）
釋文	●賀曰： 「材、喜、芮妻佞皆巳（已）受079棺列，不當重受。」 它及喜言如材、芮。	●寀言如方。	●詰芮〔二四〕： 「芮後智（知）材不得受列，弗敢居，是公080列地殹（也）。可（何）故給方曰巳（已）受，盜買（賣）于方〔二五〕？巳（已）盡用錢，後撓益賈（價）〔二六〕，欲令勿取；方弗取，有（又）弗081環（還）錢，去往漁，是即盜紿人買（賣）公列地非〔二七〕？今且以盜論芮，芮可（何）以解？」	芮曰： 「誠弗受。朵姊082孫故爲兄妻，有子。兄死，孫尚存。以方、朵終不告芮〔二八〕，芮即紿買（賣）方；巳（已）用錢，毋（無）以賞（償）。上即以083芮爲盜買（賣）公地，辠（罪）芮，芮毋（無）以避。毋（無）它解。」 它如前。
譯文	●賀說： 「材、喜和芮的妻子佞都已承租到079棺材攤位，不應重複承租。」 其他以及喜所說如同材和芮所述。	●寀所說如同方所述。	●詰問芮（如下）： 「你後來明知材不能承租攤位，不敢占用，這（畢竟）是公家的080攤位土地。爲甚麼矇騙方說已經承租到，並盜賣給他？你把錢全用完了，後來有意地提高價錢，想逼他不想要；方不想要了，（你）又不081還錢，溜走去捕魚。這就是矇騙人盜賣公家攤位土地不？現在將以盜罪論處你，你拿什麼解釋？」	芮說： 「確實没承租。朵的姐姐082孫原來是我嫂子，有孩子了。哥哥（已經）去世，孫還在。（我）憑着方和朵終究不（會）控告我，就騙方（把攤位）賣給他；把錢已經全用完（後），無法償還。貴府如果認爲083我詐賣了公家土地，並（以此）定我的罪，我是無法逃避的。没有其他解釋。」 其他如前所述。

續表

文書/程序層次				釋文	譯文
縣級奏讞文書	本審	偵查	供述（豬）	●獄史豬曰：	●獄史豬說：
				「芮、方并賈（價），豬以芮不084【……。】」	「芮和方合併價錢，我以爲芮不084【……。】」
		廷審	查詢	【●問：】	【●查詢（結果如下）：】
				「【……費六百】[二九]缺07九錢，買（賣）分四百卅（三十）五尺[三〇]，直（值）千錢。」	「【……花費六百】缺07零九錢，賣（他）分額那部分四百三十五（平方）尺（土地），（贓款）值一千錢。」
				它如辤（辭）。	其他如同被告人供述。
			審理	●鞫之：	●審理（結果）如下：
				「芮不得受列，擅蓋治公地，費六百九085錢，□……地積（？）四百卅（三十）五尺，……千四百[三一]，巳（已）受千錢，盡用。後環（還）二百。地臧（贓）直（值）千086錢。得。」	「芮不能承租攤位，擅自搭蓋於公家土地，花費六百零九085錢，□……土地面積四百三十五（平方）尺……（約定價錢）千四百，已經收了一千錢，全部用完。後來償還二百。土地贓款值一千086錢。（他）是被捕（而非自動投案）的。」
	主文			獄巳（已）斷，令黥芮爲城旦。	本案已經結案，命令將芮處以黥刑並貶爲城旦。
	附記			未□□[三二]。它縣論。	没有□□。其他相關者由縣（負責）論處。
	奏讞結尾詞			敢潚（讞）之。087	冒昧請示如上。087

注釋：

〔一〕公卒，秦漢無爵身份之一。《二年律令》簡359－360：「不爲後而傅者，…（中略）…官大夫及大夫子爲公士。不更至上造子爲公卒。」

大夫，秦漢爵名，下數第五級，見《漢舊儀》等。

受，接受，即從政府承租。《二年律令》簡321：「受田宅，予人若賣宅，不得更受。」

列，集市貿易場所。《秦律十八種》簡068：「賈市居列者及官府之吏，毋敢擇行錢、布。擇行錢、布者，列伍長弗告，吏循之不謹，皆有罪。」《二年律令》簡260：「市販匿不自占租，坐所匿租臧（贓）爲盜，没入其所販賣及賈錢縣官，奪之列。列長、伍人弗告，罰金各一斤。」

〔二〕肆，集市貿易場所。《周禮・天官・内宰》：「正其肆，陳其貨賄。」《後漢書・王充傳》：「家貧無書，常游洛陽市肆，閲所賣書。」《文選》卷二十二謝混《遊西池》李善注：「肆，市中陳物處也。」本案簡070稱「擅竊治蓋，以爲肆」，簡073、074、080－081前後稱「空列地」、「公地」、「公列地」（082亦同），可知列爲官府所區劃的一塊地，而肆則是承租者所「治蓋」的店鋪。

〔三〕二月辛未，從前後案例的時代推測，應爲秦王政二十二年二月丙午朔二十六日。

〔四〕别價地，與後文簡075「并賈（價）地、蓋」相對；别價，分别價錢；并價，合併價錢；「地」、「地、蓋」，表示分别或合併價錢的對象。相似的語法結構見於里耶秦簡J1⑯0006背面：「尉别書都鄉、司空。」一説：賈係動詞，交易、進行買賣。别賈地，即就地分别進行買賣；并賈地、蓋，就地和建築物一併進行買賣。

〔五〕直，估價。《管子・輕重乙》「君直幣之輕重」，尹知章注：「直，猶當也。」《法律答問》簡035：「士五（伍）甲盜，以得時直臧（贓），臧（贓）直（值）百一十，吏弗直，獄鞫乃直臧（贓），臧（贓）直（值）過六百六十，黥甲爲城旦。」或將動詞「直」讀爲「值」，也無異。

吏自别直，與前文簡063「與朵别賈（價）地」相對，表示縣吏自行估價。按，據簡082、084詰問記載，芮的罪名爲「盜賣公列地/公地」，量刑以地價爲標準，不包含違章建築物的價格。太守在此所問，即縣吏初審時估量列地價格的方法。

〔六〕十一月己丑，從前後案例的時代推測，應爲秦王政二十二年十一月丁丑朔十三日。

〔七〕曹，分科辦事的官署或部門。徐灝《説文解字注箋・曰部》：「職官分曹治事謂之曹，如兵曹、刑曹之類皆是。」里耶秦簡8－0554有「廷吏曹」、8－1288「廷倉曹」等。主市曹，應係縣廷中總管市政的部門，與直接主管商業區的市官有别。

臣史，從事史類職務，即文書事務的徒隸，或係犯了耐罪之史，即早期所謂「史隸」。嶽麓秦簡（肆）簡271－273：「徒隸毄（繫）城旦舂、居貲贖責（債）而敢爲人僕、養、守官府及視臣史事若居隱除者，坐日六錢爲盜。吏令者，耐。」嶽麓秦簡（伍）簡308「●令曰：吏及臣史有教女子辤（辭）、上書，即爲書而受錢財酒肉焉，因反易其言，不用其請（情）實而令其（後缺）。」《法律答問》簡194：「可（何）謂耐卜隸、耐史隸？卜、史當耐者皆耐以爲卜、史隸。●後更其律如它。」

隸臣，秦及漢初的身份之一，用於中等罪犯、投降敵人以及罪犯之没官家屬。《二年律令》簡398：「當戍，已受令而逋不行盈七日，若戍盜去署及亡過一日到七日，贖耐；過七日，耐爲隸臣；過三月，完爲城旦。」《秦律雜抄》簡38：「寇降，以爲隸臣。」《二年律令》簡174：「罪人完城旦、鬼薪以上，及坐奸府（腐）者，皆收其妻、子、財、田宅。」同上簡435：「諸收人，皆入以爲隸臣妾。」隸臣隸屬官府，在居住等方面受到一定的限制，並承擔一定的勞動義務。

〔八〕問，詢問、查問，在此指盤問等調查活動。《封診式》簡72：「自殺者必先有故，問其同居，以合（答）其故。」里耶秦簡8－0135：「謁言巴卒史衰、義所，問狼船存所。其亡之，爲責券移遷陵；弗亡，誰屬？」居延漢簡 259.11：「詣官，會辛亥旦。須有所問，毋以它爲解。」

〔九〕亭佐，輔佐亭嗇夫之屬吏。《後漢書・宗室四王三侯列傳・趙孝王良傳》李賢注引《東觀漢記》：「止宿亭，令奴金盜取亭席，金與亭佐孟常爭言，以刃傷常。」

〔一〇〕自言，法律術語，表示對官府的陳述以及各種申請行爲。《二年律令》簡 508：「諸乘私馬出，馬當復入而死亡，自言在縣官，縣官診及獄訊審死亡，皆〖告〗津關。」居延漢簡 15.19：「永始五年閏月己巳朔丙子，北鄉嗇夫忠敢言之。義成里崔自當自言：爲家私市居延。謹案：自當毋官獄徵事，當得取傳。謁移肩水金關、居延縣索關。敢言之。閏月丙子，觻得丞彭移肩水金關、居延縣索關。書到，如律令。」居延漢簡 3.6：「隧長徐宗自言：責故三泉亭長石延壽茭錢少二百八十，數責不可得。」

〔一一〕王室，縣官舊稱。里耶秦簡 8－0461 正：「王室曰縣官。公室曰縣官。」縣官，朝廷、官府。《漢書・食貨志上》：「貴粟之道，在於使民以粟爲賞罰。今募天下入粟縣官，得以拜爵，得以除罪。」

市，城中劃定的貿易區域。《説文・冂部》：「買賣所之也。市有垣，从冂。」《秦律十八種》簡 147：「舂、城旦出繇（徭）者，毋敢之市及留舍闠外。」在本案中指掌管貿易區域的縣道下屬機構。

府，官衙。《周禮・天官・大宰》「以八灋治官府」，鄭玄注：「百官所居曰府。」《秦律十八種》簡 150：「司寇勿以爲僕、養、守官府及除有爲殹（也）。」

〔一二〕迺往九月，應指秦王政二十一年九月。

守感，應與《猩、敞知盗分贓案》簡 061「江陵守感」爲一人。

〔一三〕亭，亭嗇夫，即亭之長官，名爲賀。《效律》簡 52－53：「都倉、庫、田、亭嗇夫坐其離官屬於鄉者，如令、丞。」《奏讞書》簡 100：「十二月癸亥，亭慶以書言雍廷曰：毛買（賣）牛一，質，疑盗。謁論。」

〔一四〕「喜」字與「貿」字之間有容納三字左右的空白，此處簡文或許曾經被削改。

〔一五〕歒、就音近古通。《説文・欠部》「歒」字俗體作啾，从口就聲，即其明證。隨州孔家坡漢簡《日書》簡 278 貳「辟門，歒（就）之蓋」，與睡虎地秦簡《日書甲種》直（置）室門篇簡 117 正貳「辟門，成之即之蓋」對應。

〔一六〕訑，欺騙，説謊。《説文・言部》：「訑，沇州謂欺曰訑。」里耶秦簡 8－0461 正：「更訑曰謾。」《封診式》簡 03－04：「詰之極而數訑，更言不服，其律當治（笞）諒（掠）者，乃治（笞）諒（掠）〖之〗。」《奏讞書》簡 175：「諸以縣官事訑其上者，以白徒灋（法）論之。」

〔一七〕迺十一月，應指二十二年十一月。

〔一八〕《爲獄等狀四種》中副詞「又」大多數作「有」，與睡虎地秦簡等相一致，祇有此處用「又」字。

此簡簡尾最後一個殘缺字疑爲「買」字，與下一簡連讀爲「買（賣）芮分方曰」。

〔一九〕分，芮所分到的部分店鋪，與簡 062－063「買（賣）其分肆士五（伍）朵」、簡 085「買（賣）分四百卌（三十）五尺」相同。

〔二〇〕雇，報酬。《後漢書・宦者列傳・張讓傳》「因强折賤買，十分雇一」，李賢注：「雇，謂讎其價也。」江蘇省鎮江西晉墓所出土買地券（《考古》一九八四年第六期）：「買地買宅雇錢三百。」

〔二一〕二，疑爲加倍義。《史記・高祖本紀》「秦得百二焉……（中略）……齊得十二焉」，《索隱》引虞喜云：「百二者，得百之二。言諸侯持戟百萬，秦地險固，一倍於天下，故云得百二焉，言倍之也，蓋言秦兵當二百萬也。『齊得十二』亦如之。」

〔二二〕故價，原來的價錢，即原初所協議的千四百錢（參看簡 075）。

〔二三〕簡 078 天頭圈點係誤點。按，圈點用在供述等獨立性較强的程序成分之前，以便前後區别；「它如材、更」與簡 073「芮曰」相應，表示芮的供述結束，其前不應有圈點。

〔二四〕詰，詰問，即針對供詞中的矛盾等進行追問。可以參看《封診式》簡 02－03（見《癸、瑣相移謀購案》注〔三八〕）。

〔二五〕盗，竊取或搶劫財物，引申爲用不正當手段謀取財物，即詐騙，騙取。《莊子・庚桑楚》「舉賢則民相軋，任知則民相盗」，王先謙《集解》引宣穎云：「盗，詐也。」盗賣，以騙取金錢的目的假裝或非法售賣，後文簡 083 又稱「紿賣」。

〔二六〕撓，擾亂，阻止。從文意判斷，「撓益價」表示爲擾亂（使買賣不成立）而有意地提高價錢。

〔二七〕非，用在句尾，構成是非選擇疑問句。《史記・伯夷列傳》：「若伯夷、叔齊，可謂善人者非邪？」《索隱》：「又叙論云若夷、齊之行如此，可謂善人者邪，又非善人者邪，亦疑也。」《戰國策・齊國策》引《老子》：「是其賤之本與？非夫？」馬王堆帛書《老子》作「此其賤之本與？非也？」（乙本 4/178 上）《漢書・嚴安傳》：「此言與實反者非？」

〔二八〕以，以爲，認爲。王引之《經傳釋詞》卷一：「以，猶謂也。」《漢書・元帝紀》：「人人自以得上意。」《奏讞書》簡 043：「武曰：自以非軍亡奴，毋罪。」同上簡 151－152：「義死，自以有罪，棄籍去亡。」同上簡 194－195：「廷尉、史議皆以欺死父罪輕於侵欺生父，侵生夫罪重於侵欺死夫。」

〔二九〕此處缺一枚簡，缺簡記載内容應爲獄史豬供述的後半部分與查詢記録的前半部分，「費六百」三字以鞫文（簡 085）擬補。

〔三〇〕四百卌（三十）五尺，後文簡 086 稱「地積（？）四百[卌]（三十）[五][尺]」，應指芮所分到的土地面積，即四百三十五平方尺。秦一尺爲二十三點一公分，四百三十五平方尺等於二十三點二平方米。

〔三一〕千四百，與簡 075「并賈（價）地、蓋千四百」相應，「卌」字與「千」字之間衹有五個字左右的空白，前兩字能確定爲「五尺」，後三字或爲「并地蓋」三字，或原初爲「并賈（價）地、蓋」四字，而中間有脱文。

〔三二〕據殘留筆畫推測，第二個未釋字疑爲「錢」字；若然，第一個未釋字或爲「環（還）」字。

〇五　多小未能與謀案

【敢】瀐（讞）之：十二月戊午〔一〕，軍巫閒曰〔二〕：攻荊盧谿【□□】故（？）秦人邦亡荊者男子多〔三〕。〇八八

多曰：小走馬〔四〕。以十年時〔五〕，與母兒邦亡荊。亡時小，未能與兒謀〔六〕。它如軍巫書。〇八九

兒死不訊〔七〕。〇九〇

問：多初亡時，年十二歲，今廿（二十）二歲；巳（已）削爵爲士五（伍）〔八〕。它如辤（辭）。〇九一

鞫之：多與兒邦亡荊，年十二歲，小未能謀。今年廿（二十）二歲，巳（已）削爵爲士五（伍）。得。審。疑多辠（罪）。毄（繫）。〇九二它縣論。敢瀐（讞）之。〇九三

●吏議曰：除多〔九〕。或曰：黥爲城旦。〇九四

文書/程序層次	縣級奏讞文書				
		揭發	偵查		廷審
	奏讞開頭詞	軍巫書	供述（多）	附記	查詢
釋文	【敢】瀐（讞）之：	十二月戊午〔一〕，軍巫閒曰〔二〕：「攻荊盧谿【□□】故（？）秦人邦亡荊者男子多〔三〕。」088	多曰：「小走馬〔四〕。以十年時〔五〕，與母兒邦亡荊。亡時小，未能與兒謀〔六〕。」它如軍巫書。089	兒死不訊〔七〕。090	問：「多初亡時，年十二歲，今廿（二十）二歲；巳（已）削爵爲士五（伍）〔八〕。」它如辤（辭）。091
譯文	【冒昧】請示如下：	（秦王政二十二年，公元前二二五年）十二月戊午（十三日），軍巫閒說：「進攻楚國盧谿，【□□】（捕獲？）原爲秦人、（後）逃出本國亡命到楚國的男子多。」088	多說：「我是小走馬。在十年前，我跟母親兒一起逃出本國亡命到楚國。逃亡時還小，未能和兒共同謀劃。」其他如同軍巫文書所述。089	兒死了，無法訊問。090	查詢（結果）：「多剛逃亡時，年齡十二歲，現在二十二歲；已被注銷爵位（的登記），並貶爲士伍。」其他如同被告人供述。091

續表

文書/程序層次			釋文	譯文
縣級奏讞文書	廷審	審理	鞫之：	審理（結果）如下：
			「多與兒邦亡荊，年十二歲，小未能謀。今年廿（二十）二歲，巳（已）削爵爲士五（伍）。得。」	「多跟兒逃出本國亡命到楚國（時），年齡十二歲，年齡還小，未能（參與）謀劃。現年二十二歲，已被注銷爵位，並貶爲士伍。（他）是被捕（而非自動投案）的。」
			審。	（以上）確鑿無疑。
	主文		疑多辠（罪）。	不能確定多的罪名。
	附記		毄（繫）。092 它縣論。	（多現）在押。092 其他相關者由縣（負責）論處。
	奏讞結尾詞		敢潚（讞）之。093	冒昧請示如上。093
史議	吏議一		● 吏議曰：	●（縣廷）負責人判決意見如下：
			「除多〔九〕。」	「免除多（的罪責）。」
	吏議二		或曰：	另有如下（判決意見）：
			「黥爲城旦。」094	「（應）處（多）以黥刑並貶爲城旦。」094

注釋：

〔一〕十二月戊午，從前後案例的時代推測，應爲秦王政二十二年十二月丙午朔十三日。

〔二〕軍巫，與簡 001「校長癸」、簡 003「沙羨守驩」等辭例相似，應爲官職，疑爲軍中小吏，即軍中從事望氣、詛軍、祈禱者。軍中有巫之例見《墨子・迎敵祠》：「巫卜以請（情）〖報〗守，守獨智巫卜望氣之請（情）而已。」《後漢書・劉盆子傳》：「（赤眉）軍中常有齊巫鼓舞祠城陽景王，以求福助。」

〔三〕簡 088 據文意和前後背面反印文的分佈情況遥綴而成，參看簡序驗證資料《第一類卷册結構表》。兩殘片之間大約缺二字，疑爲「捕得」等字樣。

盧谿，已見於《二十七年質日》簡 32，作盧谿，似係楚乃至秦縣名。不見《漢書・地理志》，據《二十七年質日》簡記載推測，治所應在洞庭湖附近，或許在今湖南嶽陽一帶。

〔四〕小，未曾「傅籍」者，大致相當於未成年。《秦律十八種》簡

053：「小隸臣妾以八月傅爲大隸臣妾，以十月益食。」《漢書·高帝紀》顔師古注：「傅，著也。言著名籍，給公家徭役也。」秦律原初以身高爲大小的判斷標準。《秦律十八種》簡 051－052：「隸臣、城旦高不盈六尺五寸，隸妾、舂高不盈六尺二寸，皆爲小；高五尺二寸，皆作之。」據《編年記》簡 45 壹、08 貳，睡虎地十一號秦墓墓主「喜」生於昭王四十五年（公元前二六二年），於秦王政元年（公元前二四六年）傅籍，當時年齡虛歲十七歲。據《史記·秦始皇本紀》，秦王政十六年「初令男子書年」，此後纔能夠普遍以年齡爲大小的判斷標準。漢律則以年齡爲標準，因爵位而異。《二年律令》簡 364－365：「不更以下子年廿（二十）歲，大夫以上至五大夫子及小爵不更以下至上造年廿（二十）二歲，卿以上子及小爵大夫以上年廿（二十）四歲，皆傅之。」爵位也有大小之分，小走馬，即未「傅籍」者所佔有的走馬爵位。走馬，參看《尸等捕盜疑購案》注〔三〕。

〔五〕以，表示行動的時間，相當於「在」、「於」。《左傳》桓公二年：「晉穆侯之夫人姜氏，以條之役生太子。」「以＋時段名詞＋時」一類短語，在《爲獄等狀四種》出現四次，即本案簡 089「以十年時」、《識刧婏案》簡 112「以十歲時」、簡 116「以三歲時」、《魏盜殺安、宜等案》簡 161「以旬餘時」。從文意來判斷，應該分別表示「於十年前」、「於三年前」、「於十多天前」的意思。《芮盜賣公列地案》簡 067「十餘歲時」似乎省略了「以」字。《封診式》簡 52「以三歲時病疕」、簡 92「以卅（三十）餘歲時罨（遷）」，也可以相應地理解爲「於三年前患有瘡瘍」、「於三十多年前被流放」。

〔六〕謀，謀劃，當作法律術語表示形成犯罪意志之義（參看《癸、瑣相移謀購案》注〔一八〕）。本案吏議主張被告人多應免除罪責，似與多未能參與謀劃有關，據此否認其刑事責任，因而開了兒童免除刑事責任的先河。《二年律令》簡 086：「有罪年不盈十歲，除。其殺人，完爲城旦舂。」奏讞時，秦律未出現相關綜合性法規，衹有「老小不當刑」等特例。《法律答問》簡 006：「甲盜牛，盜牛時高六尺，毄（繫）一歲，復丈，高六尺七寸。問：甲可（何）論？當完城旦。」同上簡 166：「女子甲爲人妻，去亡，得及自出，小未盈六尺，當論不當？已官（關），當論；未官（關），不當論。」

〔七〕訊，訊問、審訊，係獄吏職掌，多指獄中審訊。《封診式》簡 02：「訊獄　凡訊獄，必先盡聽其言而書之，各展其辭。」《奏讞書》簡 087、161：「布死，餘亡不得，甲、萊不存，皆不訊。」也可以包含在外偵查中的盤問。《魏盜殺安、宜等案》簡 154：「觸等盡別譖（潛）訊安旁田人。」

〔八〕削，刮削簡牘上的文字，引申爲取消、注銷。《左傳》襄公二十七年「削而投之」，杜預注：「削賞左師之書」。《秦律雜抄》簡 05：「有爲故秦人出、削籍，上造以上爲鬼薪，公士以下刑爲城旦。」削爵，注銷爵位。按，查詢記録簡 091 和鞫文簡 092 稱「已削爵」，時間應在判決之前，因而可知「削爵」是在多與兒邦亡發覺之後，不經過刑事審判，由鄉嗇夫等以職權所進行的。嶽麓秦簡（肆）簡 135：「●尉卒律曰：黔首將陽及諸亡者，已有奔書及亡毋（無）奔書盈三月者，輒筋〔削〕爵以爲士五（伍）。」剥奪爵位的刑事處分，秦漢律稱爲「奪爵」，應與「削爵」有别，參看《綰等畏耎還走案》注〔一五〕。《秦律雜抄》簡 37：「戰死事不出，論其後。有（又）後察不死，奪後爵，除伍人。」《二年律令》簡 186：「博戲相奪錢財，若爲平者，奪爵各一級，戍二歲。」

〔九〕除，除罪、免罪。《墨子·號令》「歸敵者，父母、妻子、同産皆車裂。先覺之，除」，孫詒讓《閒詁》引蘇時學云：「言先覺察者，除其罪也。」《法律答問》簡125：「將司人而亡，能自捕及親所智（知）爲捕，除毋（無）罪。已刑者處隱官。」《二年律令》

簡001－002：「以城邑亭障反，降諸侯及守乘城亭障，諸侯人來攻盗，不堅守而棄去之若降之，及謀反者，皆要（腰）斬。其父母、妻子、同産，無少長皆棄市。其坐謀反者，能偏（徧）捕若先告吏，皆除坐者罪。」

〇六　暨過誤失坐官案〔一〕

●敢瀐（讞）之：暨自言曰〔二〕：邦尉下（?）□更（?）戍令（?）〔三〕，□誤（?）弗傳邦候〔四〕；女子蓄馬一匹，買（賣），卿（鄉）遣〇九四（二）【……斡……；……毄（繫）……】〔五〕缺〇九權；□谿卿（鄉）倉天窻（窗）容鳥〔六〕；公士豕田橘將陽〔七〕，未𢊁（斥）自出〔八〕，當復田橘，官令戍，彔（録）弗得〔九〕；走〇九六偃未當傳〔一〇〕，官傳弗得；除銷史丹爲江陵史〔一一〕，□未定（?）；與從事廿（二十）一年庫計，劾繆（謬）弩百。凡八劾，〇九七以贏（累）論暨〔一二〕。此過誤失及坐官殹（也）〔一三〕。相遝，贏（累）論重。謁瀐（讞）〔一四〕。〇九五

●（?）視（?）獄（?）：廿（二十）一年六（?）月己未劾不傳（?）戍（?）令〔一五〕；其七月丁亥劾斡〔一六〕；其八月癸丑劾非毄（繫）〔一七〕；其辛未劾窻（窗）、〇九八豕〔一八〕；其丁丑劾偃〔一九〕；廼十月己酉暨坐丹論一甲〔二〇〕；其乙亥劾弩〔二一〕。言夬（決）相遝，不贏（累）〔二二〕。它如暨〇九九言〔二三〕。└郤曰〔二四〕：不當相遝。一〇〇

└暨言如前。一〇一

└詰暨：贏（累）論有令，可（何）故曰贏（累）重？可（何）解？└暨曰：不幸過誤失，坐官弗得，非敢端犯一〇二灋（法）令〔二五〕，赴隧以成私殹（也）〔二六〕。此以曰贏（累）重。毋（無）它解。它如前。一〇三

└問如辤（辭）。一〇四

●鞫之：暨坐八劾：小犯令二，大誤一，坐官、小誤五。巳（已）論一甲，餘未論，皆相遝。審。疑暨不當一〇五贏（累）論。它縣論。敢瀐（讞）之。一〇六

【●】吏議〔二七〕：貲暨一甲，勿贏（累）。一〇七

待考殘簡

【……】劾官【……】二四六

文書/程序層次〔一〕		釋文	譯文
縣級奏讞文書	奏讞開頭詞	●敢瀐（讞）之：	冒昧請示如下：
	申訴（暨）	暨自言曰〔二〕：	暨申訴如下：
		邦尉下（?）□更（?）戍令（?）〔三〕，□誤（?）弗傳邦候〔四〕；	「邦尉下達□更戍令，□因疏忽而不將其傳達於邦候；
		女子蓄馬一匹，買（賣），卿（鄉）遣094(2)【……斡……；】	有一女子養一匹馬，賣了，鄉（嗇夫）派094(2)【……斡……；】

文書/程序層次	釋文	譯文
縣級奏讞文書		
申訴（暨）	【……毄（繫）……】〔五〕缺09權；	【……繫……】缺09權；
	□谿卿（鄉）倉天窻（窗）容鳥〔六〕；	□谿鄉糧倉的天窗有洞可容鳥；
	公士豕田橘將陽〔七〕，未庌（斥）自出〔八〕，當復田橘，官令戍，掾（録）弗得〔九〕；	公士豕爲橘官種地，（擅離崗位去）游逛，（在）没受到指責（前）自動投案，應該返回橘官種地，（但）主管官府命令守邊，（暨）省察（時）未能查覺；
	走096偃未當傅〔一〇〕，官傅弗得；	走096偃還不應傅籍，主管官府進行傅籍，（而暨）未能查覺；
	除銷史丹爲江陵史〔一一〕，□未定（？）；	任命銷縣史丹爲江陵縣史，□未定；
	與從事廿（二十）一年庫計，劾繆（謬）弩百。	協辦二十一年縣庫的結帳業務，因爲弩一百張的失誤而被舉劾。
	凡八劾，097以贏（累）論暨〔一二〕。此過誤失及坐官毆（也）〔一三〕。相遝，贏（累）論重。謁獻（讞）〔一四〕。095	總計有八份舉劾，097（縣廷）以此累計論處我。這些是因違章和疏忽所引起的失誤以及職務上的連坐罪。（案件都）相互關聯，累計論罪太重。煩請（向上）請示。」095
原案：叙述	●視（？）獄（？）：	●查閲案卷：
原案：劾（一～八）	廿（二十）一年六（？）月己未劾不傳（？）戍（？）令〔一五〕；其七月丁亥劾幹〔一六〕；其八月癸丑劾非毄（繫）〔一七〕；其辛未劾窻（窗）、098豕〔一八〕；其丁丑劾偃〔一九〕；廼十月己酉暨坐丹論一甲〔二〇〕；其乙亥劾弩〔二一〕。	（秦王政）二十一年（公元前二二六年）六月己未（十一日），（暨）因爲不傳達戍令而被舉劾；當年七月丁亥（初九），（暨）因幹被舉劾；當年八月癸丑（初六），（暨）因非法拘禁而被舉劾；當月辛未（二十四日），（暨）因天窗098和公士豕（事）被舉劾；當月丁丑（三十日），（暨）因偃（事）被舉劾；今年（秦王政二十二年，公元前二二五年）十月己酉（初三）暨受責於丹事，判處（貲）一甲；當月乙亥（二十九日），因弩被舉劾。
原案：供述（暨）	言夬（決）相遝，不贏（累）〔二二〕。	（暨）説，論決相互關聯，不（應該）累計。
	它如暨099言〔二三〕。	其他如同暨099申訴書所述。
原案：駁回	㇄卻曰〔二四〕：	駁回如下：
	不當相遝。100	「不應相互聯繫起來。」100

續表

文書/程序層次				釋文	譯文
縣級奏讞文書	本審	偵查	供述（暨）	㇄暨言如前。101	暨所說如前。101
			詰問	㇄詰暨： 嬴（累）論有令，可（何）故曰嬴（累）重？可（何）解？	詰問暨（如下）： 「累計論罪是有明文規定的，何故說累計太重了？怎麼解釋？」
			供述（暨）	㇄暨曰： 不幸過誤失，坐官弗得，非敢端犯102灋（法）令〔一二五〕，赴隧以成私毆（也）〔一二六〕。此以曰嬴（累）重。毋（無）它解。 它如前。103	暨說： 「不幸因違章和疏忽引起了失誤，（又）因未能查覺部門內失誤導致連坐，而非敢故意違犯102法令，因私利投身於邪道。因此我說累計太重。沒有其他解釋。」 其他如前所述。103
		廷審	查詢	㇄問如辤（辭）。104	查詢（結果）如同被告人供述。104
			審理	●鞫之： 暨坐八劾：小犯令二，大誤一，坐官、小誤五。巳（已）論一甲，餘未論，皆相遝。 審。	●審理（結果）如下： 「暨要承擔（如下）八次舉劾的刑事責任：小違章二次，大失誤一次，職務上連坐和小失誤共五次。已經判處貲一甲，其他的還沒論處，都相互關聯。」 （以上）確鑿無疑。
	主文			疑暨不當105嬴（累）論。	懷疑暨不應105累計論罪。
	附記			它縣論。	其他相關者由縣（負責）論處。
	奏讞結尾詞			敢瀐（讞）之。106	冒昧請示如上。106
吏議				【●】吏議〔一二七〕： 貲暨一甲，勿嬴（累）。107	【●】擔當人判決意見（如下）： 「將暨處以貲一甲，別累計。」107
待考殘簡				【……】劾官【……】246	【……】因官府【……】（事）被舉劾【……】246

注釋：

〔一〕本案編聯與舊著不同，詳見拙稿《嶽麓書院秦簡〈爲獄等狀四種〉第一類卷册釋文、注釋及編聯商榷》。文書層次表中■表示釋文或編聯有所改動。

〔二〕暨，人名，據後文「除銷史丹爲江陵史」等記載，疑爲江陵縣吏。人名本應冠以身份稱謂，疑其身份原已見於奏讞開頭詞，如「某年某月某日，江陵守感、丞暨敢讞之」等，後被《爲獄等狀》編者删除。若然，暨應與《猩、敞知盗分贓案》「江陵丞暨」（簡061）、《芮盗賣公列地案》「丞暨」（簡064）爲同一人，他同時扮演本案被告人和奏讞主體兩種角色。

〔三〕邦尉，疑傳世文獻所謂「國尉」，即中央官制中掌武事者。《史記·白起王翦列傳》：「起遷爲國尉。」《秦始皇本紀》：「（十年）以（尉繚）爲秦國尉，卒用其計策，而李斯用事。」邦尉似有别置於郡者，後來演變爲「郡尉」。《鑒印山房藏古封泥精華》069：「南陽邦尉。」里耶秦簡8－0649正：「邦尉、都官軍在縣界中者各☒」8－0461正：「郡邦尉爲郡尉。邦司馬爲郡司馬。」

〔四〕邦候，疑爲邦尉下屬武官。秦印有「邦候」（《秦漢南北朝官印徵存》0072－0073）。

〔五〕缺文據簡098記載補釋。

〔六〕容，容納。《説文·宀部》：「容，盛也。」《墨子·備城門》：「令陶者爲薄瓻，大容一斗以上至二斗。」天窗容鳥，天窗有縫隙或洞，大小足夠鳥能進出。

〔七〕公士，秦漢爵名，下數第一級，見《漢舊儀》等。公士享受免除肉刑的特權。《二年律令》簡083：「公士、公士妻及□□行年七十以上若年不盈十七歲，有罪當刑者，皆完之。」

田，耕種田地。《漢書·高帝紀》「故秦苑囿園池，令民得田之」，顔師古注：「田謂耕作也。」

橘，橘官，疑爲縣下屬機構，與《漢書·地理志》巴郡朐忍縣和魚復縣所見橘官係中都官略有别。《秦封泥彙考》1091有「橘官」。田橘，爲橘官種地，語法結構與《左傳》成公二年「御齊侯」等相同。

將陽，秦律罪名，構成要件未詳，似在「不會」與「亡」之間。《法律答問》簡163：「不會，治（笞）；未盈卒歲得，以將陽有（又）行治（笞）。」《封診式》簡97：「以二月丙子將陽亡，三月中逋築宮廿（二十）日，四年三月丁未籍一亡五月十日，毋（無）它坐。」「將陽」讀音與「相羊」、「徜徉」等詞相近，本義或許爲「閒逛」、「遊蕩」，法律術語或指擅離崗位、曠工等非法行爲。

〔八〕㡿，同斥。《正字通·广部》：「㡿，斥本字。」斥，指明、指責。《正字通·斤部》：「斥，指而言之也。」《穀梁傳》僖公五年「晉侯殺其世子申生，目晉侯斥殺，惡晉侯也」，范寧注：「斥，指斥。」

自出，逃亡者自動投案。《二年律令》簡166：「諸亡自出，减之毋（無）名者，皆減其罪一等。」未㡿（斥）自出，未被檢舉指責之前就自動投案。

〔九〕得，查覺、查到。《漢書·朱博傳》：「（尚方禁）少時嘗盗人妻，見斫，創著其頰，……（中略）……博辟（避）左右問禁：『是何等創也？』禁自知情得，叩頭服狀。」弗得，没能查覺，即「坐官」等公務上連帶責任的主要原因之一。《秦律雜抄》簡14－15：「●軍人稟所、所過縣百姓買其稟，貲二甲，入粟公。吏部弗得，及令、丞貲各一甲。」《二年律令》簡488－489：「闌出入塞之津、關，黥爲城旦舂；越塞，斬左止（趾）爲城旦；吏卒主者弗得，贖耐；令、丞、令史罰金四兩。」

〔一〇〕走，供奔走的僕夫差役。里耶秦簡8－0133背：「八月癸巳水下四刻，走賢以來。」

傳，傳籍，參看《多小未能與謀案》注〔四〕。

〔一一〕除，任命。《秦律十八種》簡159：「除吏，尉已除之，乃令視事及遣之。所不當除而敢先見事，及相聽以遣之，以律論之。」

銷，秦縣名，不見於《漢書・地理志》，見於里耶秦簡J1⑯0052的「路程表」，位於鄢（今湖北宜城）與江陵之間，可知屬南郡。又見於《三十五年質日》簡03、簡41－44、《二年律令》簡456。地望或説在今湖北省荊門市以北之石橋邑與南橋之間，或説銷相當於《左傳》莊公十九年之「湫」，古城在今湖北省鐘祥市北部，未有定説。

〔一二〕累，積累。《效律》簡01「爲都官及縣效律：其有贏、不備，物直之，以其賈（價）多者罪之，勿贏（累）」，整理小組注：「累，累計。」累論，與後文「相遝」相對，二者所指爲現代法學所謂「罪數問題」，即同一行爲人所實施的（多種）行爲應以一罪處理還是作爲數罪處理。相遝，罪狀相及、相關，罪狀相關的「過誤失」都合併爲一罪，僅判一刑；累論，積累論罪，即每一行爲算一罪並判一刑，也就是將多種「過誤失」作爲數罪處理。

〔一三〕過誤失，疑爲過失和誤失，分別與後文「小犯令」和「大/小誤」相應（簡105）。失，失事，即結果失當，如《秦律十八種》簡115「失期」、簡196「失火」、《法律答問》簡033「失刑罪」、《二年律令》簡112、《奏讞書》簡120之「失」等。「過」與「誤」表示導致失事的原因，「過」字似指因不遵守法令即所謂「犯令」、「廢令」而造成的失事；「誤」則指寫錯、數錯等技術性錯誤，如《法律答問》簡207「誤氣（餼）」、《算數書》簡093「誤券」、《二年律令》簡012「誤不審」等。「誤」又以「失事」之輕重細分爲「小誤」與「大誤」。《法律答問》簡209：「可（何）如爲『大誤』？人戶、馬牛及者（諸）貨材（財）直（值）過六百六十錢爲『大誤』，其它爲小。」

坐官，公務上的連坐罪。《秦律十八種》簡082－083：「官嗇夫免，復爲嗇夫，而坐其故官以貲賞（償）及有它責，貧窶毋（無）以賞（償）者，稍減其秩、月食以賞（償）之，弗得居。」《二年律令》簡350：「吏坐官當論者，毋遝免、徙。」

〔一四〕謁，請求，文書常見用語，表示下級機關請求上級機關采取某種行爲。里耶秦簡9－0001背：「卅（三十）四年六月甲午朔戊午，陽陵守慶敢言之：未報，謁追。敢言之。」謁讞，要求縣向上請示。

〔一五〕秦王政二十一年六月己酉朔，己未爲十一日。

〔一六〕秦王政二十一年七月己卯朔，丁亥爲初九。

榦，從矢、從倝聲，疑爲矢榦之「榦」的本字。矢榦之「榦」傳世文獻多作「笴」。《儀禮・鄉射禮》「三笴」，鄭玄注：「笴，矢榦也。」在本案中，或係人名，未詳。

〔一七〕秦王政二十一年八月戊申朔，癸丑爲初六。

非繫，疑爲非法拘禁。組詞原理與「非罪」、「非罰」、「非謀」等相似，「非」字應表示「非常」、「不當」之義。《管子・明法》：「是以忠臣死於非罪，而邪臣起於非功。」

〔一八〕其，指前文「八月」，辛未爲二十四日。

〔一九〕其，指前文「八月」，丁丑爲八月三十日。

〔二〇〕秦王政二十二年十月丁未朔，己酉爲初三。

〔二一〕其，指前文「（二十二年）十月」，乙亥爲二十九日。

上文「不傳戍令」、「軼」、「非繫」、「窗、豕」、「偃」、「弩」都是原因賓語，表示暨被舉劾的原因，包含行政處理客體的物品和人名。

〔二二〕言，似指暨在原審中的供述，内容由奏讞主體或《爲獄等狀》編者摘録，並非爰書原文。

〔二三〕言，似指暨要求縣進行奏讞的「自言」文書。

〔二四〕簡100至104共有五個鈎形符號，用法似與圓點無異。其中三個出現在天頭上，簡文換行，從鈎形符號下面開始新的一行，明顯表示出前後分段之意；另外兩個位於駁回和供詞兩個獨立性較强的程序成分開頭處，也不難看出其分段作用。因此，將此五個鈎形符號與圈點一併標出，不從刪除該符號的體例。

卻，回絶、駁回。《漢書·兒寬傳》「會廷尉時有疑奏，已再見卻矣，掾史莫知所爲」，顔師古注：「卻，退也。」里耶秦簡8－0157背：「正月戊寅朔丁酉，遷陵丞昌卻之：啓陵廿（二十）七户已（已）有一典，今有（又）除成爲典，何律令應（應）？尉已（已）除成、匄爲啓陵郵人，其以律令。」

〔二五〕端，特地、故意。《吕氏春秋·疑似》「明日，端復飲於市，欲遇而刺殺之」，許維遹《集釋》：「端，專故。」《法律答問》簡043：「甲告乙盗牛若賊傷人，今乙不盗牛、不傷人。問：甲可（何）論？端爲，爲誣人；不端，爲告不審。」常與「失」相對使用，如《法律答問》簡033－034（見《癸、瑣相移謀購案》注〔三一〕等。

犯法令，又稱犯法，違犯法令。《韓非子·解老》：「民犯法令之謂民傷上，上刑戮民之謂上傷民。」《語書》簡05：「聞吏民犯灋（法）爲間私者不止。」一説：灋讀爲廢，句讀爲「犯、廢令」，即犯令與廢令。《法律答問》簡142：「可（何）如爲『犯令』、『灋（廢）令』？律所謂者，令曰勿爲，而爲之，是謂『犯令』。令曰爲之，弗爲，是謂『灋（廢）令』殹（也）。廷行事皆以『犯令』論。」

〔二六〕赴隧，不見文獻，詞義未詳。「赴」多指爲某種事奔走，如「赴名」、「赴義」、「赴利」、「赴急」等；「隧」見《淮南子·兵略》「立正法，塞邪隧」，「邪隧」與「正法」相對，疑「赴隧」表示前往邪道、從事非法活動之義。

〔二七〕本簡天頭殘缺，天頭上原應有圈點。

〇七　識劫婉案

【敢讞（讞）】之：十八年八月丙戌〔一〕，大女子婉自告曰〔二〕：七月爲子小走馬羛（義）占家訾（貲）〔三〕。羛（義）當責大夫建、公卒一〇八昌、士五（伍）積、喜、遺錢六萬八千三百〔四〕，有券，婉匿不占吏爲訾（貲）〔五〕。婉有市布肆一、舍客室一〔六〕。公士一〇九識劫婉曰〔七〕：以肆、室鼠（予）識。不鼠（予）識，識且告婉匿訾（貲）。婉恐，即以肆、室鼠（予）識；爲建等折棄一一〇券，弗責。先自告，告識劫婉。一一一

婉曰：與羛（義）同居〔八〕，故大夫沛妾〔九〕。沛御婉，婉産羛（義）、女娕。沛妻危以十歲時死〔一〇〕，沛不取（娶）妻。居可二一一二歲，沛免婉爲庶人〔一一〕，妻婉。婉有（又）産男必、女若。居二歲，沛告宗人里人大夫快、臣、走馬拳、上造嘉、頡曰〔一二〕：一一三沛有子婉所四人〔一三〕，不取（娶）妻矣。欲令婉入宗，出里單賦〔一四〕，與里人通歓（飲）食〔一五〕。快等曰：可。婉即入宗，里一一四人不幸死者出單賦〔一六〕，如它人妻。居六歲，沛死。羛（義）代爲户、爵後〔一七〕，有肆、宅。識故爲沛隸，同居。沛一一五以三歲時爲識取（娶）妻〔一八〕；居一歲爲識買室，賈（價）五千錢；分馬一匹、稻田廿（二十）畝，異識〔一九〕。識從軍，沛死。來歸，一一六謂婉曰：沛未死時言以肆、舍客室鼠（予）識，識欲得。婉謂：沛死時不令鼠（予）識〔二〇〕，識弗當得。識曰：婉一一七匿訾（貲），不鼠（予）識，識且告婉。婉以匿訾（貲）故，即鼠（予）肆、室。沛未死言欲以肆、舍客室鼠（予）識，不告婉。不智（知）户一一八籍不爲妻、爲免妾故。它如前。●識曰：自小爲沛隸。沛令上造狗求上造羽子女齡爲識妻。一一九令狗告羽曰：且以布肆、舍客室鼠（予）識〔二一〕。羽乃許沛。沛巳（已）爲識取（娶）齡，即爲識買室，分識馬、田，一二〇異識，而不以肆、舍客室鼠（予）識。識亦（？）弗（？）□〔二二〕，識□受它。軍歸，沛巳（已）死。識以沛未死言謂一二一婉：婉不以肆、室鼠（予）識，識且告婉匿訾（貲）。婉乃鼠（予）識，識即弗告。識以沛言求肆、室，非劫婉。不智（知）一二二婉曰劫之故。它如婉。●建、昌、積、喜、遺曰：故爲沛舍人〔二三〕。沛織（貸）建等錢〔二四〕，以市販，共分贏〔二五〕。市一二三折〔二六〕，建負七百，昌三萬三千，積六千六百，喜二萬二千，遺六千。券責建等〔二七〕，建等未賞（償），識欲告一二四婉，婉即折券，不責建〔二八〕。它如婉。●娕、快、臣、拳、嘉、頡言如婉。●狗、羽、齡言如識。●羛（義）、若小不訊。必死。一二五●卿（鄉）唐、佐更曰〔二九〕：沛免婉爲庶人，即書户籍曰：免妾〔三〇〕。沛後妻婉，不告唐、更。今籍爲免妾。不智（知）它。一二六

●詰識：沛未死雖告狗、羽，且以肆、舍客室鼠（予）識，而後不鼠（予）識，識弗求，巳（已）爲識更買室，分識田、馬，一二七異識；沛死時有（又）不令，羛（義）巳（已）代爲户後，有肆、宅，識弗當得。何故尚求肆、室曰：不鼠（予）識，識且告婉一二八匿訾（貲）？婉即以其故鼠（予）識，是劫婉，而云非劫，何解〔三一〕？識曰：□欲得肆、室，婉不鼠（予）識。識誠恐謂且告婉〔三二〕，婉乃鼠（予）一二九識。識實弗當得。上以識爲劫婉〔三三〕，辠（罪）識，識毋（無）以避。毋（無）它解。辠（罪）。它如前。

●問：匿訾（貲）税及室、肆，臧（贓）直（值）一三〇各過六百六十錢。它如辤（辭）。

文書/程序層次			釋文	譯文
縣級奏讞文書	奏讞開頭詞		【敢灋（讞）】之：	【冒昧請示】如下：
	揭發	投案、控告	十八年八月丙戌〔一〕，大女子婉自告曰〔二〕：	（秦王政）十八年（公元前二二九年）八月丙戌（二十一日），成年女子婉自動投案如下：
			「七月爲子小走馬羛（義）占家訾（貲）〔三〕。羛（義）當責大夫建、公卒108昌、士五（伍）積、喜、遺錢六萬八千三百〔四〕，有券，婉匿不占吏爲訾（貲）〔五〕。婉有市布肆一、舍客室一〔六〕。公士109識劫婉曰〔七〕：	「七月份，爲我兒子未成年走馬羛申報家産。羛應該向大夫建、公卒108昌、士伍積、（士伍）喜、（士伍）遺索還債款（共）六萬八千三百錢，有契據（爲證），（但）我隱藏（這批債權）未向官方申報爲産業。我（又）有一家賣布店和一間出租房。公士109識勒索我説：
			『以肆、室鼠（予）識。不鼠（予）識，識且告婉匿訾（貲）。』	『把店鋪和房子給我。不給的話，我要告發你隱藏産業。』
			婉恐，即以肆、室鼠（予）識；爲建等折棄110券，弗責。先自告，告識劫婉。」111	我害怕了，就把店鋪和房子給了識；（同時）給建等毀棄了110契據，不索還債款了。我（在没被控告之前）先自動投案，（並）告發識勒索我。」111
	偵查	供述（婉）	婉曰：	婉説：
			「與羛（義）同居〔八〕，故大夫沛妾〔九〕。沛御婉，婉産羛（義）、女媄。沛妻危以十歲時死〔一〇〕，沛不取（娶）妻。居可二112歲，沛免婉爲庶人〔一一〕，妻婉。婉有（又）産男必、女若。居二歲，沛告宗人里人大夫快、臣、走馬拳、上造嘉、頡曰〔一二〕：113	「我和（兒子）羛同居，（我）原來是大夫沛的女奴。沛讓我侍寢，我生了（兒子）羛和女兒媄。沛的妻子危在十年前死了，（其間）沛没（再）娶妻。過了大約兩112年，沛放免我爲庶人，（並）把我立爲妻子。我又生了兒子必和女兒若。（又）過了兩年，沛告訴同里宗人的大夫快、（大夫）臣、走馬拳、上造嘉、（上造）頡説：113

●鞫之：婉爲大夫沛妾。沛御婉，婉産羛（義）、媄。沛妻危死，沛免婉爲庶人，以一三一爲妻，有（又）産必、若。籍爲免妾。沛死，羛（義）代爲户後，有肆、宅。婉匿訾（貲），税直（值）過六百六十錢。先自告，告一三二識劫。識爲沛隸。沛爲取（娶）妻，欲以肆、舍客室鼠（予）識。後弗鼠（予），爲買室，分馬一匹、田廿（二十）畝，異識。沛死，一三三識後求肆、室。婉弗鼠（予），識恐謂婉：且告婉匿訾（貲）。婉以故鼠（予）肆、室。肆、室直（值）過六百六十錢。得。皆審。疑一三四婉爲大夫妻，爲庶人及識辠（罪）〔三四〕。毄（繫）。它縣論。敢灋（讞）之。一三五

●吏議：婉爲大夫妻，貲識二甲〔三五〕。或曰：婉爲庶人；完識爲城旦〔三六〕，纍（縲）足輸蜀〔三七〕。一三六

續表

文書/程序層次	釋文	譯文
縣級奏讞文書		
偵查		
供述（婉）	『沛有子婉所四人〔一三〕，不取（娶）妻矣。欲令婉入宗，出里單賦〔一四〕，與里人通歓（飲）食〔一五〕。』	『我跟婉有了四個孩子，不（再）娶妻了。我想讓婉進入宗族，承擔里僤分派的奠儀，（並）和里人互通飲食。』
	快等曰：	快等說：
	『可。』	『可以。』
	婉即入宗，里114人不幸死者出單賦〔一六〕，如它人妻。居六歲，沛死。羛（義）代爲户、爵後〔一七〕，有肆、宅。識故爲沛隸，同居。沛115以三歲時爲識取（娶）妻〔一八〕；居一歲爲識買室，賈（價）五千錢；分馬一匹，稻田廿（二十）畝，異識〔一九〕。識從軍，沛死。來歸，116謂婉曰：	我就進入了宗族，有同里114人不幸死亡時我承擔了里僤分派的奠儀，像其他人的妻子一樣。過了六年，沛死了。義代替（沛）成爲户和爵的繼承人，擁有了店鋪和（其他）房產。識原來是沛的僕人，（和沛）同居。沛115於三年前爲識娶了妻子；（又）過一年爲識買了房子，價錢爲五千錢；（還）分（給他）馬一匹、稻田二十畝，把識從户中分出去了。識參軍（時），沛死了。（識）回來（後），116對我說：
	『沛未死時言以肆、舍客室鼠（予）識，識欲得。』	『沛生前講過，把店鋪、出租房給我，我（現在）想要拿到。』
	婉謂：	我（對他）說：
	『沛死時不令鼠（予）識〔二〇〕，識弗當得。』	『沛死時沒有遺囑（把店鋪和房子）給你，你不應該得到。』
	識曰：	識說：
	『婉117匿訾（貲），不鼠（予）識，識且告婉。』	『你117隱藏產業，如果不給我，我要告你。』
	婉以匿訾（貲）故，即鼠（予）肆、室。沛未死言欲以肆、舍客室鼠（予）識，不告婉。不智（知）户118籍不爲妻、爲免妾故。」	由於隱藏產業的緣故，我就把店鋪和房子給了（他）。（至於）沛生前說想把店鋪和出租房給識（一事），（沛）没告訴我。（我也）不知道户118籍（爲甚麽）不（登記我）爲妻子而爲放免女奴的原因。」
	它如前。	其他如前（即如同投案時所述）。
供述（識）	●識曰：	●識說：
	「自小爲沛隸。沛令上造狗求上造羽子女齡爲識妻。119令狗告羽曰：	「我從小是沛的僕人。沛讓上造狗求取上造羽的女兒齡給我爲妻。119（他）讓狗告訴羽說：
	『且以布肆、舍客室鼠（予）識〔二一〕。』	『將要把布店和出租房給識。』

續表

文書/程序層次	釋文	譯文
縣級奏讞文書		
偵　查		
供述（識）	羽乃許沛。沛巳（已）爲識取（娶）齡，即爲識買室，分識馬、田，120 異識，而不以肆、舍客室鼠（予）識。識亦（？）弗（？）□〔二二〕，識□受它。軍歸，沛巳（已）死。識以沛未死言謂121 娺： 『娺不以肆、室鼠（予）識，識且告娺匿訾（貲）。』 娺乃鼠（予）識，識即弗告。識以沛言求肆、室，非劫娺。不智（知）122 娺曰劫之故。」 它如娺。	（如此）羽纔答應沛（此事）。沛已爲我娶了齡（之後），就爲我買房子，分給我馬和田地，120（並）把我從户中分出去，卻沒把店鋪和出租房給我。我也沒有□（索取？），我□（畢竟？）得到其他（産業）。我服兵役回來（時），沛已經死了。我憑沛生前的話對121 娺說： 『你不把店鋪和房子給我，我要告發你隱藏産業。』 娺於是（把店鋪和房子）給了我，我就沒告她。我是根據沛的話索取店鋪和房子的，並不是勒索她。不知道122 她爲甚麼說（我）勒索（她）。」 其他如同娺所述。
供述（建等）	●建、昌、積、喜、遺曰： 「故爲沛舍人〔二三〕。[沛]織（貸）建等錢〔二四〕，以市販，共分贏〔二五〕。市123 折〔二六〕，建負七百，昌三萬三千，積六千六百，喜二萬二千，遺六千。券責建等〔二七〕，建等未賞（償），識欲告124 娺，娺即折券，不責建〔二八〕。」 它如娺。	●建、昌、積、喜、遺說： 「（我們）原來是沛的舍人。沛貸給我們一筆款項，用来做買賣，（打算）一起分利潤。（後來）生意123 虧本了，建虧欠了七百錢，昌三萬三千，積六千六百，喜二萬二千，遺六千。（娺）憑着契據向我們討債，（但）我們還沒償還，識要控告124 娺，娺就毀棄了契據，不（再）向我（們）索還債款了。」 其他如同娺所述。
供述（娕等）	●娕、快、臣、拳、嘉、頡言如娺。	●娕、快、臣、拳、嘉、頡所說如同娺所述。
供述（狗等）	●狗、羽、齡言如識。	●狗、羽、齡所說如同識說述。
供述（義等）	●羛（義）、若小不訊。必死。125	●義和若太小，沒訊問。必已死。125
供述（唐等）	●卿（鄉）唐、佐更曰〔二九〕： 「沛免娺爲庶人，即書户籍曰： 『免妾〔三〇〕。』 沛後妻娺，不告唐、更。今籍爲免妾。不智（知）它。」126	●鄉（嗇夫）唐和（鄉）佐更說： 「沛把娺放免爲庶人了，（我們）就登記其户籍爲： 『放免女奴。』 沛後來娶娺爲妻，（但）沒告訴我們。現在簿籍上（她）爲放免女奴。不知道其他（情況）。」126

續表

文書	程序	層次	釋文	譯文
縣級奏讞文書	偵查	詰問	●詰識：	●詰問識（如下）：
			「沛未死雖告狗、羽，	「沛生前雖然告訴狗和羽：
			『且以肆、舍客室鼠（予）識』，	『將要把店鋪和出租房給識』，
			而後不鼠（予）識，識弗求，巳（已）爲識更買室，分識田、馬，127 異識；沛死時有（又）不令，羛（義）巳（已）代爲户後，有肆、宅，識弗當得。何故尚求肆、室曰：	但後來没給你，你（也）没有索取，（沛畢竟）已經爲你另買了房子，分給你田地和馬匹，127（並）把你從户中分出去；沛死時又没有遺囑（把店鋪和房子給你），義已經繼承爲户主，擁有店鋪和（其他）房産，你（就）不應該得到。爲甚麼還是索取店鋪和房子説：
			『不鼠（予）識，識且告㛞128匿訾（貲）』？	『不給我，我要去告發你128隱藏産業』？
			㛞即以其故鼠（予）識，是劫㛞，而云非劫，何解〔三一〕？」	㛞就因爲這個原因（把店鋪和房子）給了你，這是勒索她，你卻説並非勒索，你怎麼解釋？」
		供述（識）	識曰：	識説：
			「□欲得肆、室，㛞不鼠（予）識。識誠恐謂且告㛞〔三二〕，㛞乃鼠（予）129識。識實弗當得。上以識爲劫㛞〔三三〕，辠（罪）識，識毋（無）以避。毋（無）它解。辠（罪）。」	「□想要店鋪和房子，（但）㛞不給我。我真的恐嚇（她）説要去告發她，她纔給了129我。我確實不應該得到。（如果）貴府認爲我勒索了她，（並以此）定我的罪，我是無法逃避的。没有其他解釋。我認罪。」
			它如前。	其他如前所述。
	廷審	查詢	●問：	●查詢（結果如下）：
			「匿訾（貲）税及室、肆，臧（贓）直（值）130各過六百六十錢。」	「所匿藏産業的税款以及房子和店鋪，贓款130都超過六百六十錢。」
			它如辤（辭）。	其他如同被告人供述。

續表

文書/程序層次			釋文	譯文
縣級奏讞文書	廷審	審理	●鞫之： 「婏爲大夫沛妾。沛御婏，婏産羛（義）、姎。沛妻危死，沛免婏爲庶人，以131爲妻，有（又）産必、若。籍爲免妾。沛死，羛（義）代爲户後，有肆、宅。婏匿訾（貲），税直（值）過六百六十錢。先自告，告132識劫。識爲沛隷。沛爲取（娶）妻，欲以肆、舍客室鼠（予）識。後弗鼠（予），爲買室，分馬一匹、田廿（二十）畝，異識。沛死，133識後求肆、室。婏弗鼠（予），識恐謂婏：且告婏匿訾（貲）。婏以故鼠（予）肆、室。肆、室直（值）過六百六十錢。得。」 皆審。	●審理（結果）如下： 「婏是大夫沛的女奴。沛讓婏侍寢，婏生了義和姎。（後來）沛的妻子危死了，沛放免了婏爲庶人，並把她131立爲妻子，她又生了必和若。簿籍上（婏登記）爲放免女奴。沛死後，義繼承爲户主，擁有店鋪和（其他）房産。婏隱藏産業，税額超過六百六十錢。婏（在還没被控告之前）先自動投案，（並）控告132識爲勒索罪。識是沛的僕人。沛爲識娶妻（時），想把店鋪和出租房給識。後來没給，（但）爲他買了房子，分給他馬一匹和田地二十畝，（並）把識從户中分出去。沛死（後），133識纔索取店鋪和房子。婏不給，識（就）恐嚇她説：『要去告發她隱藏産業。』因爲這個原因，婏把店鋪和房子給了（識）。店鋪和房子價值超過六百六十錢。（他）是被捕（而非自動投案）的。」 （以上）都確鑿無疑。
	主文		疑134婏爲大夫妻、爲庶人及識辠（罪）〔三四〕。	不能確定134識的罪名以及婏是大夫妻還是庶人。
	附記		毄（繫）。它縣論。	（婏、識現）在押。其他相關者由縣（負責）論處。
	奏讞結尾詞		敢潚（讞）之。135	冒昧請示如上。135
吏議	吏議一		●吏議： 「婏爲大夫妻；貲識二甲〔三五〕。」	●（縣廷）擔當人判決意見（如下）： 「婏是大夫妻；識處以貲二甲。」
	吏議二		或曰： 「婏爲庶人；完識爲城旦〔三六〕，繄（纇）足輸蜀〔三七〕。」136	另有如下（判決意見）： 「婏是庶人；識保全軀體貶爲城旦，並加上腳鐐送到蜀郡。」136

注釋：

〔一〕秦王政十八年八月丙寅朔，丙戌爲二十一日。

〔二〕自告，自首，自動投案，減罪一等。《二年律令》簡127：「告不審及有罪先自告，各減其罪一等。」

〔三〕家貲，家中財産。《漢書・杜周傳》「始周爲廷史，有一馬，及久任事，列三公，而兩子夾河爲郡守，家訾累巨萬矣」，顔師古注：「訾與貲同。」

占，申報，如《編年記》簡23貳「自占年」、《二年律令》簡260「占租」、《奏讞書》簡010「占數」等。家貲的申報記録，當作徵税標準使用，實例見於居延漢簡（37.35）：「候長觻得廣昌里公乘禮忠，年卅。小奴二人直三萬，大婢一人二萬，軺車二乘直萬，用馬五匹直二萬，牛車二兩直四千，服牛二六千，宅一區萬，田五頃五萬。●凡訾直十五萬。」（原簡分欄書寫）

〔四〕責，索取，在此指索還債款，討債。《説文解字・貝部》：「責，求也。」《秦律十八種》簡077－079：「百姓叚（假）公器及有責（債）未賞（償），其日踐（足）以收責之，而弗收責，其人死亡；…（中略）…令其官嗇夫及吏主者代賞（償）之。」義對大夫建等擁有「錢六萬八千三百」的債權，本應算入「家訾（貲）」申報，後文「婉匿不占吏爲訾（貲）」指此。

〔五〕匿，隱藏。《廣雅・釋詁》：「匿，藏也。」所有應「占」、「言」、「謁」、「告」等而不及時「占」、「言」、「謁」、「告」者均稱爲匿，如《法律答問》簡157「匿田」，同上簡165「匿户」，《秦律雜抄》簡32「匿敖童」，龍崗秦簡142（170A）「匿租」，同上簡147（202）「匿税」，《二年律令》簡167「匿罪人」等。匿貲，即隱藏家産不申報。後文簡130－131又稱「匿訾（貲）税：…（中略）…臧（贓）直（值）各過六百六十錢」，可以看出其量刑以所偷税金額爲標準。

〔六〕肆，店鋪，商店，參看《芮盗賣公列地案》注〔二〕。市，出售、賣。段玉裁《説文解字注・貝部》：「『市，買賣所之也。』因之，凡買、凡賣，皆曰市。」《秦律十八種》簡097「爲作務及官府市受錢，必輒入其錢缿中。」市布肆，即賣布店。

室，房屋。《廣韻・質韻》：「室，房也。」《法律答問》簡010：「甲盗不盈一錢，行乙室，乙弗覺。」舍，住宿或提供住宿。《二年律令》簡170：「諸舍亡人及罪人亡者，不智（知）其亡，盈五日以上，所舍罪當黥〼，贖耐。」舍客室，與《魏盗殺安、宜等案》簡167「客舍」相比，疑爲出租房。

〔七〕劫，脅迫。《説文・力部》：「或曰：以力止去曰劫。」《史記・高祖本紀》「因劫衆，衆不敢不聽」，司馬貞《索隱》引《説文》：「以力脅之云劫也。」相關制定法失傳，構成要件未詳，但後文簡117、128、130稱「識弗當得」，查詢記録簡130－131與鞫文簡134又分別稱「匿訾（貲）税及室、肆，臧（贓）值各過六百六十錢」與「肆、室直（值）過六百六十錢」，可知劫罪與現代所謂敲詐勒索罪相似，是指使用威脅索要財物的行爲。

〔八〕同居，共同居住，在法律上以户籍記載爲標準，指同屬一户。《法律答問》簡022：「可（何）謂『同居』？户爲『同居』。」簡112稱「（婉）與義同居」，後文簡115「識故爲沛隸，同居」，分別證明同居概念可以包含「父母妻子」以及「奴婢」等非親屬關係者。

〔九〕妾，女奴。《書・費誓》「臣妾逋逃」，孔傳：「役人賤者，男曰臣，女曰妾。」睡虎地秦簡多稱男爲臣、人臣或奴，女爲妾或人妾，漢代相關材料常稱奴與婢，雖然名稱前後有所不同，但也難以看出明確的實質差異，均指身份隸屬於人者。祇有後文簡115、119、133所謂「隸」，男女通用，與「臣妾」、「奴婢」略有別，更與住家僕人相近。里耶秦簡 8－1504＋8－0863："「南里小女子苗，卅（三十）五年徙爲陽里户人大女嬰隸。」《奏讞書》簡 028－029："「大夫荊詣女子符，…（中略）…爲大夫明（明）隸。」

〔一〇〕以十歲時死，於十年前死，參看《多小未能與謀案》注〔五〕。

〔一一〕免爲庶人，免除奴婢身份，參看《猩、敞知盜分贓案》注〔九〕。

〔一二〕宗人，同族人。《史記・田敬仲完世家》："「襄子使其兄弟宗人盡爲齊都邑大夫，與三晉通使，且以有齊國。」里人，同里的人。《晏子春秋・問上九》："「宋人有酤酒者，爲器甚潔清，置表甚長，而酒酸不售。問之里人其故。」《封診式》簡 52："「爰書：某里典甲詣里人士五（伍）丙。」《二年律令》簡 390："「嘗有罪耐以上，不得爲人爵後。諸當撵（拜）爵後者，令典若正、伍里人毋下五人任占。」嶽麓秦簡（肆）簡 379－380："「●里人令軍人得爵受賜者出錢酒肉歙（飲）食之，及予錢酒肉者，皆貲戍各一歲。其先自告，貲典、老【……】各一甲，弗智（知），貲各一盾。」

〔一三〕有子婏所，有子於婏所，即跟婏有孩子。《二年律令》簡 387："「毋（無）子其夫而代爲户，夫同産及子有與同居數者，令毋貿賣田宅及入贅。」（原釋文句讀有誤，似爲簡 386 簡末衍文所引起）

〔一四〕單，或作僤，鄉里的居民組織。單/僤多見秦漢璽印和碑刻資料，可以參看俞偉超《中國古代公社組織的考察》（文物出版社，一九八八年）。後文簡 114－115 稱「里人不幸死者出單賦，如它人妻」，可知單賦係里人死亡時按照「人妻」等身份所分派的醵資。按，賦訓「布」。《詩・大雅・烝民》「明命使賦」，毛傳："「賦，布也。」段玉裁《説文解字注・貝部》："「斂之曰賦，班之亦曰賦。經傳中凡言以物班布與人曰賦。」里人出錢助葬，每人分派一定款額，可以稱之爲賦，與國家所「班布」的税額等，其理無異。

〔一五〕飲食，指祭祀等時聚會飲食。《封診式》簡 92－93："「訊丙，辭曰：外大母同里丁坐有寧毒言，以卅（三十）餘歲時罨（遷）。丙家節（即）有祠，召甲等，甲等不肯來，亦未嘗召丙飲。里節（即）有祠，丙與里人及甲等會飲食，皆莫肯與丙共桮（杯）器。」

〔一六〕不幸死，秦漢法律習語，泛指死亡，與「疾死」、「非疾死」、「死事」等專指相對。《二年律令》簡 377："「父母及妻不幸死者已葬卅（三十）日，子、同産、大父母、父母之同産十五日之官。」《秦律十八種》簡 016－017："「其小隸臣疾死者，告其□□之。其非疾死者，以其診書告官論之。」《二年律令》簡 369："「□□□□爲縣官有爲也，以其故死若傷二旬中死，□□□，皆爲死事者，令子男襲其爵。」

〔一七〕户、爵後，户後與爵後。（代爲）户後指繼承家産。《二年律令》簡 379－380："「死毋（無）子男代户，令父若母，毋（無）父母令寡，毋（無）寡令女，毋（無）女令孫，毋（無）孫令耳孫，毋（無）耳孫令大父母，毋（無）大父母令同産子代户。」（置）爵後指繼承爵位身份。同上簡 367："「疾死置後者，徹侯後子爲徹侯。」

〔一八〕以三歲時，三年前，參看《多小未能與謀案》注〔五〕。

〔一九〕異，《説文・異部》訓「分」，從沛户分出。《史記・商君列傳》："「民有二男以上不分異者，倍其賦。」

〔二〇〕令，命令，在此指生前遺囑。《漢書・楊王孫傳》："「（王孫）及病且終，先令其子，曰：『吾欲赢葬，以返吾真。』」顔師古注："「先令，爲遺令。」《二年律令》簡 334－335："「民欲先令相分田宅、奴婢、財物，鄉部嗇夫身聽其令，皆参辨券書之，輒上如户籍。有争者，以券書從事。毋（無）券書，勿聽。」

〔二一〕「布肆」前或脱「市」字。

〔二二〕未釋字舊著作「求（?）」，於字形不合，疑其實爲「取」字。

〔二三〕舍人，中心人物周圍的合夥人，後來發展爲私門吏員。《漢書·高帝紀上》顔師古注：「舍人，親近左右之通稱也，後遂以爲私屬官號。」同書《王莽傳上》注：「舍人，私府吏員也。」

〔二四〕上古音「織」字屬章母職部，「貸」字屬透母職部，韻部相同，聲母相近，音近似可通。

〔二五〕贏，經商所獲得的利益。《説文·貝部》「贏，有餘賈利也」，段注本據《古今韻會舉要·庚韻》所引本改爲：「賈有餘利也」。

〔二六〕折，讀常列切（shé），虧損。《荀子·修身》「良賈不爲折閲不市」，楊倞注：「折，損也。」《漢書·食貨志下》：「均官有以考檢厥實，用其本賈取之，毋令折錢。」天水放馬灘秦簡《日書乙種》簡242：「市旅折。」同上簡288：「賈市，□行則折。」

〔二七〕券責，以契據討債，語法結構與《癸、瑣相移謀購案》簡011、020「券付」相同。

〔二八〕「建」字下似脱「等」字。

〔二九〕鄉，鄉嗇夫；佐，鄉佐。里耶秦簡8－1576：「卅（三十）一年三月癸酉，貳春鄉守氐夫、佐壬出粟米八升，食舂央芻等二☐。」

〔三〇〕免妾，妾被放免後的專指，登記於户籍；庶人，身份泛稱，參看《猩、敞知盗分贓案》注〔九〕。

〔三一〕這兩句話精確地概括出劫罪成立的基本條件：（一）「何故尚求肆、室」，索要財物；（二）「曰『不予識，識且告婉匿貲』」，脅迫；（三）「婉即以其故予識」，因果關係。

〔三二〕恐，恐嚇。《漢書·淮陽憲王劉欽傳》「（張博）令弟光恐云王遇大人益解，博欲上書爲大人乞骸骨去」，顔師古注：「恐，謂怖動也。」

〔三三〕上，吏、官方。《吕氏春秋·審應》「其在於民而君弗知，其不如在上也」，高誘注：「上，謂官。」《奏讞書》稱「吏」。簡020－021：「吏以爲奸及匿南，罪。毋解。」

〔三四〕疑婉爲大夫妻，爲庶人，不能確定婉的身份爲大夫之妻還是爲庶人。按，婉犯了匿貲罪，其贓款過六百六十錢，法定刑爲黥爲舂，因自首減罪一等爲完爲舂，上造以上妻又減輕爲耐爲白粲（參看《癸、瑣相移謀購案》注〔四〕）。因爲户籍登記與被告婉和鄉嗇夫唐等的供述不一致，所以難以確定應判以完爲舂還是耐爲白粲。

識罪，也承動詞疑，疑識罪，對識罪刑的定性表示疑問。本案反復强調「識弗當得（肆、室）」，可以看出主要的分歧在於肆和室的財産權的歸屬問題。如果二者的財産權歸識的話，識没有索要他人財物，不能構成勒索罪；如果財産權歸義的話，勒索罪可以成立。理論上還有另一種分歧，即本身係合法行爲之「告」能否被視爲非法勒索的實行方式，但本案始終不提到此事。

〔三五〕識知婉匿貲而不告發，貲二甲應是針對這種不作爲犯罪的量刑，但具體的量刑標準未詳。

〔三六〕完爲城旦，秦及漢初律特有的複合刑之一。完，訓「全」，不施加黥等肉刑；爲、城旦分別參看《癸、瑣相移謀購案》注〔四四〕和《猩、敞知盗分贓案》注〔七〕。這應該是針對劫罪的量刑。按，識勒索婉，贓額在六百六十錢以上，坐贓爲盗，應處以黥爲城旦；識擁有公士爵位，免除黥刑，僅判完爲城旦（參看《暨過誤失坐官案》注〔七〕）。

〔三七〕頌，戴上腳鐐。《説文·糸部》：「頌，絆前兩足也。」輸，輸送，引申爲押解或派遣罪犯。《説文·車部》：「輸，委輸也」《左傳》僖公十三年：「秦於是乎輸粟于晉。」《漢書·賈誼傳》：「輸之司寇，編之徒官。」輸蜀，押送到蜀郡，在鹽官等機關服勞役。《奏讞書》簡181：「勢（傲）悍，完爲城旦舂，鐵𦄡（頌）其足，輸巴縣鹽。」

第二類

○八　譊、妘刑殺人等案〔一〕

爲獄訋狀〔二〕。一三七背

●十月癸酉〔三〕，佐競曰：士五（伍）譊刑人（？）市舍□□〔四〕【……】一三七正【……】□妾妘曰：譊歓（飲）宗，妘亡【……】一三八【□】□□嗂不可起，怒，以刀刑（？），棄刀【……】一三九正不（？）得。診、問。鞫：譊刑審，妘殺疑。●九月丙寅〔五〕，丞相、史如論令妘贖舂〔六〕。倉人【……】一四〇正

九月丙辰〔七〕，隸臣哀詣隸臣喜，告盜殺人。問，喜辤（辭）如告。●鞫，審。己卯〔八〕，丞相、史如論磔〔九〕【……】一四一

爲气（乞）鞫奏狀〔一〇〕。一三九背

爲覆奏狀〔一一〕。一四〇背

文書/程序層次〔一〕		釋文	譯文
背面標題一		爲獄訋狀〔二〕。137背	辦理獄訋的典範。137背
本案	揭發	●十月癸酉〔三〕，佐競曰：「士五（伍）譊刑人（？）市舍□□〔四〕【……】」137正	●（秦王政二年，公元前二四五年）十月癸酉（初一），佐競（呈報）說：「士伍譊，在市官的旅館中砍斫人□□【……】」137正
	?		
	供述（妘）	【……】□妾妘曰：「譊歓（飲）宗，妘亡【……】」138	【……】□妾妘說：「譊給宗喝，妘逃亡【……】」138
	?		
	供述（？）	「【□】□□嗂不可起，怒，以刀刑（？），棄刀【……】」139正	「【□】□□嗂站不起來，憤怒，用刀砍斫，丟下刀【……】」139正
	?		
	?	不（？）得。	不得。
	查詢	診、問。	勘驗、查詢。

續表

文書/程序層次		釋文	譯文
本案	審理	鞫： 「譊刑審，妘殺疑。」	審理（結果）： 「譊之砍斫確鑿無疑，妘之殺（人）不能確定。」
	判決	●九月丙寅〔五〕，丞相、史如論令妘贖舂〔六〕。倉人【……】140正	●九月丙寅（二十九日），丞相、史如判決並命令妘贖舂。倉人【……】140正
?			
判例摘要（?）	揭發	九月丙辰〔七〕，隸臣哀詣隸臣喜，告盜殺人。	九月丙辰，隸臣哀將隸臣喜押送到官府，並控告爲搶劫殺人罪。
	查詢	問，喜辤（辭）如告。	查詢（結果），喜供述如同控告。
	審理	●鞫，審。	●審理，確鑿無疑。
	判決	己卯〔八〕，丞相、史如論磔〔九〕【……】141	（九月）己卯，丞相和史如判處並磔殺【……】141
背面標題二		爲气（乞）鞫奏狀〔一〇〕。139背	辦理乞鞫和奏的典範。139背
背面標題三		爲覆奏狀〔一一〕。140背	辦理覆和奏的典範。140背

注釋：

〔一〕本案僅收五枚簡，因殘缺甚多，無法復原案例全貌。其中，簡137、138、140可以通過人名「譊」和「妘」直接繫聯起來，簡138所記載的案情又與簡139、140所見頗像，與本卷册所收其他案例不相干。因此，似可肯定此四簡屬同一案例。至於簡141，記載内容與簡137至140並不密切相關，僅據官員人名「相」「如」和揭取位置插入此處，疑其爲案中所引用的判例，也不能排除其爲獨立案例的可能。因爲簡141記載内容與其他所有案例也都没有任何關聯，所以暫歸併爲《譊、妘刑殺人等案》，以待後考。

本案所有簡的簡文都無法直接連讀，疑其中有多數缺簡，但無法確知簡數。簡序的主要依據爲記載内容，簡137記載「佐競」的揭發行爲，應位於案首；簡140記載「丞相」和「史如」的論斷，應位於案尾；簡138記載關係人的供述，簡139爲供述或其他叙述的斷片，應位於中間。另外，舊著將簡137和138的清理編號誤標爲0448－1和0448－2，但據拙著《嶽麓秦簡復原研究》的分析，清理編號似應改爲0452（0）－1和0452（0）－2，簡137一枚簡或者簡137和138兩枚簡很有可能原粘附在簡147（清理編號0452）背面上，拍攝時纔臨時被剥離。若然，簡137與140之間至少缺四枚簡（參看附録一《第二類卷册結構表》。）

〔二〕爲，《左傳》昭公元年杜預注等訓爲治，爲獄，辦理刑案。《史記・酷吏列傳・杜周傳》：「客有讓周曰：君爲天子決平，不循三尺法，專以人主意指爲獄。獄者固如是乎？」

狀，形狀、狀貌。《玉篇・犬部》：「狀，形也。」《淮南子・脩務》「不可遯以狀」，高誘注：「狀，貌也。」引申爲計劃、模樣、模範等義。《漢書・食貨志上》：「二千石遣令長、三老、力田及里父老善田者受田器，學耕種養苗狀。」「爲獄」等「狀」則指辦案等典範。

爲獄訠狀，疑爲第二類卷册的總標題。

〔三〕十月癸酉，疑爲秦王政二年十月初一。按，後文簡140有「九月丙寅」，在嬴政在位期間同一年之内出現十月癸酉與九月丙寅的祇有二年與二十八年；第二類卷册能確定的曆日祇有簡150「（秦王政）六年十一月己未（即十日）」，此外簡168有「五年」，簡175有「元年」的記載，本卷册所收案例的年代或集中於秦王政初期。若然，第二類卷册的案序似與年代順序無關，與第一類按時代順序從晚向早逆排不相同。當然，目前也無法排除本案應屬秦始皇二十八年的可能。無論二年還是二十八年，十月與九月分别爲癸酉朔與戊戌朔，癸酉與丙寅分别爲初一與二十九日。

〔四〕「譊」字殘泐，言旁僅存上方兩横末端兩點，據簡140簡文補釋。

市舍，市中客舍。《後漢書・陳球傳》：「宦者積怨竇氏，遂以衣車載后尸，置城南市舍數日。」

〔五〕九月丙寅，爲秦王政二年或秦始皇二十八年九月二十九日，參看注〔三〕。

〔六〕贖舂，秦及漢初律贖刑之一，參看《癸、瑣相移謀購案》注〔二五〕。「舂」表示輕重。《二年律令》簡119：「贖死，金二斤八兩；贖城旦舂、鬼薪白粲，金一斤八兩；贖斬、府（腐），金一斤四兩；贖劓、黥，金一斤；贖耐，金十二兩；贖䙴（遷），金八兩。」以往贖城旦與贖舂僅見漢律，本簡爲秦代初例，嶽麓秦簡（伍）簡172又見一例。一説：贖城旦舂出現較晚，本簡贖舂一刑暗示本案時代偏晚，應在秦始皇統一以後而不在秦王政初期。

〔七〕九月丙辰，目前未詳。按，從文書工作常例考慮，本簡後文「己卯」應指「九月己卯」。在嬴政在位期間，九月出現丙辰與己卯兩日的情況，見於五年、十年、二十年、三十年、三十一年，朔日分别爲辛亥、壬子、甲寅、丙辰、庚戌，丙辰與己卯分别爲初六、初五、初三、初一、初七與二十九日、二十八日、二十六日、二十四日、三十日。

〔八〕己卯，參看前注。

〔九〕磔，死刑的一種，用於盜殺人、劫人等重大罪名，似係普通死刑「腰斬」、「棄市」的加重方式，執行方法未詳。《法律答問》簡067：「甲謀遣乙盜殺人，受分十錢。問：乙高未盈六尺，甲可（何）論？當磔。」《二年律令》簡068：「劫人、謀劫人求錢財，雖未得若未劫，皆磔之；完其妻子，以爲城旦舂。」又參看同上簡065－066（見《癸、瑣相移謀購案》注〔五〕）。《荀子・宥坐》「吴子胥不磔姑蘇東門外乎」，楊倞注：「磔，車裂也。」

《漢書・景帝紀》「改磔曰棄市，勿復磔」，顏師古注：「磔，謂張其尸也。」

〔一〇〕乞鞫，乞求審問、窮問，即申請重審。《法律答問》簡 115：「以乞鞫及爲人乞鞫者，獄已斷乃聽，且未斷猶聽殹（也）？獄斷乃聽之。」《二年律令》簡 114：「罪人獄已決，自以罪不當，欲气（乞）鞫者，許之。气（乞）鞫不審，駕（加）罪一等。」

奏，向上進言，申報。《説文・夲部》：「奏，奏進也。」《書・舜典》「敷奏以言」，孔傳：「奏，進也。」《語書》簡 13：「其畫最多者，當居曹奏令、丞。」秦代文書術語專指進言文書所附加的文字材料。《奏讞書》簡 068：「上奏七牒，謁以聞。」

爲奏，辦理進言陳事業務，爲字訓治，與爲覆、爲獄等相同。秦代文書術語專指寫立進言文書所附加的文字材料。《奏讞書》簡 098：「爲奉〔奏〕當十五牒，上，謁請。」簡 227－228：「令曰：獄史能得微難獄，上。今獄史舉闒得微難獄，爲奏廿（二十）二牒，…（中略）…謁以補卒史。」

爲乞鞫奏狀，疑爲單案保管或初期編册時的標題。

〔一一〕覆，徹底審察，多指郡吏或朝廷使者的審訊或審理程序，也包含對縣吏審理案件的重審。《爾雅・釋詁下》：「覆，審也。」《考工記・弓人》鄭玄注：「覆，猶察也。」《漢書・江都易王劉非傳》：「漢廷使者即復來覆我，我決不獨死。」《二年律令》簡 113：「治獄者，各以其告劾治之。敢放訊杜雅，求其它罪，及人毋（無）告劾而擅覆治之，皆以鞫獄故不直論。」《奏讞書》簡 078：「（淮陽守偃劾曰：）其謙（廉）求捕其賊，復（覆）其姦詐（詐）及智（知）縱不捕賊者。」同上簡 099：「覆視其故獄。」

爲覆奏狀，疑爲單案保管或初期編册時的標題。

〇九　同、顯盜殺人案

【……〔一〕，】大女子嬰等告曰：棄婦毋憂縛死其田舍〔二〕，衣襦亡。●令獄史氾□〔三〕【……】一四二【……】人，日夜謙（廉）求櫟陽及它縣〔四〕，五日聞【……同……】一五六狀，及譖（潛）訊居處、薄宿所〔五〕，讎。●同曰：歸義。就〔就—僦〕日未盡〔六〕，爲人庸（傭），除芝。●譖（潛）訊同歸義狀及邑里居處狀，攺（改）曰〔七〕：隸臣，非歸義。一四三【●（？）】訊同〔八〕：非歸義，可（何）故？同曰：爲吏僕〔九〕，内爲人庸（傭）〔一〇〕，恐吏毄（繫）辟同□□〔一一〕【……】□□□□【……】□□□□□□□及薄宿，類詑。一四四【……】缺11□譖（潛）謂同：同和不首一吏（事）者〔一二〕，而言（音—意）毋（無）坐殴（也）〔一三〕？同曰：毋（無）坐殴（也），不智（知）所問（？）。●復譖（潛）謂同：同爲吏〖僕〗，人見同，巫從同，畏不敢捕同而【□□】一四五【……。同曰：……】□喝東田舍，買（賣）衣，買酒肉，與顯歓（飲）食高陵市【……。顯？】言（？）如同。●臧（贓）直（值）【……】一四六敗傷，洋毋（無）得同、顯。同、顯□大害殴（也）〔一四〕。巳（已）論磔同、顯。●敢言之。□令曰〔一五〕：獄史能得微難獄，【上〔一六〕。今獄史洋】得微難獄，【……】〔一七〕一四七爲奏九牒〔一八〕，上。此黔首大害殴（也）〔一九〕。毋（無）徵物〔二〇〕，難得。洋以智治訮（研）詗〔二一〕，謙（廉）求而得之〔二二〕。洋精（清）絜（潔），毋（無）害〔二三〕，敦㲉（慤）；守吏（事）〔二四〕，心平端禮。【勞、年】一四八中令〔二五〕。綏任謁以補卒史〔二六〕，勸它吏，卑（俾）盜賊不發。敢言之。一四九

文書/程序層次		釋文	譯文
附件（「奏九牒」）	揭發	【……〔一〕，】大女子嬰等告曰： 「棄婦毋憂縛死其田舍〔二〕，衣襦亡。」	【……，】成年女子嬰等告發如下： 棄婦毋憂被綁縛而死於她的田中廬舍裏，衣服丢了。
偵查	現場檢驗	●令獄史氾□〔三〕【……】142	●命令獄史氾□【……】142
	廣域搜索	【……】人，日夜謙（廉）求櫟陽及它縣〔四〕，五日聞【……同……】156狀，及譖（潛）訊居處、薄宿所〔五〕，讎。	【……】人，日夜搜查櫟陽縣及外縣，尋找（嫌疑犯），過了五天，獲悉【……同……】156的情況，經盤問常住地以及接觸、投宿等場所的人，瞭解相關情況，都相符合。
	盤問（同）	●同曰： 「歸義。就〔就—僦〕日未盡〔六〕，爲人庸（傭），除芝。」	●同說： 「我是歸附正義的。服役期限未滿，充當人家的傭工，除芝。」

續表

文書/程序層次			釋文	譯文
附件（「奏九牒」）	偵查	盤問（同）	● 讅（潛）訊同歸義狀及邑里居處狀，改（改）曰〔七〕：	● 通過盤問（周圍人）瞭解到同歸附正義以及在邑里居住的情況，（同）改口說：
			「隸臣，非歸義。」143	「我是隸臣，不是歸附正義的。」143
			【●（？）】訊同〔八〕：	【●】盤問同：
			「非歸義，可（何）故？」	「（既然你）不是歸附正義的，爲甚麼（說是歸附正義的）？」
			同曰：	同說：
			「爲吏僕〔九〕，内爲人庸（傭）〔一〇〕，恐吏毄（繫）辟同□□〔一一〕【……。】」	「我是官方僕人，偷偷充當人家的傭工，怕官方拘禁我問我罪□□【……。】」
			【……】□□□□【……】□□□□□□□及薄宿，類詑。144	【……】□□□□【……】□□□□□□□以及接觸、投宿等場所，很像是假話。144
			【……】缺11	【……】缺11
			□讅（潛）謂同：	□試探着問同說：
			「同和不首一吏（事）者〔一二〕，而言（音—意）毋（無）坐毆（也）〔一三〕？」	「你回應沒供出一件事情，難道你認爲没有罪嗎？」
			同曰：	同說：
			「毋（無）坐毆（也），不智（知）所問（？）。」	「我是没有罪，不知道所問。」
			● 復讅（潛）謂同：	● 又試探着問同說：
			「同爲吏『僕』，人見同，巫從同，畏不敢捕同而【□□】145【……。】」	「你充當官方『僕人』，一般人看到你，（因爲）有巫隨從你，（都）害怕你，不敢抓你，而【□□】145【……。】」
			【同曰：】	【同曰：】
			「【……】□啺東田舍，買（賣）衣，買酒肉，與顯歓（飲）食高陵市【……。】」	「【……】□啺東田中廬舍，把衣服賣了，買來酒肉，跟顯吃喝在高陵市【……。】」
		盤問（顯？）	【顯？】言（？）如同。	【顯】所說如同同所述。

續表

文書/程序層次			釋文	譯文
附件（「奏九牒」）	廷審	審判	●臧（贓）直（值）【……】146敗傷，洋毋（無）得同、顯。同、顯□大害殹（也）〔一四〕。已（已）論磔同、顯。	●贓款值【……】146敗傷，洋無（物證）以捕獲同和顯。同和顯□（對百姓）危害極大。已經判處磔殺同和顯。
縣級上言文書	上言開頭詞		●敢言之。	●冒昧呈報如下：
	律令		□令曰〔一五〕： 「獄史能得微難獄，【上〔一六〕。】」	□法令規定： 「獄史（如果）能偵破疑難案，【上報。】」
	主文		【今獄史洋】得微難獄，【……】〔一七〕147爲奏九牒〔一八〕，上。此黔首大害殹（也）〔一九〕。毋（無）徵物〔二〇〕，難得。洋以智治訮（研）詗〔二一〕，謙（廉）求而得之〔二二〕。洋精（清）絜（潔），毋（無）害〔二三〕，敦穀（愨）；守吏（事）〔二四〕，心平端禮。【勞、年】148中令〔二五〕。綏任謁以補卒史〔二六〕，勸它吏，卑（俾）盜賊不發。	【現在獄史洋】偵破了疑難案，【……】147寫立進言資料九枚簡，奉上。這個人對百姓危害極大。（本案）沒有物證可徵，難以偵破。洋千方百計進行研究和秘密調查，多方偵查找出（犯罪嫌疑犯）。洋清正廉潔，精通法律業務，厚道誠實；（他）奉行公務，是用心公平、態度端正有禮的。【勞績和年齡】148符合法定標準。綏保舉並請求把他任命爲卒史，以勉勵其他官吏，使得盜賊不（敢）妄動。
	上言結尾詞		敢言之。149	冒昧呈報如上。149

注釋：

〔一〕據文書格式判斷，簡首缺文應爲揭發行爲月日或年月日，可與簡137和簡150比較；據缺口大小推測，此處僅容日月四個或五個字，即「揭發月日」。

〔二〕棄婦，疑同棄妻，即休妻，被丈夫遺棄的妻子。田舍，田中房舍。《史記・黥布列傳》：「番陽人殺布茲鄉民田舍，遂滅黥布。」

〔三〕「氾」字右旁殘缺，左從「水」，疑與簡147與148「洋」爲同一人。簡尾未釋字似從辵旁。

〔四〕櫟陽，秦縣名，見《漢書・地理志》，屬内史，治今陝西西安市東北。秦獻公自雍遷都於此。

簡156由案例一〇《譽盗殺安、宜等案》移於此，詳見拙稿《嶽麓書院秦簡〈爲獄等狀四種〉第二類卷册案例八至案例十一釋文、注釋及編聯商榷》。

〔五〕潛，探測，探索。《爾雅・釋言》：「潛，測也。」王引之《經義述聞・爾雅中》：「《莊子・田子方》曰『上闚青天，下潛黄泉』，是潛爲測也。」訊，《説文・言部》訓「問」，訊問，盤問。潛訊，爲探索信息而盤問，探聽某方面的信息。《奏讞書》簡153「乃以智巧令脩（攸）誘召冣（聚）城中，譖（潛）訊傳先後以别，捕毄（繫）戰北者」，紅外綫研究班注「譖（潛）」爲「暗中義」，似失妥。後文簡145稱「譖（潛）謂同」，簡154「觸等盡别譖（潛）訊安旁田人」，皆「潛」非暗中之明證。

居處，薄宿所，居處所與薄宿所。居處所，居住以及日常生活場所；薄，疑爲迫近、接近。《左傳》僖公二十三年「曹共公聞其駢脅，欲觀其裸。浴，薄而觀之」，杜預注：「薄，迫也。」《奏讞書》簡206－207：「偏視其爲謂，即薄出入、所以爲衣食者，謙（廉）問其居處之狀，弗得。」（原釋文句讀似有誤，據本簡簡文改正）薄宿所，臨時靠近以及臨時投宿場所。洋等盤問上述四種場所的人，瞭解相關情況。

〔六〕僦，承雇服役。《漢書・酷吏傳》「大司農取民牛車三萬兩爲僦」，顔師古注：「僦謂賃之與雇直也。」僦日，服役期限，似歸義者承擔某種服役義務。

〔七〕攺（改），《説文・攴部》收爲兩字，疑實爲一字異體。《奏讞書》簡100：「毛攺（改）曰。」同上簡105：「詰〔講〕攺（改）辤（辭）如毛。」

〔八〕圓形墨點據簡158背面反印文補釋，參看附録一第二類卷册結構表。

〔九〕僕，侍從，供使役的人。《説文・人部》：「僕，給事者。」吏僕，官吏的侍從，是徒隸的服役内容之一。里耶秦簡8－0190正＋8－0130正＋8－0193正：「諸徒隸當爲吏僕、養者皆屬倉。」《秦律十八種》簡113：「隸臣有巧可以爲工者，勿以爲人僕、養。」同上簡150：「司寇勿以爲僕、養。」《二年律令》簡267：「吏有縣官事而無僕者，郵爲炊；有僕者，叚（假）器，皆給水漿。」

〔一〇〕内，暗地裏。《後漢書・馮衍傳》李賢注引《東觀漢記》：「與邑同事一朝，内爲刎頸之盟，興兵背畔，攻取涅城。」《三國志・魏志・杜畿傳》：「外以請邑爲名，而内實與幹通謀。」

傭，受傭爲人勞動，參看《猩、敞知盗分贓案》注〔一七〕。

〔一一〕辟，罪，治理，參看《癸、瑣相移謀購案》注〔六〕。

〔一二〕和，疑爲應和、應答。《奏讞書》簡109：「毛言而是，講和弗手（讎）。」

首，承認罪過，服罪。《漢書・梁孝王劉武傳》「今王當受詔置辭，恐復不首實對」，顔師古注：「不首，謂不伏其罪也。」

〔一三〕而，副詞，表示反問，相當於「豈」、「難道」。《論語・顔淵》「爲仁由己，而由人乎」，邢昺疏：「言行善由己，豈由他人乎哉，言不在人也。」

無坐，無罪。《封診式》簡96：「男子甲自詣，辭曰：『士五（伍），居某里。以迺二月不識日去亡。毋（無）它坐。今來自出。』」

〔一四〕「顯」字與「大」字之間有大約一個字大小的空白處，紅外綫圖版可以隱隱約約看到墨迹。據簡167「民大害殹（也）」文例，疑空白處原有「「民」字。簡148「此黔首大」四字的字距與前後文不同，似乎是將「黔首」兩字擠到一個字大小的簡面上。此兩處疑爲秦統一全國之後所修改。《史記・秦始皇本紀》：「分天下以爲三十六郡，郡置守、尉、監。更名民曰『黔首』。」據里耶秦簡8－0461正記載，「王室」、「客舍」兩詞改爲「縣官」和「賓飤舍」，第一類《芮盜賣公列地案》簡067「王室」、第二類《猩盜殺安、宜等案》簡167「客舍」卻沒被修改。

〔一五〕「之」字與「令」字之間有大約三個字大小的空白處，或許曾經有字被刮削過。

〔一六〕《奏讞書》簡227引相同的令文，參看《譊、妘刑殺人案》注〔一〇〕，「上」字以此補。

〔一七〕簡147據文意遥綴而成，「上今獄史洋」五字據《猩盜殺安、宜等案》簡168和《奏讞書》簡227擬補。據《奏讞書》簡228文例推測，疑簡147簡尾「得微難獄」與簡148簡首「爲奏九牒」直接連讀，但據殘簡長短判斷，似另有缺文。

〔一八〕牒，簡牘，在此用爲簡牘量詞。《説文・片部》：「牒，札也。」里耶秦簡8－0686背＋8－0973背「八月乙酉，庫守悍敢言之：疏書作徒薄（簿）牒北（背），上。敢言之」，同上簡8－0645正：「廿（二十）九年九月壬辰朔辛亥，貳春鄉守根敢言之：牒書水火敗亡課一牒，上。敢言之。」《奏讞書》簡068：「八年四月甲辰朔乙巳，南郡守强敢言之：上奏七牒，謁以聞。種縣論。敢言之。」

〔一九〕黔首，秦始皇二十六年統一六國後稱民爲黔首，見《史記・秦始皇本紀》（參看前注〔一四〕）。

〔二〇〕徵物，徵訓「求」，追求（罪犯等）之物，即物證。《吕氏春秋・達鬱》「日暮矣，桓公樂之而徵燭」，高誘注：「徵，求也。」《戰國策・西周策》「韓徵甲與粟於周」，鮑彪注：「徵，猶索。」《奏讞書》簡205：「舉閵求毋（無）徵物以得之。」值得注意的是，現代意義上的物證重點在立證，而古代徵物則重點在搜索偵查。

〔二一〕詗，刺探，秘密調查。《史記・淮南衡山列傳》「淮南王有女陵，慧，有口辯。王愛陵，常多予金錢，爲中詗長安，約結上左右」，裴駰《集解》引徐廣曰：「詗，伺候采察之名也。」司馬貞《索隱》引孟康曰：「詗音偵。西方人以反間爲偵。」研詗，研究與偵查。《奏讞書》簡210－211：「晨昧里（理）訮（研）詗，謙（廉）問不田作市販、貧急窮困、出入不節，疑爲盜賊者公卒瘛等。」張家山漢簡整理小組注：「里，疑讀爲理。」治、理常互訓，本簡記載可以印證該注正確無誤。

〔二二〕廉，通覝，考察、查訪。《説文・見部》：「覝，察視也。」《漢書・高帝紀下》「且廉問，有不如吾詔者，以重論之」，顔師古注：「廉，察也。廉字本作覝，其音同耳。」居延漢簡10.40：「且遣都吏循行廉察，不如護大守府書，致案。毋忽。如律令。」廉求，搜尋、查找犯罪人，是概括整個偵查活動的最廣泛的概念，與現代搜查概念相似。可以參看《奏讞書》簡078（見《譊、妘刑殺人案》注〔一一〕）。

〔二三〕無害，傳世文獻又稱「文無害」、「文史無害」，在秦漢時代似指精通法律和文書業務。《論衡・謝短》：「夫儒生能説一經，自謂通大道，以驕文吏；文吏曉簿書，自謂文無害，以戲儒生。」《墨子・號令》：「請擇吏之忠信者、無害可任事者。」《奏讞書》簡228：「舉閵毋害，謙（廉）絜（潔）敦殸（慤）；守吏（事）也，平端。」古訓中，《漢書・蕭何傳》顔師古注所引蘇林之「無比」與此義最近；楊樹達《漢書窺管》所舉《漢書・王莽傳》「刻銅印三，文意甚害」，文指印文，與「文史無害」無關。

〔二四〕守事，「事」指公事、公務，奉行公務、供職。《史記・春申君列傳》「今王使盛橋守事於韓」，司馬貞《索隱》按：「秦使盛橋守事於韓，亦如楚使召滑相趙然也。」在此指工作態度、作風。《爲吏治官及黔首》簡86：「精（精）正守事。」《奏讞書》簡228：「守吏（事）也，平端。」

〔二五〕「勞年」二字據簡169擬補，參看《猩盜殺安、宜等案》注〔三五〕。

〔二六〕綏，疑爲人名。

任，保舉、擔保。《漢書・汲黯傳》「濮陽段宏始事蓋侯信，信任宏，官亦再至九卿」，顏師古注引蘇林曰：「任，保舉。」《秦律雜抄》簡01：「任灋（廢）官者爲史，貲二甲。」《二年律令》簡210：「有任人以爲吏，其所任不廉、不勝任以免，亦免任者。」

補，官員調任。《漢書・蕭望之傳》：「陛下哀愍百姓，恐德化之不究，悉出諫官以補郡吏，所謂憂其末而忘其本者也。」《奏讞書》簡228：「謁以補卒史，勸它吏。」

卒史，郡等屬吏。《史記・汲鄭列傳》裴駰《集解》引如淳曰：「律，太守、都尉、諸侯內史史各一人，卒史書佐各十人。」《太史公自序》張守節《正義》引《漢舊儀》：「太史公秩二千石，卒史皆秩二百石。」尹灣漢簡YM6D2正：「大守吏員廿（二十）七人：大守一人，秩□二千石；大守丞一人，秩六百石；卒史九人，屬五人，書佐九人，門兵佐一人，小府嗇夫一人。凡廿（二十）七人。都尉吏員十二人：都尉一人，秩真二千石；都尉丞一人，秩六百石；卒史二人，屬三人，書佐四人，門兵佐一人。凡十二人。」

一〇　魏盜殺安、宜等案〔一〕

六年十一月己未〔二〕，私屬喜曰〔三〕：□【……】佁人妾宜、士五（伍）安□□□〔四〕【……】一五〇

●即令獄史彭沮、衷往診：安、宜及不智（知）可（何）一女子死（屍）皆在内中〔五〕，頭頸有伐刑痏〔六〕。不智（知）殺者，【□□□□□】一五一赤帬（裙）襦，類城旦衣。●喜曰：嘗見死女子與安等作，不智（知）可（何）人。●銜曰：宜、安有布衣、帬（裙）襦、絝、履，皆亡不得。一五二不智（知）盜及死女子可（何）人。毋（無）音（意）殹（也）〔七〕。●即令獄史觸與彭沮、衷求其盜。●觸等盡别譖（潛）訊安旁田人，皆曰：不智（知）一五四可（何）人。即將司寇晦〔八〕，别居千（阡）佰（陌）、衡（徹）道〔九〕，徼（邀）迣苛視不犳〔狀〕者〔一〇〕。弗得。●觸等音（意）以爲安□【死（屍）所】有赤衣〔一一〕，殺安等者城【旦】〔一二〕一五五殹（也）。即各日夜别薄譖（潛）訊都官旁縣中、縣中城旦及牒書其亡者□〔一三〕【……同……】一五三佩新大韠（鞞）刀。其瞻視不壹〔一四〕，如有惡狀。即訊，言曰：大宮【隸臣同。……。】一五七

●訊同：同，大宮隸臣〔一五〕，可（何）故爲寺從公僕〔一六〕？同言類不讎，且覆詣（？）〔一七〕，詣官，同攺（改）曰：定名魏。故燕城人〔一八〕，降爲隸臣〔一九〕，輸寺從。去亡。一五八訊魏：魏亡，安取錢以補袍及買鞞刀？魏曰：庸（傭）取錢。一五九

【●詰魏：……】□可（何）解？魏曰：辠（罪）。毋（無）解。【詰魏：……。魏曰：……】一六五〔二〇〕甚矣！以人莫智（知）。今吏智（知）之，未可奈可（何），請言請（情）〔二一〕：魏欲盜，恐得而□□□不□【……】一六〇得者，求城旦赤衣，操，巳（已）殺人，置死（屍）所，令人以爲殺人者城旦殹（？也），弗（？）能（？）得（？）魏。魏誠以旬餘時，以二錢買不智（知）一六一可（何）官城旦敝赤帬（裙）襦，以縢盛〔二二〕。佗（施）行出高門〔二三〕，視可盜者。莫（？暮）食時到安等舍〔二四〕，□寄□其内中〔二五〕。有頃，安等一六二皆卧，出。魏伐刑殺安等，置赤衣死（屍）所，盜取衣器，去買（賣）行道者所。以錢買布補【袍□□□□□】一六三有母、妻、子，在魏（魏）〔二六〕。即買大刀，欲復以盜殺人，得錢材（財）以爲用，亡之魏（魏）。未蝕（蝕）而得〔二七〕。辠（罪）。一六四

●問如辤（辭）。臧（贜）四百一十六錢。巳（已）論磔魏。●魏，晉人〔二八〕，材犺（伉）〔二九〕。端買城旦赤衣〔三〇〕，以盜殺人。巳（已）殺，置死（屍）所，以臞（虞？）令吏【弗】一六六得〔三一〕。一人殺三人田壄（野），去居邑中市客舍〔三二〕，甚悍，非恒人殹（也）。有（又）買大刀，欲復（？）盜殺人，以亡之魏（魏）。民大害殹（也）。甚微難得。一六七觸等以智治鐵（纖）微〔三三〕，謙（廉）求得。五年，觸與史去疢謁（？）爲（？）【□□□□】□之（？）〔三四〕。令獄史觸、彭沮、衷得微難獄，磔辠（罪）一六八一人。爲奏十六牒，上。觸爲令史廿（二十）二歲，年卌（四十）三；彭沮、衷勞、年中令〔三五〕。皆請（清）絜（潔），毋（無）害，敦殼（愨）；守吏（事），心平端禮。任謁一六九課以補卒史〔三六〕，勸它吏。敢言之。一七〇

附件（「奏十六牒」）

文書/程序層次〔一〕	釋文	譯文
揭發	六年十一月己未〔二〕，私屬喜曰〔三〕： 「□【……】佀人妾宜、士五（伍）安□□□〔四〕【……】」150	（秦王政）六年（公元前二四一年）十一月己未（十日），私屬喜說： 「□【……】佀私人女奴宜、士伍安□□□【……】」150
現場調查：現場檢驗	●即令獄史彭沮、衷往診： 「安、宜及不智（知）可（何）一女子死（屍）皆在内中〔五〕，頭頸有伐刑痏〔六〕。不智（知）殺者，【□□□□□】151赤帬（裙）襦，類城旦衣。」	●於是命令獄史彭沮、衷前往勘驗： 「安、宜以及一無名女屍都倒在卧室，（被害人）脖子上有刀砍傷痕。不知道兇手（是誰），【□□□□□】151紅的上下衣，像城旦的衣服。」
現場調查：探聽調查（關係人）	●喜曰： 「嘗見死女子與安等作，不智（知）可（何）人。」 ●銜曰： 「宜、安有布衣、帬（裙）襦、絝、履，皆亡不得。152不智（知）盗及死女子可（何）人。毋（無）音（意）殹（也）〔七〕。」	●喜說： 「曾經見過該女子生前跟安等幹活，不知是甚麽人。」 ●銜說： 「宜、安（本）有布衣、裙襦、絝、履，都丢失不見了。152不知兇手與被害女子是甚麽人。茫無頭緒。」
偵查：探聽調查（周圍）	●即令獄史觸與彭沮、衷求其盗。 ●觸等盡別譖（潛）訊安旁田人，皆曰： 「不智（知）154可（何）人。」	●於是令獄史觸與彭沮、衷尋找兇手。 ●觸等分別盤問了所有（在）安周圍種田地的人來瞭解情況，（這些人）都說： 「不知154是甚麽人。」
偵查：設站盤問	即將司寇晦〔八〕，別居千（阡）佰（陌）、衡（徹）道〔九〕，徼（邀）迣苛視不犳（狀）者〔一〇〕。弗得。	於是，帶領司寇晦，分別在田間小路和通暢大路上，稽查過往人員，尋查行迹可疑人員。（結果）未獲（有用綫索）。
偵查：廣域搜索	●觸等音（意）以爲安□【死（屍）所】有赤衣〔一一〕，殺安等者城【旦】〔一二〕155殹（也）。即各日夜別薄譖（潛）訊都官旁縣中、縣中城旦及牒書其亡者□〔一三〕【……同……】153佩新大鞞（鞞）刀。其瞻視不壹〔一四〕，如有惡狀。即訊，言曰：	●觸等（根據現場）分析，認爲安、□（宜?）【屍體旁】有（一件）紅衣服，殺害安等的人（應）是個城【旦】。155於是，各自日夜分別接觸都官鄰縣和本縣的城旦，通過盤問尋找綫索，並且書寫其所逃亡者□【……同……】153佩帶新的配鞘大刀。他心神不定，疑似心中有鬼。就盤問，他解釋說：

續表

文書/程序層次			釋文	譯文
附件（「奏十六牘」）	偵查	廣域搜索	「大宮【隸臣同。……。】」157	「我是大宮的【隸臣（名爲）同。……。】」157
		盤問審訊（同/魏）	●訊同：	●盤問同：
			「同，大宮隸臣〔一五〕，可（何）故爲寺從公僕〔一六〕？」	「你是大宮的隸臣，爲甚麼充當寺從長官侍從？」
			同言類不讎，且覆詣（？）〔一七〕，詣官，同改（改）曰：	同所説似（與事實）不相符，（遂）將同押送到官府，以便深入審訊，到了官府，同改口説道：
			「定名魏。故燕城人〔一八〕，降爲隸臣〔一九〕，輸寺從。去亡。」158	「法定名字是魏。原來是燕城人，投降爲隸臣，被安排到寺從。（後）逃了出來。」158
			訊魏：	盤問魏：
			「魏亡，安取錢以補袍及買鞞刀？」	「你是逃亡的，你怎麼拿到錢來補袍子和買配鞘刀？」
			魏曰：	魏説：
			「庸（傭）取錢。」159	「我是靠做臨時工掙的錢。」159
			【●詰魏：】	【●詰問魏（如下）：】
			「【……】□可（何）解？」	「【……】□怎麼解釋？」
			魏曰：	魏説：
			「辠（罪）。毋（無）解。」	「我認罪。没有解釋。」
			【詰魏：】	【詰問魏（如下）：】
			【……。】	「【……。】」
			【魏曰：】	【魏説：】

續表

文書/程序層次	附件（「奏十六牒」）偵查：盤問審訊（同/㺬）	附件（「奏十六牒」）廷審：查詢	附件（「奏十六牒」）廷審：審判	縣級上言文書：主文
釋文	「【……】165〔二〇〕甚矣！以人莫智（知）。今吏智（知）之，未可奈可（何），請言請（情）〔二一〕：㺬欲盜，恐得而□□不□【……】160得者，求城旦赤衣，操，巳（已）殺人，置死（屍）所，令人以爲殺人者城旦毄（？也），弗（？）能（？）得（？）㺬。㺬誠以旬餘時，以二錢買不智（知）161可（何）官城旦敝赤帬（裙）襦，以幐盛〔二二〕。佗（施）行出高門〔二三〕，視可盜者。莫（？暮）食時到安等舍〔二四〕，□寄□其內中〔二五〕。有頃，安等162皆臥，出。㺬伐刑殺安等，置赤衣死（屍）所，盜取衣器，去買（賣）行道者所。以錢買布補【袍□□□□□】163有母、妻、子，在㺬（魏）〔二六〕。即買大刀，欲復以盜殺人，得錢材（財）以爲用，亡之㺬（魏）。未餘（蝕）而得〔二七〕。辠（罪）。」164	●問如辤（辭）。	臧（贓）四百一十六錢。巳（已）論磔㺬。	●㺬，晋人〔二八〕，材犺（伉）〔二九〕。端買城旦赤衣〔三〇〕，以盜殺人。巳（已）殺，置死（屍）所，以䍐（虞？）令吏【弗】166得〔三一〕。一人殺三人田壄（野），去居邑中市客舍〔三二〕，甚悍，非恒人殹（也）。有（又）買大刀，欲復（？）盜殺人，以亡之㺬（魏）。民大害殹（也）。甚微難得。167觸等以智治韱（纖）微〔三三〕，謙（廉）求得。五年，觸與史去疢謁（？）爲（？）【□□□□】□之（？）〔三四〕。今獄史觸、彭沮、衷得微難獄，磔辠（罪）168一人。爲奏十六牒，上。觸
譯文	「【……】165真厲害！（我原）以爲不會有人看破的。現在（既然）官方知道了，無可奈何，請讓我說實話：我想行搶，怕被抓獲，而□□□不□【……】160得者，尋找城旦的紅衣，（準備）拿著，殺完了人，把它放在屍體旁，讓人以爲殺人犯是個城旦，（因而）不能識破我。我確實在十多天前，用二錢買了不知道161屬於哪一個機構的城旦的破舊紅衣服，用囊（把它）裝起來。迂迴出了高門，尋找可以行搶的地方。晚餐時我到了安等的家，□臨時□（藏在）他們的卧室中。不久，安等162都躺下睡了，我（就）出來了。我砍殺他們（後），把紅衣放在屍體旁，偷走了東西，賣給過路的人。用這筆錢買了布料來修補【袍子□□□□□】163我有母親、妻子和孩子在魏縣。就買了把大刀，想用來再搶劫殺人，拿到金錢財物作爲路上用度，逃往魏縣。（結果）未能得逞就被捕獲了。（我）認罪。」164	●查詢（結果）如同被告人供述。	贓款爲四百一十六錢。已經判決並磔殺了㺬。	●㺬是魏國人，天性強悍。他特意買城旦的紅衣，用來搶劫殺人。殺完後，（將紅衣）放在屍體旁，想轉移視線，讓官方166查【不】到。他一人在鄉下殺了三人，逃走（後又敢）住進城鎮市官的旅館，極其兇暴，非同平常人。他（後來）又買把大刀，想再次殺人搶劫，用來逃往魏縣。他對百姓危害極大。（本案）曲折難破。167觸等千方百計搜集細微綫索，多方偵查找出（犯罪嫌疑犯）。（秦王政）五年（公元前二四二年），觸和史去疢請求爲【□□□□】□之。現在獄史觸、彭沮、衷偵破了（此）疑難案件，（捕獲了）磔罪犯168一人。寫

續表

文書/程序層次		釋文	譯文
縣級上言文書	主文	爲令史廿（二十）二歲，年卌（四十）三；彭沮、衷勞、年中令〔三五〕。皆請（清）絜（潔），毋（無）害，敦殼（愨）；守吏（事），心平端禮。任謁169課以補卒史〔三六〕，勸它吏。	立進言資料共十六枚簡，並奉上。觸當令史（已）二十二年，年齡四十三歲；彭沮和衷勞績和年齡都符合法定標準。他們都清正廉潔，精通法律業務，厚道誠實；（他們）奉行公務，是用心公平、態度端正有禮的。我們保舉並請求169通過考核任命他們爲卒史，以勉勵其他官吏。
	上言結尾詞	敢言之。170	冒昧呈報如上。170

注釋：

〔一〕本案編聯與舊著不同，詳見拙稿《嶽麓書院秦簡〈爲獄等狀四種〉第二類卷冊案例八至案例十一釋文、注釋及編聯商榷》。文書層次表中表示釋文或編聯有所改動，簡156移於案例〇九《同、顯盗殺人案》簡142下。

〔二〕秦王政六年十一月庚戌朔，己未爲十日。

〔三〕私屬，可以參考《二年律令》簡162："奴婢爲善而主欲免者，許之。奴命曰私屬，婢爲庶人，皆復使及筭（算）事之如奴婢。"

〔四〕㐲，或爲人名「衙」，見本案簡152。

〔五〕不知何（人），不知姓名及所從來者。《封診式》簡55－56："爰書：某亭求盗甲告曰：署中某所有賊死、結髮、不智（知）可（何）男子一人，來告。即令令史某往診。"《奏讞書》簡197－198："六月癸卯，典贏告曰：不智（知）何人刺女子婢冣（最）里中，奪錢。不智（知）之所。即令獄史順、去疢、忠、文華、固追求賊。"傳世文獻又簡稱何人。《漢書·雋不疑傳》「廷尉驗治何人，竟得姦詐」，顏師古注："凡不知姓名及所從來者，皆曰何人。"

內，內室、卧室。《漢書·鼂錯傳》："先爲築室，家有一堂二內。"顏師古注引張晏曰："二內，二房也。"《封診式》簡08－09："一宇二內，各有户，內室皆瓦蓋，木大具，門桑十木。"《奏讞書》簡183－184："甲與男子丙偕之棺後內中和奸。"一說：內多有大內、房（旁）內之別，僅稱內中不夠準確；內中二字又可以表示裏頭、其中之義，本簡疑有脱文。《封診式》簡73："自宵臧（藏）乙復（複）紬衣一乙房內中。"同上簡64："丙死（屍）縣（懸）其室東內中北廦權。"

〔六〕痏，泛指創傷。《封診式》簡35－36："其右角痏一所，袤五寸，深到骨，類劍迹。"同上簡56："某頭左角刃痏一所。"慧琳《一切經音義》卷九九注引《倉頡篇》："痏，傷也。"秦漢律毆傷稱「痏痏」，或即由此導致東漢以後訓詁中逐漸將「痏」字理解爲毆傷。《法律答問》簡087「或與人鬭，夬（決）人脣。論可（何）殹（也）？比痏痏。」《二年律令》簡028：

「毆（毆）同列以下，罰金二兩；其有疻痏及□，罰金四兩。」《説文・疒部》：「痏，疻痏也。」《文選》張衡《西京賦》「所惡成創痏」，李善注引《蒼頡篇》「痏，毆傷也」《急就篇》「疻痏保辜謕呼號」，顔師古注：「毆人皮膚腫起曰疻，毆傷曰痏。」

〔七〕意，猜測、料想，即有關罪犯或者犯罪情況等的猜測。《史記・張儀列傳》：「已而楚相亡璧，門下意張儀，曰：『儀貧無行，必此盜相君之璧。』」後文簡155：「觸等音（意）以爲安□【死（屍）所】有赤衣。」無意，茫無頭緒。《封診式》簡82：「不智（知）盜者可（何）人及蚤（早）莫（暮），毋（無）意殹（也）。」古文字「音」、「言」二字關係密切，疑「言」字亦可讀爲「意」。《奏讞書》簡222「令吏求賈市者，毋言孔」之「言」字似應改讀爲「意」。

〔八〕司寇，秦及漢初的身份之一，用於中等犯罪。《二年律令》簡090：「有罪當耐，其灋（法）不名耐者，庶人以上耐爲司寇。」司寇從事城旦舂的監視工作以及其他司法、治安工作。《秦律十八種》簡146：「城旦舂當將司者，廿（二十）人，城旦司寇一人將。」司寇在獄史的指揮下還參與偵查，可以參看《奏讞書》案件二二（簡207）等。

〔九〕阡陌，田間小路；徹，常訓「通」、「達」，徹道，與「阡陌」相對，猶「大路」。

〔一〇〕邀、迣，同訓「遮」。《玉篇・辵部》：「邀，遮也。」《説文・辵部》：「迣，迾也。晉趙曰迣。」又：「迾，遮也。」邀迣，遮攔，即設檢查站攔住過路人，似爲古代重要戒備、巡邏方式之一。古書作「遮迾」、「遮列」、「遮迣」等。《漢書・鮑宣傳》「凡民有七亡：……（中略）……部落鼓鳴，男女遮迣，六亡也」，顔師古注：「晉灼曰：『迣，古列字也。』言聞桴鼓之聲以爲有盜賊，皆當遮列而追捕。」馬融《圍棋賦》：「先據四道兮保角依旁，緣邊遮列兮往往相望。」「徼」字訓巡也與遮義有關。《漢書・百官公卿表上》「中尉，秦官，掌徼循京師」，顔師古注：「徼，謂遮繞也。」《爲吏治官及黔首》簡19：「徼迣不數。」

〔一一〕苛，通訶，詰問、盤問。《周禮・夏官・射人》「不敬者，苛罰之」，鄭玄注：「苛，謂詰問。」《墨子・號令》：「分里以爲四部，部一長，以苛往來。」《漢書・王莽傳》「關津苛留」，顔師古注：「苛，問也，音何。」《奏讞書》簡081：「丙與發弩贅荷（苛）捕蒼。」

〔一二〕視，查看、查閲，參看《猩、敞知盜分贓案》注〔一一〕。

〔一三〕簡155據文意和前後簡揭取位置、背面反印文的分佈情況遥綴而成，參看簡序驗證資料《第二類卷册結構表》。「屍所」二字據文意擬補。

〔一四〕安下未釋字疑爲「宜」字，安、宜即本案被害人。

〔一五〕「城旦」兩字據文意補釋。本簡下原接簡156，今移於案例〇九《同、顯盜殺人案》簡142下。

〔一六〕薄，迫近、接近，參看《同、顯盜殺人案》注〔五〕。

〔一七〕潛，探測，探索，參看《同、顯盜殺人案》注〔五〕。

〔一八〕都官，設於地方的中央直屬機構。《秦律十八種》簡086－087：「縣、都官以七月糞公器不可繕者，有久識者靡蚩之。其金及鐵器入以爲銅。都官輸大內，內受買（賣）之，盡七月而觱（畢）。都官遠大内者輸縣，縣受買（賣）之。」同上簡186：「縣各告都官在其縣者，寫其官之用律。」

〔一九〕牒書，用簡牘寫。《秦律十八種》簡035－036：「到十月牒書數，上内〖史〗。」在此指詳細記録城旦逃亡和丢失衣服等情況。

〔二〇〕瞻視，觀看、顧盼，引申爲觀看的神態，即眼神。《論語・堯曰》：

「君子正其衣冠，尊其瞻視，儼然人望而畏之，斯不亦威而不猛乎？」《漢書・刑法志》「五曰目聽」，顏師古注：「觀其瞻視，不直則亂。」《奏讞書》簡213：「瞻視應對（對）寂（最）奇，不與它人等。」。

〔一五〕大宮，疑爲官署名，不見於文獻，職掌未詳，待考。一説，「大宮」疑爲「大官」之誤。秦封泥有「大官丞印」、「大官榦丞」等「大官」類封泥多種（參看楊廣泰《新出封泥彙編》0170－0189號，1404－1410號，西泠印社出版社，二〇一〇年）；「大官」又見《漢書・百官公卿表》、《秦律雜抄》簡23等，是少府屬官，秦統一後寫作「泰官」，職掌君王膳食，並領有多種屬官曹署。或説：「大」疑爲成人義，「宮隸臣」即《法律答問》所見「宮隸」。《法律答問》簡188：「可（何）謂宮更人。●宮隸有刑，是謂宮更人。」

〔一六〕寺從，亦見後文「輸寺從」，疑爲機構名。秦印有「寺從市府」等，秦封泥有「寺從丞印」、「居室寺從」等。

公，尊稱，用於縣令等長官。《史記・曹相國世家》「攻秦監公軍，大破之」，司馬貞《索隱》：「公爲相尊之稱也。」《三十四年質日》簡25：「庚申，江陵公歸。」同上簡46：「辛巳，監公亡。」

僕，侍從，供使役的人（見《同、顯盜殺人案》注〔九〕）。寺從公僕，即疑爲寺從長官的侍從。稱長官用尊稱，應來自同（䰩）的供詞，即簡157的殘缺部分。

〔一七〕覆，徹底審訊；詣，押送到官府，分別見於《譊、妘刑殺人等案》注〔一一〕與《癸、瑣相移謀購案》注〔四〕。覆詣，爲徹底審訊而押送到官府。

〔一八〕燕城，疑爲古書所謂「南燕」之「燕」，地在今河南延津縣東北。本西周燕國，戰國時爲魏邑，秦置縣，屬東郡，漢代襲之。見《史記・秦始皇本紀》五年條、《二年律令》簡460等，《漢書・地理志》作「南燕」。

〔一九〕降，投降。《秦律雜抄》38：「寇降，以爲隸臣。」

〔二〇〕簡160以下的供述與簡159前文不連續，可知此處缺簡；舊著據揭取位置和反印文分佈情況，疑此處缺一枚簡，編號爲q12，新編聯方案將簡165移於此處。

〔二一〕情，實情，真情。《史記・高祖本紀》：「列侯諸將無敢隱朕，皆言其情。吾所以有天下者何？」《法律答問》簡167：「女子甲去夫亡，男子乙亦闌亡，相夫妻，甲弗告請（情），居二歲，生子，乃告請（情）。」《二年律令》簡110：「證不言請（情）。」

〔二二〕幐，囊。《説文・巾部》：「幐，囊也。」

〔二三〕施，讀余支切（yí），逶迤斜行。《孟子・離婁下》「蚤起，施從良人之所之」，趙岐注：「施者，邪施而行，不欲使良人覺也。」

〔二四〕暮食，時稱，在放馬灘秦簡《日書乙種》簡189－191位於「日入」與「昏時」之間。

〔二五〕「寄」下未釋字的殘留筆畫係該字左半部分，其下方筆畫與「臣」形頗像，疑爲「藏」字。

〔二六〕後文云「亡之䰩（魏）」，不云「邦亡䰩（魏）」；簡166又將魏國燕城出身的被告人䰩稱爲「晉人」，不稱「䰩（魏）人」，疑地名「䰩（魏）」指秦國魏縣。《編年記》簡15壹：「（昭襄王）十五年攻魏。」《史記・白起王翦列傳》：「明年（昭襄王十五年），白起爲大良造，攻魏，拔之，取城小大六十一。」又參看《田與市和奸案》注〔一九〕。

〔二七〕未蝕，未遂。《法律答問》簡065：「『內（納）奸，贖耐。』今內（納）人，人未蝕奸而得，可（何）論？除。」本簡能證明

「未蝕」不限於奸罪使用。蝕，疑讀爲「食」，從祭獻、享祀義引申爲得到、實現義。《左傳》哀公元年：「後雖悔之，不可食已。」上海博物館藏戰國楚竹書（七）《凡物流形》甲本簡08：「天之累（明）奚得？鬼之神奚飤（食）？」

〔二八〕晉，戰國時期指魏國。

〔二九〕材，材性、資質；伉，强悍。《説文・人部》：「健，伉也。」《漢書・朱博傳》「伉俠好交，隨從士大夫，不避風雨」，顔師古注：「伉，健也。」《語書》簡12：「阬閬强肮（伉）以視（示）强。」

〔三〇〕端，特地、故意，參看《暨過誤失坐官案》注〔二五〕。

〔三一〕臞字群紐魚部，疑讀爲「虞」，欺詐義。《左傳》宣公十五年「我無爾詐，爾無我虞」，洪亮吉引《淮南子・繆稱》高誘注：「虞，欺也。」「虞」又常訓「度」，有料想、算計義，如《詩・魯頌・閟宫》「無貳無虞，上帝臨女」，鄭玄注：「虞，度也。」欺詐義似可理解爲其轉義，「我虞」即「算計我」。在本簡語境中，「虞」作「令吏**【弗】**166得」的狀語，應該是設下圈套、轉移視線一類意思。

〔三二〕去，指離開田野；邑中，與田野相對，擁有城牆的城鎮、村落。《荀子・富國》：「入其境，其田疇穢，都邑露，是貪主已。」《二年律令》簡182：「越邑、里、官、市院垣，若故壞決道出入，及盗啓門户，皆贖黥。」

市，疑爲市官，即縣下屬機構，主管商業區。參看《芮盗賣公列地案》注〔一一〕。

客舍，供旅客投宿的處所，似爲一種官營的旅館。《管子・輕重乙》：「請以令爲諸侯之商賈立客舍，一乘者有食，三乘者有蒭菽，五乘者有伍養。」《史記・商君列傳》：「商君亡至關下，欲舍客舍。客人不知其是商君也。」里耶秦簡8－0461正：「毋曰客舍，曰賓飤舍。」

〔三三〕戠，通「纖」，細小。《玉篇・戈部》：「戠，細也。」《説文・糸部》：「纖，細也。」《爲吏之道》05壹：「微密戠（纖）察。」

〔三四〕從前後文推測，殘缺字和未釋字疑爲「卒史□□卻」，「□□」係秦郡名。釋文可以補爲：「五年，觸與史去疢謁爲卒史，□□卻之。」

〔三五〕勞、年中令，與前文「爲令史廿（二十）二歲，年卌（四十）三」相應。勞，年，功勞閥閲與年齡。《秦律雜抄》簡15－16：「敢深益其勞歲數者，貲一甲，棄勞。」中令，符合法律要求。

〔三六〕課，《説文・言部》：「課，試也。」《二年律令》簡475－476：「試史學童以十五篇，能風（諷）書五千字以上，乃得爲史。有（又）以八體（體）試之，郡移其八體（體）課大（太）史，大（太）史誦課。取寂（最）一人以爲其縣令史，殿者勿以爲史。三歲壹并課，取寂（最）一人以爲尚書卒史。」

一一 得之强與棄妻奸案

【……當陽隸臣得之气（乞）鞫曰：……】〔一〕□，不强與棄妻変奸〔二〕，未餘（蝕）。當陽論耐【得之爲】一七一隸臣〔三〕。得之气（乞）鞠（鞫），廷覆之〔四〕，以得之不審，毄（繫）得之城旦〔五〕【……。】一七二

●覆視其獄：変告：爲得之妻而棄。晦逢得之，得之捽偃変，欲與変奸。変弗聽，有（又）毆変。●変【言如告。】〔六〕一七三得之曰：捽揠（偃）変，欲與奸。它如変。●其鞠（鞫）曰：得之强與人奸，未餘（蝕）。審。丞□嚾論耐得之爲隸臣。一七四

●元年四月〔七〕，得之气（乞）鞫曰：和與変卧，不奸。●廷史賜等覆之〔八〕：●変曰：得之庰（屛）、欲與変奸〔九〕。変弗聽，捽搒毆変〔一〇〕。它如故獄。一七五

●得之攺（改）曰：欲强與変奸，未餘（蝕）。它如変。●其鞫曰：得之毆庰（屛）変，欲强與奸，未餘（蝕）。气（乞）鞫不審。審。一七六

●廷報之：毄（繫）得之城旦六歲。●今訊得之，得之曰：逢変，和與奸〔一一〕。未巳（已），聞人聲。即起，和與偕之変里門宿。得之【□】一七七弗能與奸。它如气（乞）鞫書。●変曰：晦逢得之，得之欲與変奸。□〔一二〕変弗聽，即捽倍（踣）庰（屛）変〔一三〕，欲强與変奸。変與務〔一四〕，一七八毆搒変。変恐，即逯（𧩂）謂得之〔一五〕：廼（迺）之変里門宿〔一六〕。到里門宿，【逢顛，弗能】與変奸〔一七〕，即去。它如故獄。一七九

顛曰：見得之牽変，変謂顛：救吾！得之言曰：我有妻（？）勢（？傲）悍（？）須〖治（笞）〗者殹（也）〔一八〕。顛弗救，去。不智（知）它。一八〇

睢曰：変言：逢得之，得之欲與変奸。変弗聽，即毆【……】一八一【……。】不智（知）它。一八二

●得之攺（改）曰：逢変，欲與奸。変不肎（肯）〔一九〕，得之即捽庰（屛）変，揭帬（裙）欲强與奸。変與得之務，未餘（蝕）奸，変謂得之：廼（迺）之変里門【宿。】一八三得之與偕，欲與奸。変不肎（肯），有（又）毆之。它如変。●詰得之：得之强與変奸，未餘（蝕），可（何）故而气（乞）鞫？得之曰：幸吏不得得之請（情）〔二〇〕。【□】一八四气（乞）鞫，气（乞）鞫爲不審。辠（罪）殹（也）。

●問（？）【……】气（乞）鞫〔二一〕。它如辤（辭）。一八五

●鞫之：得之气（乞）鞫不審。審。●謂當陽嗇夫〔二二〕：當陽隸臣得之气（乞）鞫曰：□□，不强與棄婦変奸，未餘（蝕），當陽論耐；得一八六之气（乞）鞫，廷有（又）論毄（繫）城旦，皆不當。●覆之：得之去毄（繫）亡，巳（已）論毄（繫）十二歲〔二三〕，而來气（乞）鞫，气（乞）鞫不如辤（辭）〔二四〕。以毄（繫）子縣。其毄（繫）得之城一八七旦六歲〔二五〕，備前十二歲毄（繫）日〔二六〕。一八八

文書/程序層次	釋文	譯文
乞鞫書	【……當陽隸臣得之气（乞）鞫曰：】〔一〕 「【……】□，不强與棄妻妾奸〔二〕，未飽（蝕）。當陽論耐【得之爲】171 隸臣〔三〕。得之气（乞）鞠（鞫），廷覆之〔四〕，以得之不審，毄（繫）得之城旦〔五〕【……。】」172	【……當陽縣隸臣得之請求（重新）審理説：】 「【……】□，沒有『（想要）强奸棄妻妾（而）未能得逞』。當陽縣判處【我】以耐刑，並【貶爲】171 隸臣。我請求（重新）審理，廷尉查核了本案，認爲我（請求審理）不實，將我與城旦拘禁【……。】」172
附件 / 郡覆 / 叙述	●覆視其獄：	●查核其原案：
附件 / 郡覆 / 原審 / 初審 / 控告	妾告： 「爲得之妻而棄。晦逢得之，得之捽偃妾，欲與妾奸。妾弗聽，有（又）毆妾。」	妾控告（如下）： 「（原）爲得之妻，（後）被遺棄。日暮碰上得之，他揪住按倒了我，想要跟我通奸。我不從，他還毆打我。」
附件 / 郡覆 / 原審 / 初審 / 供述（妾）	●妾【言如告。】〔六〕173	●妾【所説如同控告。】173
附件 / 郡覆 / 原審 / 初審 / 供述（得之）	得之曰： 「捽搵（偃）妾，欲與奸。」 它如妾。	得之説： 「（我）揪住按倒了妾，想跟她相奸。」 其他如同妾所述。
附件 / 郡覆 / 原審 / 初審 / 審理	●其鞠（鞫）曰： 「得之强與人奸，未飽（蝕）。」 審。	●其審理（結果）如下： 「得之强奸人，未能得逞。」 （以上）確鑿無疑。
附件 / 郡覆 / 原審 / 初審 / 判決	丞嚾論耐得之爲隸臣。174	縣丞嚾判處得之耐刑，並（將他）貶爲隸臣。174
附件 / 郡覆 / 原審 / 乞鞫書	●元年四月〔七〕，得之气（乞）鞫曰： 「和與妾卧，不奸。」	●（秦王政）元年（公元前二四六年）四月得之請求（重新）審理如下： 「我跟妾雙方自願躺著休息，沒有相奸。」

續表

文書/程序層次				釋文	譯文
附件	郡覆	原審	第一覆審 叙述	●廷史賜等覆之〔八〕：	●廷史賜等查核該案：
			供述（妻）	●妻曰：「得之庳（屏）、欲與妻奸〔九〕。妻弗聽，捽搒毆妻〔一〇〕。」它如故獄。175	●妻說：「得之按倒我，想要跟我相奸。我不從，他揪住、撞擊並毆打我。」其他如同原案。175
			供述（得之）	●得之攺（改）曰：「欲强與妻奸，未鉓（蝕）。」它如妻。	●得之改口說：「（我）想强奸妻，未能得逞。」其他如同妻所述。
			審理	●其鞫曰：「得之毆庳（屏）妻，欲强與奸，未鉓（蝕）。气（乞）鞫不審。」審。176	●其審理（結果）如下：「得之毆打按倒妻，想要强奸她，未能得逞。請求（重新）審理不實。」（以上）確鑿無疑。176
			廷報	●廷報之：「毄（繫）得之城旦六歲。」	●廷尉批覆如下：「將得之與城旦拘禁六歲。」
		本審	供述（得之）	●今訊得之，得之曰：「逢妻，和與奸〔一一〕。未巳（已），聞人聲。即起，和與偕之妻里門宿。得之【□】177弗能與奸。」它如气（乞）鞫書。	●現在審訊得之，他說：「碰上妻，跟他自願通奸。還没完畢，聽到人聲。就起來了，雙方自願一起去她里門裏的住宿處。得之【□】177没能跟她通奸。」其他如同請求（重新）審理的文書。
			供述（妻）	●妻曰：「晦逢得之，得之欲與妻奸。□〔一二〕妻弗聽，即捽倍（踣）庳（屏）妻〔一三〕，欲强與妻奸。妻與務〔一四〕，178毆搒妻。妻恐，即逯（詠）謂得之〔一五〕：	●妻說：「日暮碰上得之，得之想要跟我相奸。□我不從，（他）就揪住並按倒我，想要强奸我。我使勁反抗，178他毆打、撞擊我。我害怕了，就假裝對他說：

續表

文書/程序層次	釋文	譯文
附件 · 郡覆 · 本審 · 供述（㚤）	『迺（遒）之㚤里門宿〔一六〕。』	「一起去我里門裏的住宿處。」
	到里[門][宿]，【逢顛，弗能】與㚤奸〔一七〕，即去。」	到了里門裏的住宿處，【碰上顛，（得之）沒能】跟我相奸，就走了。」
	它如故獄。179	其他如同原案。179
供述（顛）	顛曰：	顛說：
	「見得之牽㚤，㚤謂顛：	「（我）看見得之拉着㚤，㚤對我說：
	『救吾！』	『救我！』
	得之言曰：	得之解釋說：
	『我有妻（？）勢（？傲）[悍]（？）須〖治（笞）〗者毆（也）〔一八〕。』	『我有妻强悍需要教訓一頓。』
	顛弗救，去。」	我没救㚤，走了。」
	不智（知）它。180	不知道其他（情況）。180
供述（雎）	雎曰：	雎說：
	「㚤言：	「㚤告訴我：
	『逢得之，得之欲與㚤奸。㚤弗聽，即毆【……】181【……。】』」	『（她）碰上得之，得之想要跟她相奸。她不從，（得之）就毆打【……】181【……。】』」
	不智（知）它。182	不知道其他（情況）。182
供述（得之）	●得之攺（改）曰：	●得之改口說：
	「逢㚤，欲與奸。㚤不肎（肯）〔一九〕，得之即捽庰（屏）㚤，搗帬（裙）欲强與奸。㚤與得之務，未飭（蝕）奸，㚤謂得之：	「碰上㚤，想跟她相奸。㚤不願意，我就揪住按倒她，掀起下裳，想强奸她。㚤使勁反抗，（我）還沒能得逞迫奸（她），她跟我說：
	『迺（遒）之㚤里[門]【宿。】』183	『一起去我里門裏【的住宿處。】』183
	得之與偕，欲與奸。㚤不肎（肯），有（又）毆之。」	我跟她一起去了，想跟她相奸。她不願意，我還毆打了她。」
	它如㚤。	其他如同㚤所述。

續表

文書/程序層次				釋文	譯文
附件	郡覆	本審	詰問	●詰得之：「得之强與妻奸，未餂（蝕），可（何）故而气（乞）鞫？」	●詰問得之（如下）：「你强奸妻，未能得逞，爲甚麽還請求（重新）審理？」
			供述（得之）	得之曰：「幸吏不得得之請（情）〔二〇〕。【□】184气（乞）鞫，气（乞）鞫爲不審。辠（罪）殹（也）。」	得之說：「我心懷僥倖希望官方不能識破真情。【□】184請求（重新）審理，請求不實。我認罪。」
			查詢	●問（？）：「【……】气（乞）鞫〔二一〕。」它如辤（辭）。185	●查詢（結果如下）：「【……】請求（重新）審理。」其他如同被告人供述。185
			審理	●鞫之：「得之气（乞）鞫不審。」審。	●審理（結果）如下：「得之請求（重新）審理不實。」（以上）確鑿無疑。
郡報	郡報開頭詞			●謂當陽嗇夫〔二二〕：	●指示當陽嗇夫：
	乞鞫書摘要			當陽隸臣得之气（乞）鞫曰：「□□，不强與棄婦妾奸，未餂（蝕），當陽論耐；得186之气（乞）鞫，廷有（又）論毄（繫）城旦，皆不當。」	當陽縣的隸臣得之請求（重新）審理說：「□□，沒有『（想要）强奸棄妻妾（而）未能得逞』，當陽縣判處耐刑；得186之請求（重新）審理，廷尉又判處與城旦拘禁，都不當。」
	郡覆摘要			●覆之：「得之去毄（繫）亡，已（已）論毄（繫）十二歲〔二三〕，而來气（乞）鞫，气（乞）鞫不如辤（辭）〔二四〕。」	●查核本案：「得之逃脱拘禁亡命，已經判處拘禁十二年，（他）還來請求（重新）審理，請求審理的實際情況與本人所說不符。」
	主文			以毄（繫）子縣。其毄（繫）得之城187旦六歲〔二五〕，備前十二歲毄（繫）日〔二六〕。188	以此得之拘押在貴縣。你們將得之與城187旦拘禁六年，並（另還讓他）完成前（所判）十二年的拘禁日數。188

注釋：

〔一〕「當陽隸臣得之气（乞）鞫曰」九字據簡186郡下達當陽縣的下行文書擬補。

〔二〕棄妻，休妻。《法律答問》簡169：「『棄妻不書，貲二甲。』其棄妻亦當論不當？貲二甲。」《二年律令》簡380：「棄妻子不得與後妻子争後。」

奸，夫婦關係以外的性行爲。强奸，以暴力迫奸婦女。《二年律令》簡193：「强與人奸者，府（腐）以爲宮隸臣。」

⿱交女，秦印常見字，用爲人名，也見於《奏讞書》簡210，後絶傳。字形結構似從交、從于，或爲「尪」字異體，仍待後考。一説：本字「交」形已見甲骨，實爲「黄」形，即尪字本字，在此作尪字義符。

〔三〕當陽，秦縣名，見《漢書·地理志》，屬南郡，治今湖北荆門市西南。

耐爲隸臣，又稱「耐以爲隸臣」、「耐隸臣」，秦及漢初律特有的複合刑之一，即科以耐（參看《癸、瑣相移謀購案》注〔四四〕）並將身份貶爲隸臣（參看《芮盗賣公列地案》注〔七〕）。

〔四〕廷，廷尉，秦漢中央政府九卿之一，職掌天下刑獄。《二年律令》簡116－117：「气（乞）鞫者各辭在所縣道，縣道官令、長、丞謹聽，書其气（乞）鞫，上獄屬所二千石官，二千石官令都吏覆之。都吏所覆治，廷及郡各移旁近郡，御史、丞相所覆治移廷。」據此條律文可知，廷尉、御史、丞相都有派「都吏覆治」乞鞫案件的情況。本案被告人得之一共提出兩次乞鞫，第一次乞鞫由廷尉所派「廷史賜」（簡175）覆審，第二次則應按照上引律文由「旁近郡」派遣都吏「覆治」。

〔五〕繫城旦，秦及漢初有期徒刑，與城旦一起拘禁並從事勞役，當作閏刑使用。《法律答問》簡109：「葆子獄未斷而誣告人，其辠（罪）當刑爲隸臣，勿刑，行其耐，有（又）毄（繫）城旦六歲。」《二年律令》簡090－091：「有罪當耐，其灋（法）不名耐者，庶人以上耐爲司寇，司寇耐爲隸臣妾。隸臣妾及收人有耐罪，毄（繫）城旦舂六歲。毄（繫）日未備而復有耐罪，完爲城旦舂。」

〔六〕簡尾「⿱交女」字，據簡183背面反印文補釋；「●」與「言如告」，據體例與文意擬補。

〔七〕元年四月，疑爲秦王政元年四月。

〔八〕廷史，廷尉屬吏，即廷尉史，多承擔在外地「覆獄」等業務。《漢書·刑法志》「今遣廷史與郡鞫獄，任輕禄薄，其爲置廷平，秩六百石，員四人」，顔師古注引如淳曰：「廷史，廷尉史也。」嶽麓秦簡（伍）簡261：「●令曰：叚（假）廷史、廷史、卒史覆獄乘傳（使）馬，及乘馬有物故不備，若益驂駟者（簡文中似有脱文）。」

〔九〕庰，音溪（xī），倒地、使之倒地。《玉篇·广部》：「庰，倒地。」《三十四年質日》簡58：「癸巳，廷史行=（行行）南。」《封診式》簡84：「甲與丙相捽，丙僨庰甲。」《古文字譜系疏證·元部》：「秦簡庰，讀庰，倒地。僨，捽倒。僨、庰同義連用。」

〔一〇〕搒毆，後文簡179又稱「毆搒」，疑爲毆打義。《廣雅·釋詁》：「搒，擊也。」王念孫《廣雅疏證》：「搒者，《後漢書·陳寵傳》注引《聲類》：『搒，笞也。』《史記·李斯傳》：『搒掠千餘。』」按，古書中搒字表示笞打，恐與本簡簡文不合。

〔一一〕和奸，與强奸相對，通奸。《唐律·雜律·和姦無婦女罪名條》「諸和姦，本條無婦女罪名者，與男子同」，長孫無忌等《疏議》：「和姦，謂彼此和同者。」通奸又可以配偶之有無分爲兩類，現存秦及漢初律僅傳女方有配偶的加重通奸罪。《二年律令》簡192：「諸與人妻奸，及其所與，皆完爲城旦舂。其吏也，以强奸論之。」《奏讞書》簡182稱「奸者，耐爲隸臣妾」，似係有關普通通奸罪律條的摘録，量刑「耐爲隸臣妾」也正好與後續《田與市和奸案》的記載吻合（參看《田與市和奸案》注〔二一〕）。

〔一二〕「奸」字與「妾」字之間有大約容納兩字的空白，「妾」右上角筆畫有缺口，似係刮削痕迹。從此可以推測，「妾」字上頭的空白處原有字，因有誤抄等原因，在抄寫結束之後被刮削。

〔一三〕踣，向前仆倒。《説文·足部》「踣，僵也」，段玉裁注：「踣與仆音義皆同。」本案前後稱「捽偃」（簡173、174）、「捽庰（屏）」（簡183）、「捽倍（踣）庰（屏）」（簡178）等，詞義大致相同。

〔一四〕務，從文意判斷，搏鬥、使勁反抗。《説文·女部》「婺，不繇也」，段玉裁注：「繇者，隨從也；不繇者，不隨從也。」似與本文「務」字有關。

〔一五〕諑，字書與「謯」互訓，但二者均不見古書，字義原未詳。據簡文可知，諑字有假裝、欺騙等義；「謯」古音與「詐」相近，即可讀爲「詐」。《説文·言部》「謯，謯娽也」，段玉裁注：「按許書有娽無諑。故仍之。其義則未聞。」《玉篇·言部》、《廣韻·燭韻》：「諑，謯也。」《廣雅·釋言》：「謯，諑也。」

〔一六〕逎（遒），疑爲「偕」義。按，本簡「逎（遒）之妾里門宿」一句與前文簡177「和與偕之妾里門宿」相應，「逎（遒）」與「偕」修飾動詞「之」，詞義應相近；《甘露二年御史書》（肩水金關漢簡73EJT1:1）「始元二年中，主女孫爲河間王后，與捐之酒（偕）之國」，「酒（偕）」字與本簡「逎（遒）」聲符相同，文意又相似，應爲同詞，二者訓爲「偕」最爲通順。

〔一七〕簡179據文意和前後簡揭取位置、背面反印文的分佈情況遥綴而成，參看簡序驗證資料《第二類卷册結構表》。殘缺簡文據簡180與178擬補。

〔一八〕傲悍，傲慢兇悍、强悍不馴。《爲吏之道》簡05叁：「敖（傲）悍冤暴。」《奏讞書》簡181：「敖（傲）悍，完爲城旦舂，鐵纇其足，輸巴縣鹽。」「須」與「者」之間疑脱「治（笞）」字。妻悍而夫笞之，見於《法律答問》簡079：「妻悍，夫毆治之，夬（決）其耳，若折支（肢）指、胅體（體），問夫可（何）論。當耐。」《二年律令》簡032：「妻悍而夫毆（毆）笞之，非以兵刃也，雖傷之，毋（無）罪。」

〔一九〕肎，讀爲肯，應允、同意。《玉篇·肉部》：「肎，可也。今作肯。」《莊子·養生主》「技經肯綮之未嘗，而況大軱乎」，陸德明《釋文》：「肯，《説文》作肎，《字林》同。」《封診式》簡93：「莫肎（肯）與丙共桮（杯）器。」

〔二〇〕情，實情、真情，參看《魏盜殺安、宜等案》注〔二一〕。得情，察得真情。《封診式》簡01：「能以書從（蹤）迹其言，毋治（笞）諒（掠）而得人請（情）爲上。」「情」下一字殘缺，不能排除屬下讀的可能性。《奏讞書》簡145：「實須駐來別籍，以偕捕之。請（情）也。毋它解。」

〔二一〕簡185據文意和前後簡揭取位置、背面反印文的分佈情況遥綴而成，參看簡序驗證資料《第二類卷册結構表》。

〔二二〕謂，文書術語，上級對下級機關的指令。里耶秦簡8－0293＋8－0061正＋8－2012正：「六月丙午，洞庭守禮謂遷陵嗇夫：濾署遷陵。亟論言夬（決）。署中曹發。它如律令。」《奏讞書》簡121－122：「二年十月癸酉朔戊寅，廷尉兼謂汧嗇夫：雍城旦講气（乞）鞫曰：故樂人，居汧畦中。不盜牛。雍以講爲盜，論黥爲城旦，不當。覆之，講不盜牛。講毄（繫）子縣，其除講以爲隱官，令自常（尚）。」

嗇夫，縣嗇夫，即縣令或縣長。

〔一三〕隸臣妾逃亡，逃亡期間滿一年以上，處以繫城旦舂六歲；得之第一次乞鞫不審，「强奸未蝕」罪應該加一等，隸臣妾使用閏刑，處以繫城旦舂六歲，加起來繫城旦舂十二歲。《二年律令》簡165：「隸臣妾、收人亡，盈卒歲，毄（繫）城旦舂六歲；不盈卒歲，毄（繫）三歲。」乞鞫不審加罪一等見同上簡114（參看《譊、妘刑殺人等案》注〔一〇〕），隸臣妾使用閏刑「繫城旦舂」見同上簡090－091（看前注〔五〕）。

〔一四〕不如辭，陳述内容與實際不合。《秦律雜抄》簡35：「冗募歸，辭曰日已備，致未來，不如辭，貲日四月居邊。」乞鞫不如辭，與《二年律令》簡114（見《譊、妘刑殺人等案》注〔一〇〕）所謂「乞鞫不審」無異。

〔一五〕繫得之城旦六歲，針對得之第二次乞鞫不審的量刑。

〔一六〕前十二歲繫日，針對逃亡罪與第一次乞鞫不審的量刑，參看注〔一三〕。

一二　田與市和奸案

【……重】泉隸臣田負斧質气（乞）鞫曰[一]：故[二]【……。】一八九【●覆視其獄[三]：……。】缺一三

●今訊田，田曰：市，田姑姊子[四]，雖與和奸[五]，與叚（假）子□[六]【……】一九〇不奸。毋智捕田，田仁（認）奸，其實未奸。辤（辭）丞詔謁更治[七]，詔不許。它如气（乞）鞫書。一九一

●毋智曰：獄史相□[八]……捕（?）□□□□□告（?）□□見（?）任（?）智（?），自（?）内（?）□候（?），且田來，與市卧，上□上，即（?）一九二捕詣田、市，服仁（認）奸。未論，市弟大夫驩、親走馬路後請貨毋智錢四千[九]，曰：更言吏不捕田、市校上[一〇]。毋智【□】一九三受錢，恐吏智（知），不敢自言。環（還）錢。它如故獄。●相曰：主治瓣（辨）市[一一]。聞田數從市奸毄（繫）所，令毋智捕。弗治（笞）諒（掠）[一二]，田、市仁（認）一九四奸。它如毋智。●驩、路曰：市令驩、路貨毋智。以告田，田曰：剸（專）爲之[一三]。它如毋智。一九五

【●】田妻曰：□市□……【……。它如】一九六田。市言如毋智。一九七

●田曰：毋智不捕田校上。捕田時，田不奸。驩、路以市言，告田貨毋智錢。田幸除毋（無）辠（罪），即弗止。不智（知）市、毋智一九八云故。它如驩、路及前。●爨等言如故獄。

●詔曰：論坐田，田謁更治。詔謂：巳（已）服仁（認）奸，今獄夬（決）乃曰不奸。田嘗□一九九毋智[一四]，令轉請（情）[一五]，且有（又）爲（?）辠（罪）。田即受令（命）[一六]。它如爨等。●以言不同，詣訊。言各如前。二〇〇

詰相：令毋智捕田、市，可（何）解？相曰：怒田、市奸官府。毋（無）它解。二〇一

●詰田：夏陽吏不治（笞）諒（掠）[一七]，田、市仁（認）奸。今覆吏訊市，市言如故獄。田云未奸，可（何）解？田曰：未奸，而毋（無）以解市言。二〇二

【●詰毋智/市：……。毋智/市曰：……。毋（無）它解。】缺一四

●問：驩、路以赦（赦）前貨毋智，以後遝[一八]。它如辤（辭）。二〇三

●鞫之：田與市和奸，毋智捕校上。田雖不服，而毋（無）以解驩、路、毋智、市言。田負斧質气（乞）鞫不審。遝己巳赦（赦）。二〇四它爲後發覺。皆審。●謂魏（魏）嗇夫[一九]：重泉隸臣田負斧質气（乞）鞫曰[二〇]：不與女子市奸，夏陽論耐田爲隸二〇五臣，不當。●覆之：市仁（認）與田和奸，隸臣毋智捕校上。田不服，而毋（無）以解市、毋智言。其气（乞）鞫不審。田毄（繫）子縣。二〇六當毄（繫）城旦十二歲[二一]，遝己巳赦（赦）。其赦（赦）除田，復爲隸臣。騰（?）書重泉、夏陽[二二]。二〇七

文書/程序層次			釋文	譯文
乞鞫書			【……重】泉隸臣田負斧質气（乞）鞫曰〔一〕：「故〔二〕【……。】」189	【……重】泉隸臣田背着斧頭和椹墊，請求（重新）審理說：「原來【……。】」189
附件	郡覆	原審	【●覆視其獄〔三〕：】「【……。】」缺13	【●查核其原案：】「【……。】」缺13
		本審：供述（田）	●今訊田，田曰：「市，田姑姊子〔四〕，雖與和奸〔五〕，與叚（假）子□〔六〕【……】190不奸。毋智捕田，田仁（認）奸，其實未奸。辤（辭）丞袑謁更治〔七〕，袑不許。」它如气（乞）鞫書。191	●現在訊問田，田說：「市是我大姑的孩子，即使（我）跟她雙方自願通奸，跟養子□【……】190不通奸。毋智抓捕我（時），我（雖然）承認通奸，（但）其實沒有通奸。我向丞袑申訴，請求重新審判，袑没准許。」其他如同請求重審的文書。191
		本審：供述（毋智）	●毋智曰：「獄史相□〔八〕……捕（？）□□□□□□告（？）□□見（？）任（？）智（？），自（？）內（？）□候（？），旦田來，與市卧，上□上，即（？）192捕詣田、市，服仁（認）奸。未論，市弟大夫驩、親走馬路後請貨毋智錢四千〔九〕，曰：『更言吏不捕田、市校上〔一〇〕。』毋智【□】193受錢，恐吏智（知），不敢自言。環（還）錢。」它如故獄。	●毋智說：「獄史相□（命令？）……捕□□□□□□告□□親眼認出（？），從內□候，天明田來了，跟市躺下，上□上，就192把田和市捕獲並押送到官府，（田和市）承認通奸。還没判罪，市的弟弟大夫驩、親戚走馬路事後送我錢四千，並請求我說：『你對官方改口說（你並）不是在現場捕獲田和市的。』我【□】193收下了錢，（但）怕官方察覺，没敢提出。（最後）還了錢。」其他如同原案。
		本審：供述（相）	●相曰：「主治瓣（辨）市〔一一〕。聞田數從市奸毄（繫）所，令毋智捕。弗治（笞）諒（掠）〔一二〕，田、市仁（認）194奸。」它如毋智。	●相說：「我是負責監管市的。聽說田多次跟市一起在關押處通奸，命令毋智緝捕（他們）。未曾拷打，田和市承認了194通奸（的事實）。」其他如同毋智所述。

續表

文書/程序層次	釋文	譯文
附件 郡覆 本審 供述（驩、路）	●驩、路曰：「市令驩、路貨毋智。以告田，田曰：『剸（專）爲之〔一三〕。』」它如毋智。195	●驩、路說：「市讓我們賄賂毋智。（我們）把此事告訴田，田說：『你們全權負責去辦吧。』」其他如同毋智所述。195
供述（田妻）	【●】田妻曰：「□市□……【……。】」【它如】196田。	【●】田的妻子說：「□市□……【……。】」【其他如同】196田所述。
供述（市）	市言如毋智。197	市所說如同毋智所述。197
供述（田）	●田曰：「毋智不捕田校上。捕田時，田不奸。驩、路以市言，告田貨毋智錢。田幸除毋（無）辠（罪），即弗止。不智（知）市、毋智198云故。」它如驩、路及前。	●田說：「毋智不是在現場捕獲我的。抓捕時，我沒有通奸。驩和路因爲市有言語吩咐，告訴我他們要送毋智錢。我希望幸免不被定罪，就沒阻止他們。不知道市和毋智198（如此）說的原因。」其他如同驩、路和（田自己）以前所述。
供述（爨等）	●爨等言如故獄。	●爨等所說如同原案。
供述（昭）	●昭曰：「論坐田，田謁更治。昭謂：『已（已）服仁（認）奸，今獄夬（決）乃曰不奸。田嘗□199毋智〔一四〕，令轉請（情）〔一五〕，且有（又）爲（？）辠（罪）。』田即受令（命）〔一六〕。」它如爨等。	●昭說：「（將要）判處田，田請求重新審判。我（對他）說：『（你）已經承認通奸，現在案子（就要）判決了，（你）纔說没通奸。你曾經□（賄賂？）了199毋智，企圖使他改變事實，（如果重新審理追究此點的話）你又將要獲罪。』田就服從了。」其他如同爨等所述。

續表

文書/程序層次				釋文	譯文
附件	郡覆	本審	審訊記録	●以言不同，詰訊。言各如前。200	●因爲大家所説各不相同，將其收監（重新）訊問。所説都如前。200
			詰問	詰相： 「令毋智捕田、市，可（何）解？」	詰問相（如下）： 「你命令毋智抓捕田和市，你怎麽解釋？」
			供述（相）	相曰： 「怒田、市奸官府。」 毋（無）它解。201	相説： 「我是氣他們在官府通奸。」 没有其他解釋。201
			詰問	●詰田： 「夏陽吏不治（笞）諒（掠）〔一七〕，田、市仁（認）奸。今覆吏訊市，市言如故獄。田云未奸，可（何）解？」	●詰問田（如下）： 「夏陽的獄吏未曾拷打，你和市承認了通奸。現在查核的官員審訊市，市所説如同原案。你説没有通奸，怎麽解釋？」
			供述（田）	田曰： 「未奸，而毋（無）以解市言。」202	田説： 「我没有通奸，但無法解釋市的話。」202
			詰問	【● 詰毋智/市：】 「【……。】」	【● 詰問毋智/市（如下）：】 「【……。】」
			供述（毋智/市）	【毋智/市曰：】 「【……。】」 【毋（無）它解。】缺14	【毋智/市説：】 「【……。】」 【没有其他解釋。】缺14
			查詢	●問： 「驩、路以赦（赦）前貨毋智，以後遝〔一八〕。」 它如辤（辭）。203	●查詢（結果如下）： 「驩和路在赦前賄賂了毋智，在赦後被傳唤/通緝。」 其他如同被告人供述。203

續表

文書/程序層次			釋文	譯文
附件	郡覆本審	審理	●鞫之：「田與市和奸，毋智捕校上。田雖不服，而毋（無）以解驩、路、毋智、市言。田負斧質气（乞）鞫不審。遝己巳赦（赦）。204它爲後發覺。」	●審理（結果）如下：「田和市雙方自願通奸，毋智在現場捕獲。田雖然不服，但是無法解釋驩、路、毋智、市的供述。田背着斧頭和椹墊請求（重新）審理，不符合實際情況。趕上己巳赦令。204其他的是在赦後敗露的。」
			皆審。	（以上）都確鑿無疑。
郡報	郡報開頭詞		●謂魏（魏）嗇夫〔一九〕：	●指示魏嗇夫：
	乞鞫書摘要		重泉隸臣田負斧質气（乞）鞫曰〔二〇〕： 「不與女子市奸，夏陽論耐田爲隸205臣，不當。」	重泉縣的隸臣田背着斧頭和椹墊，請求（重新）審理說： 「（我）沒跟女子市通奸，夏陽縣判處我以耐刑，並貶爲隸205臣，（判決）不妥。」
	郡覆摘要		●覆之： 「市仁（認）與田和奸，隸臣毋智捕校上。田不服，而毋（無）以解市、毋智言。其气（乞）鞫不審。」	●查核本案（如下）： 「市承認自願跟田通奸，隸臣毋智在現場捕獲。田（雖然）不服，但是無法解釋市和毋智的供述。他請求（重新）審理不實。」
	主文		田毄（繫）子縣。206當毄（繫）城旦十二歲〔二一〕，遝己巳赦（赦）。其赦（赦）除田，復爲隸臣。	田拘押在貴縣。206應跟城旦拘禁十二年，趕上己巳赦令。你們赦免田的罪，（使他）返回爲隸臣。
	附記		騰（？）書重泉、夏陽〔二二〕。207	把（本）文書傳送到重泉縣和夏陽縣。207

注釋：

〔一〕斧質，又作斧鑕，斧子與椹板，古代刑具。《漢書·項籍傳》「孰與身伏斧質」，顔師古注：「質，謂鍖也。古者斬人，加於鍖上而斫之也。」

〔二〕簡189左半殘缺，「故」字僅存「攴」旁，據文意補釋。《奏讞書》簡099：「四月丙辰，黥城旦講气（乞）鞫曰：故樂人。」

〔三〕墨圈和「覆視其獄」四字，從《得之强與棄妻奸案》類推而擬補。《奏讞書》簡099作「覆視其故獄。」

〔四〕姑姊，父親之姐姐，即大姑。《左傳》襄公十二年孔疏：「《釋親》云：『父之姊妹曰姑。』樊光曰：『《春秋傳》云「姑姊妹」，然則古人謂姑爲姑姊妹。蓋父之姊爲姑姊，父之妹爲姑妹。』《列女傳》：『梁有節姑妹，入火而救兄子。』是謂父妹爲姑妹也。後人從省，故單稱爲姑也。古人稱祖父，近世單稱祖，亦此類也。」姑姊子，大姑的孩子，即姑表姐妹。

〔五〕雖，連詞，縱使、即使。《詩·召南·行露》：「雖速我訟，亦不女從。」《列子·湯問》：「雖我之死，有子存焉。」按，本案覆審中，田始終否認與市和奸的事實，可知此處「雖」字表示假設關係。

〔六〕假子，義子、養子。《三國志·魏書·何晏傳》裴松之注引晉魚豢《魏略》：「太祖爲司空時，納晏母，並收養晏，…（中略）…文帝特憎之，每不呼其姓字，嘗謂之爲假子。」《法律答問》簡019：「『父盜子，不爲盜。』·今叚（假）父盜叚（假）子，可（何）論？當爲盜。」

「子」下一字疑爲「奸」。前文既稱市爲田之姑表姐妹，此處又云即使與其通奸，疑田在此所要表達的意思是，田家收養市，準備辦表親婚，或已成表親婚，即使與其和奸，也不構成通奸罪。

〔七〕辭，申訴、控訴，參看《癸、瑣相移謀購案》注〔三八〕。

治，治獄、審案。《編年記》簡19貳：「十二年，四月癸丑，喜治獄鄢。」《法律答問》簡106：「可（何）謂『家罪』？『家罪』者，父殺傷人及奴妾，父死而告之，勿治。」《二年律令》簡113：「治獄者，各以其告劾治之。」更治，重新審理。里耶秦簡8－1832＋8－1418、8－1133：「令曰：諸有吏治已決而更治者，其罪節（即）重若益輕，吏前治者皆當以縱、不直論。」

〔八〕據殘留筆畫和文意推測，「相」下一字疑爲「令」。

〔九〕親，親屬。《法律答問》簡125：「將司人而亡，能自捕及親、所智（知）爲捕，除毋（無）罪。」《二年律令》簡160：「奴婢亡，自歸主，主親、所智（知），及主、主父母、子若同居求自得之，其當論畀主，而欲勿詣吏論者，皆許之。」

走馬，秦爵名，參看《尸等捕盜疑購案》注〔三〕。

貨，賄賂、買通。《左傳》僖公三十年：「晉侯使醫衍酖衛侯，甯俞貨醫，使薄其酖，不死。」

〔一〇〕捕校上，在現場捕獲。《奏讞書》簡182－183：「（律曰：）捕奸者必案之校上。」同上簡193－194：「有（又）曰：夫爲吏居官，妻居家，日與它男子奸，吏捕之弗得校上，何論？毄等曰：不當論。」

〔一一〕治辨，治理事務。《史記·酷吏列傳》：「居官數年，一切郡中爲小治辨，然獨宣以小致大，能因力行之，難以爲經。」在此應指監管隸臣妾等。

〔一二〕笞掠，拷打、鞭打拷問。《封診式》簡03－04：「詰之極而數訑，更言不服，其律當治（笞）諒（掠）者，乃治（笞）諒（掠）【之】。」《奏讞書》簡120：「吏笞諒（掠）毛，毛不能支疾痛而誣指講。」

〔一三〕專，主持、總攬。《禮記·檀弓下》「我喪也斯沾，爾專之，賓爲賓焉，主爲主焉」，鄭玄注：「專，猶司也。」《漢書·彭越傳》「乃拜越爲魏相國，擅將兵，略定梁地」，顏師古注：「擅，專也，使專爲此事。」驩與路的供述似有推卸責任之意，「令」與「專」分別表示市與田委託他們；後文簡198田的供述稱「弗止」，正好相反將責任推給驩等。

〔一四〕「訾」字中下方粘有一小簡片，覆蓋「訾」字旨旁。其來源未詳。簡199紅外綫圖版簡尾殘缺，缺口上面仍能看到隱隱約約的墨迹，似「亻」形頭部，或爲「貨」字殘筆。

〔一五〕轉情，不見古書，疑即「轉辭變情」。《楚辭・橘頌》「萬變其情，豈可蓋兮，孰虛僞之可長」，注云：「蓋，覆也。言讒人長於巧詐，情意萬變，轉易其辭，前後反覆，如明君察之，則知其態也。」此處「轉情」應指簡193所謂「更言吏不捕田、市校上」，即「轉易其辭」而改變犯罪事實。

〔一六〕受命，聽命、從命，在此指田接受詔的判決。《吕氏春秋・别類》：「匠人無辭而對，受令而爲之。」

〔一七〕夏陽，秦縣名，見《漢書・地理志》，屬内史，治今陝西韓城南。原爲魏國少梁地，入秦後改名夏陽。

〔一八〕以後，於赦後，與前文「以赦前」相對。

遝，本義爲「及」，參看《猩、敞知盗分贓案》注〔八〕。法律術語多爲他動詞，表示「使之及」，即召唤、通緝。《奏讞書》簡141：「遝䟽未來，未捕。」居延漢簡193.19＋58.17：「遝戍卒觻得安成里王福，字子文。敬以遝書捕得福，盗械。」或作「逮」。《三十四年質日》簡60：「戊戌，爽會逮江陵。」《奏讞書》簡151：「䟽來會建〔逮〕。」

〔一九〕魏，秦縣名，治今河北大名縣西南魏城。據《漢書・地理志》，漢高帝置魏郡，有魏縣，爲都尉治。據本簡簡文可知秦已有魏縣。又參看《魏盗殺安、宜等案》注〔二六〕。

〔二〇〕重泉，秦縣名，見《漢書・地理志》，屬内史，治今陝西蒲城縣南重泉村。前文魏縣爲拘管地，後文夏陽縣爲進行初審之地，重泉疑爲户籍所在地。另一種可能，重泉是「署所地」，即初審判耐爲隸臣之後所分配的服役地，魏則是逃亡後被逮捕並拘禁之地。

〔二一〕按，據《奏讞書》簡182記載（見《得之强與棄妻奸案》注〔一一〕），和奸罪處以耐爲隸臣妾，又據《二年律令》簡114規定（見《譊、妘刑殺人等案》注〔一〇〕），「乞鞫不審」加重一等，二者加起來僅判以耐爲隸臣妾並繫城旦六歲。因此，田的身份似在犯和奸時已爲隸臣。據《二年律令》簡090（見《得之强與棄妻奸案》注〔八〕），隸臣妾有耐罪，繫城旦春六歲，乞鞫不審又加一等，又繫城旦春六歲，加起來繫城旦十二歲。另一種可能，田先因和奸判耐爲隸臣，被分配到重泉服役；後來逃亡，在魏縣被逮捕拘禁，因而在魏縣乞鞫。若然，逃亡罪（盈卒歲）的法定刑爲「繫城旦春六歲」（《二年律令》簡165），與和奸罪和乞鞫不審罪加起來，即處以耐爲隸臣並繫城旦十二歲。

〔二二〕騰，傳送，文書中多指傳送文書。《説文・馬部》：「騰，傳也。」《儀禮・燕禮》「媵觚于賓」，鄭玄注：「今文媵皆作騰。」《封診式》簡07：「當騰，騰。皆爲報。」騰書，傳送文書。《後漢書・隗囂列傳》：「因數騰書隴蜀，告示禍福。」里耶秦簡8－0647：「已（已）騰書沅陵。」《奏讞書》簡123：「騰書雍。」傳送前或需抄寫，騰則實與抄送無異。

一三　善等去作所案

【……】去，之楊臺苑中除芝徒所〔一〕。聞士五（伍）善、公士定、公卒良□【……】二〇八【……】中去作所，數日復作。

●問：善、定、良、獾去作二〇九

文書/程序層次	釋　　文	譯　　文
供述（?）	【……】去，之楊臺苑中除芝徒所〔一〕。聞士五（伍）善、公士定、公卒良□【……】208	【……】離開，去楊臺苑中除芝卒徒的地方。獲悉士伍善、公士定、公卒良□【……】208
?		
供述（?）	【……】中去作所，數日復作。	【……】中離開了勞役所，（過了）幾天又從事勞動。
查詢	●問：	●查詢（結果如下）：
	善、定、良、獾去作209	善、定、良、獾離開勞役（所）209

注釋：

〔一〕楊臺苑，疑爲秦苑囿之一，即畜養禽獸供秦王、秦帝玩樂的園林之一，地望未詳。《吕氏春秋·重己》「昔先聖王之爲苑囿園池也」，高誘注：「畜禽獸所，大曰苑，小曰囿。」《史記·高祖本紀》：「諸故秦苑囿園池，皆令民得田之。」秦封泥有「楊臺苑印」，見於陳曉捷、周曉陸《新見秦封泥五十例考略——爲秦封泥發現十周年而作》（西安碑林博物館編《碑林集刊（十一）》，陝西人民美術出版社，二〇〇五年）序號〔十七〕。

第三類

一四　學爲僞書案

廿（二十）二年八月癸卯朔辛亥〔一〕，胡陽丞唐敢潚（讞）之〔二〕：四月乙丑〔三〕，丞矰曰〔四〕：君子子癸詣私二一〇書矰所〔五〕，自謂馮將軍毋擇子〔六〕，與舍人來田南陽〔七〕。毋擇【□□□叚（假）錢二】二一一萬及穜（種）食胡陽〔八〕，以田。發書〔九〕，書類僞。毄（繫）官〔一〇〕，有（又）撟（矯）爲私書〔一一〕，詣【□□□□。】二一二即獄治求請（情）〔一二〕。

●癸曰：馮將軍毋擇叚（?假）【子（?），母（?）】毋擇舍（捨）妻〔一三〕。毋擇令癸□〔一四〕二一三穜（種）食，以田。不爲僞書〔一五〕。□【……】二一四叚（假）子。它如矰。

●視癸私書，曰：五大夫馮毋擇敢多問胡陽丞主〔一六〕。聞南陽二一五地利田，令爲公産〔一七〕。臣老，癸與人出田，不齎錢、穜（種）〔一八〕。顒（願）丞主叚（假）錢二萬貣（貸）、二一六食支卒歲〔一九〕。稼孰（熟）倍賞（償）。勿環（還）〔二〇〕！環（還）之，毋擇不得爲丞主臣走〔二一〕。丞主與胡二一七陽公共憂毋擇〔二二〕，爲報。敢以聞。寄封廷史利〔二三〕。有（又）曰：馮將軍子臣癸二一八敢眛（昧）死謁胡陽公。丈人詔令癸出田南陽〔二四〕，因穜（種）食、錢貣（貸），以爲私『書』。癸田二一九新壄（野）〔二五〕，新壄（野）丞主幸叚（假）癸錢、食一歲。少吏莫敢訶癸〔二六〕。今胡【陽丞矰□□□】二二〇謂癸非馮將軍子。癸居秦中〔二七〕，名聞，以爲不□【……】二二一□。癸穜（種）姓雖賤，能權任人，有（又）能下人。顒（願）公詔少吏，勿令環（還）。

●令二二二□召舍人興來智（?知）【癸，癸攺（改）】曰〔二八〕：君子子，定名學，居新壄（野）。非五大夫馮將軍毋擇子二二三殹（?也）。學學史，有私印，章（?）曰（?）□〔二九〕。雅爲（?）馮將軍毋擇……食……〔三〇〕二二四害聲聞。學父秦居貲〔三一〕，吏治（笞）秦，以故數爲學怒〔三二〕，苦娸（恥）之。歸居室，心不二二五樂，即獨撟（矯）自以爲五大夫馮毋擇子，以名爲僞私書，問矰，欲貣（貸）錢二二六胡陽少內〔三三〕。以私印封，起室把詣于矰，幸其肎（肯）以威貣（貸）學錢，即盜以買二二七□衣被兵〔三四〕，去邦亡荊。矰發讀書，未許學，令人毄（繫）守學。學恐，欲去亡，二二八有（又）撟（矯）爲私書，自言胡陽固所〔三五〕，詑曰：學實馮毋擇子。新壄（野）丞主巳（已）二二九【……。它如……。詰】〔三六〕缺一五學：吏節（即）不智（知）學爲僞書，不許貣（貸）學錢，退去學，學即道胡陽二三〇行邦亡〔三七〕，且不?辤（辭）曰：吏節（即）不智（知）學爲僞『書』，不貣（貸）學錢，毋（無）以爲衣被二三一資用，去環（還）歸。有衣資用，乃行邦亡。

●問：學撟（矯）爵爲僞書。時馮二三二毋擇爵五大夫，將軍。學不從軍，年十五歲。它如辤（辭）。二三三

●鞫之：學撟（矯）自以『爲』五大夫將軍馮毋擇子，以名爲僞私書，詣矰，以欲二三四盜去邦亡。未得，得。審。毄（繫）。敢潚（讞）之。

●吏議：耐學隸臣。或『曰』〔三八〕：令贖耐〔三九〕。二三五

讞（讞）報：毋擇巳（已）爲卿〔四〇〕，貲某、某各一盾。
謹窮（窮）以灋（法）論之。二三六

待考殘簡

【……】□請□【……】二五三

文書/程序層次			釋文	譯文
縣級奏讞文書	奏讞開頭詞		廿（二十）二年八月癸卯朔辛亥〔一〕，胡陽丞唐敢讞（讞）之〔二〕：	（秦王政）二十二年（公元前二二五年）八月癸卯朔辛亥（九日），胡陽丞唐冒昧請示如下：
	揭發	矰書（檢舉）	四月乙丑〔三〕，丞矰曰〔四〕： 「君子子癸詣私210書矰所〔五〕，自謂馮將軍毋擇子〔六〕，與舍人來田南陽〔七〕。毋擇【□□□叚（假）錢二】211萬及橦（種）食胡陽〔八〕，以田。發書〔九〕，書類僞。毄（繫）官〔一〇〕，有（又）撟（矯）爲私書〔一一〕，詣【□□□□。】」212	四月乙丑（二十一日），丞矰說： 「君子子癸送來私人210書信，自己說他是馮毋擇將軍的兒子，跟舍人一起來到南陽種地。毋擇【□□□】從胡陽【借錢二】211萬以及穀種和糧食，用來種地。啓開文書，文書像是假的。（將癸）拘禁在官府裏，（他）又詐名寫了一封私人書信，（想要）送到【□□□□】。」212
	偵查	叙述	即獄治求請（情）〔一二〕。	於是立案審理，以求真情。
		供述（癸）	●癸曰： 「馮將軍毋擇叚（？假）【子（？），母（？）】毋擇舍（捨）妻〔一三〕。毋擇令癸□〔一四〕213橦（種）食，以田。不爲僞書〔一五〕。□【……】214叚（假）子。」 它如矰。	●癸說： 「我是馮毋擇將軍的養【子，母親】是毋擇的棄妻。毋擇命令我□（借？）213穀種和糧食，用來種地。我沒有僞造文書。□【……】214養子。」 其他如同矰所述。
		癸私書（詣矰所書）	●視癸私書，曰： 「五大夫馮毋擇敢多問胡陽丞主〔一六〕。聞南陽215地利田，令爲公產〔一七〕。臣老，癸與人出田，不齎錢、橦（種）〔一八〕。顧（願）丞主叚（假）錢二萬貣（貸）、216食支卒歲〔一九〕。稼孰（熟）倍賞（償）。勿環（還）〔二〇〕！環（還）之，毋擇不得爲丞主臣走〔二一〕。丞主與胡217陽公共憂毋擇〔二二〕，爲報。敢以聞。」 寄封廷史利〔二三〕。	●查閱癸的私人書信，（內容）如下： 「五大夫馮毋擇冒昧問候胡陽丞主。聽說南陽215土地很適合耕種，被指定爲公家產業。在下老了，癸跟人出行（將要）種地，沒帶錢和穀種。希望丞主貸二萬錢的款項216和足夠支撐一年的糧食。（待）莊稼長成（收穫），（將）加倍償還。別拒絕他！拒絕了他，我（就）不好爲丞主趨走服役了。丞主跟胡217陽公一起爲我操心，來信回報。冒昧奉告。」 委託廷史利封緘。

續表

文書/程序層次	縣級奏讞文書 — 偵查

癸私書（自言胡陽書）

釋文

有（又）曰：

「馮將軍子臣癸218敢眛（昧）死謁胡陽公。丈人詔令癸出田南陽〔二一四〕，因穜（種）食、錢貣（貸），以爲私〖書〗。癸田219新壄（野）〔二一五〕，新壄（野）丞主幸叚（假）癸錢、食一歲。少吏莫敢訶癸〔二一六〕。今胡【陽丞矰□□□】220謂癸非馮將軍子。癸居秦中〔二一七〕，名聞，以爲不□【……】221□。癸穜（種）姓雖賤，能權任人，有（又）能下人。顯（願）公詔少吏，勿令環（還）。」

譯文

又如下：

「馮將軍的兒子，奴才癸，218冒死罪敢請求胡陽公。老人家命令我出行去南陽耕田，就穀種、糧食和貸款之事，寫了一封私人〖書信〗。我（曾經）在新野縣219種過地，承蒙新野縣丞主貸錢款和糧食一年。少吏没人敢過問我。現在胡【陽丞矰□□□】220説我不是馮將軍的兒子。我住在秦中，享有名聲，（他）以爲不□【……】221□。我出身雖然卑賤，但是能審度時勢任用人才，又謙讓有禮。希望縣公命令少吏，别讓他們拒絕我。」

供述（癸/學）

釋文

●今222□召舍人興來智（？知）【癸，癸改（改）】曰〔二一八〕：

「君子子，定名學，居新壄（野）。非五大夫馮將軍毋擇子223殹（？也）。學學史，有私印，章（？）曰（？）□〔二一九〕。雅爲（？）馮將軍毋擇……食……〔二二〇〕224害聲聞。學父秦居貲〔二二一〕，吏治（笞）秦，以故數爲學怒〔二二二〕，苦娸（恥）之。歸居室，心不225樂，即獨撟（矯）自以爲五大夫馮毋擇子，以名爲僞私書，問矰，欲貣（貸）錢226胡陽少内〔二二三〕。以私印封，起室把詣于矰，幸其肎（肯）以威貣（貸）學錢，即盗以買227□衣被兵〔二二四〕，去邦亡荆。矰發讀書，未許學，令人毄（繫）守學。學恐，欲去亡，228有（又）撟（矯）爲私書，自言胡陽固所〔二二五〕，詑曰：

『學實馮毋擇子。新壄（野）丞主巳（已）229

【……。】』

【……。】」

【它如……。】

譯文

●現在222□召唤舍人興來識别【癸，癸改口】説：

「我是君子子，法定名字叫學，住在新野。我並不是五大夫馮毋擇將軍的兒子。223我學過文書業務，有顆私人圖章，印文爲□（利？）。素常爲馮毋擇將軍……食……224威名遠揚。我父親秦爲了還債在官府從事勞役，官吏鞭笞秦，因此我頻頻發怒，爲之苦痛羞恥。回到家裏，心裏很不225愉快，就獨自假冒自己是五大夫馮毋擇的兒子，用這名義僞造私人書信，拜謁矰，想從胡陽少内226貸（到）一筆款項。我用私人圖章封緘，從家裡出發拿着（它）送到矰處，希望他能屈服於（馮毋擇的）威勢貸給我一筆款項，下一步（打算）盗用（這筆錢）買227□衣和被子、兵器，逃出本國亡命到楚國。矰啓封看信，没答應我，命令人拘禁並看守我。我害怕了，想逃出亡命，228又詐名寫了一封私人書信，申訴到胡陽縣令固的地方，編造説：

『學確實是馮毋擇的兒子。新野縣丞主已經229【……。】』

【……。】」

【其他如……所述。】

續表

文書/程序層次			釋文	譯文
縣級奏讞文書	偵查	詰問	【詰】〔三六〕缺15學：	【詰問】缺15學（如下）：
			「吏節（即）不智（知）學爲僞書，不許貣（貸）學錢，退去學，學即道胡陽230行邦亡〔三七〕，且不？」	「當局如果不察覺你是僞造文書，不答應給你貸款，斥退你讓你離去的話，你是否直接從胡陽230實行逃出本國亡命？」
		供述（學）	辤（辭）曰：	供述如下：
			「吏節（即）不智（知）學爲僞〖書〗，不貣（貸）學錢，毋（無）以爲衣被231資用，去環（還）歸。有衣資用，乃行邦亡。」	「當局如果不察覺我是僞造〖文書〗，不給我貸款的話，我没有錢來置辦衣服、被子231以及作（路上的）資金用度，（就會）離去返回家中。有了衣服和資金用度，纔（會）實行逃出本國亡命。」
	廷審	查詢	●問：	●查詢（結果如下）：
			「學撟（矯）爵爲僞書。時馮232毋擇爵五大夫，將軍。學不從軍，年十五歲。」	「學假稱爵位僞造文書。當時馮232毋擇的爵位是五大夫，（官銜）是將軍。學没有從軍，年齡爲十五歲。」
			它如辤（辭）。233	其他如同被告人供述。233
		審理	●鞫之：	●審理（結果）如下：
			「學撟（矯）自以〖爲〗五大夫將軍馮毋擇子，以名爲僞私書，詒贈，以欲234盜去邦亡。未得，得。」	「學假冒自己〖是〗五大夫馮毋擇將軍的兒子，用這個名義僞造私人書信，送到贈那裏，想用來騙取（錢款），逃出本國亡命。（結果）未能得逞，被察覺並捕住。」
			審。	（以上）確鑿無疑。
	附記		毄（繫）。	（學現）在押。
	奏讞結尾詞		敢潚（讞）之。	冒昧請示如上。
吏議	吏議一		●吏議：	●（縣廷）擔當人判決意見（如下）：
			「耐學隸臣。」	「將學處以耐刑，並貶爲隸臣。」
	吏議二		或〖曰〗〔三八〕：	另有〖如下〗（判決意見）：
			「令贖耐〔三九〕。」235	「命令（學）贖耐罪。」235

續表

文書/程序層次	釋文	譯文
郡報	讞（讞）報： 「毋擇巳（已）爲卿〔四〇〕，貲某、某各一盾。謹窮（窮）以灋（法）論之。」236	請示批覆（如下）： 「毋擇已經升爲卿，把某和某各自處以貲一盾。嚴謹窮究，依法論處學。」236
待考殘簡	【……】□請□【……】253	【……】□請□【……】253

注釋：

〔一〕秦王政二十二年八月癸卯朔，辛亥爲初九。

〔二〕胡陽，秦縣名，《漢書·地理志》作「湖陽」。屬南陽郡，治今河南唐河縣西南湖陽鎮。《史記·高祖本紀》「還攻胡陽」，司馬貞《索隱》引韋昭曰：「南陽縣。」

〔三〕秦王政二十二年四月乙巳朔，乙丑爲二十一日。

〔四〕丞矰，丞爲官職（參看《癸、瑣相移謀購案》注〔二〕），名矰。據《續漢書·百官志》，每縣「丞各一人」，矰或係前任胡陽縣丞。從後文可知，被告人學企圖從胡陽縣詐騙金錢和糧食。縣內收管金錢和糧食的分別是縣下屬機構的少内和倉，其出納業務聽從縣長吏的令、長或丞的指令。里耶秦簡8－1532＋8－1008＋8－1461正：「令佐華自言：……（中略）……謁出五百以自償。……（中略）……遷陵守丞銜告少内：……（中略）……次（資）豎購當，出畀華及告豎令智（知）之。」簡8－1563正：「尉守竊敢〖言〗之：……令徐以壬寅事，謁令倉資（貸）食。……遷陵守丞膻之告倉主：以律令從事。」

〔五〕君子，秦代身份標誌之一。《秦律十八種》簡161：「官嗇夫節（即）不存，令君子毋（無）害者若令史守官，毋令官佐、史守。」《秦律雜抄》簡34：「徒卒不上宿，署君子、敦（屯）長、僕射不告，貲各一盾。」春秋時代越國有以君子組成軍隊之例。《國語·吴語》「（越王）以其私卒君子六千人爲中軍。」韋昭注：「私卒君子，王所親近有志行者，猶吴所謂賢良，齊所謂士。」君子子，不見於文獻，似指出身良家的子女，或許與漢代所謂「良家子」相近。《史記·李將軍列傳》「孝文帝十四年，匈奴大入蕭關，而廣以良家子從軍擊胡」，司馬貞《索隱》引如淳曰：「非醫、巫、商賈、百工也。」《漢書·外戚傳上》：「孝文竇皇后，景帝母也，吕太后時以良家子選入宫。」
私書，個人書信。《史記·酷吏列傳》：「（郅）都爲人勇，有氣力，公廉，不發私書，問遺無所受，請寄無所聽。」

〔六〕馮將軍毋擇，秦始皇功臣，見於文獻。《漢書·馮奉世傳》：「其先馮亭，爲韓上黨守。……（中略）……及秦滅六國，而馮亭之後馮毋擇、馮去疾、馮劫皆爲秦將相焉。」《史記·秦始皇本紀》記二十八年瑯邪刻石云：「列侯武城侯王離、列侯通武侯王賁、倫侯建成侯趙亥、倫侯昌武侯成、倫侯武信侯馮毋擇、丞相隗林、丞相王綰、卿李斯、卿王戊、五大夫趙嬰、五大夫楊樛從，與議於海上。」「倫侯」相當於「（關）內侯」。里耶秦簡8－0461正：「內侯爲輪（倫）侯。徹侯爲死〔列〕侯。」擇，讀羊益切（yì）。《史記・太史公自序》「昌生無澤」，司馬貞《索隱》：「《漢書》作『毋擇』，並音亦也。」本簡「擇」字多一横筆，似由「澤」塗改爲「擇」。

〔七〕南陽，秦郡名，見《漢書・地理志》。秦昭襄王三十五年初置，治今河南南陽市。

〔八〕假，借、貸。《秦律十八種》簡105－106「叚（假）器者，其事已及免，官輒收其叚（假），弗亟收者有罪。●其叚（假）者死亡、有罪毋（無）責也，吏代賞（償）。毋擅叚（假）公器，者（諸）擅叚（假）公器者有罪。」

種食，穀種與糧食。《漢書・文帝紀》：「民讁作縣官及貸種食未入、入未備者，皆赦之。」《秦律十八種》簡040：「縣遺麥以爲種用者，殽禾以臧（藏）之。」同上簡045：「有事軍及下縣者，齎食，毋以傳貣（貸）縣。」《爲吏治官及黔首》簡77：「貣（貸）穜（種）食弗請。」

〔九〕發，啓、打開。《戰國策・齊策四》：「齊王使使者問趙威后，書未發，威后問使者曰：『歲亦無恙耶？』」里耶秦簡9－0001正：「報署金布發。」《法律答問》簡057－058：「『發僞書，弗智（知），貲二甲。』今咸陽發僞傳，弗智（知），即復封傳它縣，它縣亦傳其縣次，到關而得。今當獨咸陽坐以貲，且它縣當盡貲？咸陽及它縣發弗智（知）者當皆貲。」

〔一〇〕官，官署、機構。《秦律十八種》簡159－160：「嗇夫之送〔徙〕見它官者，不得除其故官佐吏以之新官。」

〔一一〕矯，假托、詐稱，即假托馮毋擇兒子的名義。《法律答問》簡055：「『僑（矯）丞令』可（何）殹（也）？爲有秩僞寫其印爲大嗇夫。」《二年律令》簡066：「橋（矯）相以爲吏、自以爲吏以盜，皆磔。」

〔一二〕獄治，立案治理、刑事審訊。《漢書・孫寶傳》：「司隸寶奏故尚書僕射崇冤，請獄治尚書令昌。」「獄治」爲狀動結構，與「獄訊」相同。《二年律令》簡508：「諸乘私馬出，馬當復入而死亡，自言在縣官，縣官診及獄訊審死亡，皆〖告〗津關。」

〔一三〕簡213據文意遥綴而成。「子母」二字也據文意擬補。

〔一四〕據殘留筆畫和文意，疑簡尾未釋字爲「叚（假）」。

〔一五〕僞書，僞造的文書、書信。《二年律令》簡013：「爲僞書者，黥爲城旦舂。」《奏讞書》簡054－055：「蜀守瀻（讞），佐啓主徒。令史冰私使城旦環，爲家作。告啓，啓詐（詐）薄（簿）曰治官府。疑罪。・廷報，啓爲僞書也。」

〔一六〕五大夫，秦漢爵名，下數第九級，見《漢舊儀》等。《二年律令》簡046：「以縣官事毆（毆）若詈吏，耐。所毆（毆）詈有秩以上，及吏以縣官事毆（毆）詈五大夫以上，皆黥爲城旦舂。」

多問，書信習語，表示問候。居延漢簡157.25A：「弘叩頭多問子長。」又乙附51：「信伏地再拜多問次君君平足下。」

敢，謙辭，自言冒昧，與前引居延漢簡「叩頭」、「伏地再拜」相類。里耶秦簡8－1997正＋8－0823正：「校長予言敢大心多問子柏。」

主，敬稱，用於身份平等或比發信人稍低的收信人。里耶秦簡8－0158正：「遷陵守丞色敢告酉陽丞主。」J1⑯0009背：「遷陵守丞敦狐告都鄉主。」《封診式》簡43：「丞某告某鄉主。」

〔一七〕公產，不見文獻，疑爲公共產業，即一種公田。

〔一八〕齎，攜帶。《史記・秦始皇本紀》：「乃令入海者齎捕巨魚具。」又可參看《秦律十八種》簡045（見本案注〔八〕）。

〔一九〕後文簡219稱「因穜（種）食錢貣（貸），以爲私〖書〗」，可知

「錢貸」爲一詞。錢貸，金錢貸款。

〔二〇〕還，返還、回絶。《玉篇·辵部》：「還，退也。」《法律答問》簡102：「免老告人以爲不孝，謁殺，當三環（還）之不？不當環（還），亟執勿失。」同上簡147：「甲徙居，徙數謁吏，吏環（還），弗爲更籍。」

〔二一〕臣走，爲人奔走服役，似爲「臣僕趨走作役」的省略説法。《列子·周穆王》：「昔昔夢爲人僕，趨走作役，無不爲也。」這句話應是婉轉地威脅收信人，如果收信人拒絶毋擇的要求，毋擇將不會在中央幫助收信人。

〔二二〕公，尊稱，見《魏盜殺安、宜等案》注〔一六〕。

〔二三〕寄，委託。《説文·宀部》：「寄，託也。」寄封，疑即受到委託封緘書信，類似於居延漢簡所常見「奏封」。居延漢簡126.38：「十二月壬辰尉史同奏封。」肩水金關漢簡73EJT10:17「☐□寄封，遣致言教」，前後文殘缺，詞義未詳。

〔二四〕丈人，指父親馮毋擇。

詔令，命令，秦始皇二十六年統一天下以後纔專指皇帝的命令。里耶秦簡8－0138正＋8－0522正＋8－0174正＋8－0523正：「廿（二十）六年六月壬子，遷陵【守】丞敦狐爲令史更行廟詔。」同上8－0461正：「以王令曰以皇帝詔。」《史記·秦始皇本紀》：「臣等昧死上尊號，王爲泰皇。命爲制，令爲詔，天子自稱曰朕。」

〔二五〕新野，秦縣名，見《漢書·地理志》，屬南陽郡，治今河南新野縣。

〔二六〕少吏，與長吏相對而言，在本案中指新野和胡陽縣令部下。《二年律令》簡046：「長吏以縣官事詈少吏。」

〔二七〕秦中，關中，即秦嶺以北、函谷關以西秦國故地。《漢書·項籍傳》「異時諸侯吏卒徭役屯戍過秦中」，顔師古注：「秦中，關中秦地也。」

〔二八〕簡223據文意遥綴而成。「癸癸改」三字也據文意擬補。

〔二九〕簡218稱「寄封廷史利」，疑「曰」下一字爲「利」。

〔三〇〕據殘存筆畫，最後三字或爲「它如前」。若然，則簡224有可能應移到簡230前，此處另有缺簡。一説：簡224最後一字應爲「毋（無）」，與簡225簡首連讀爲「無害聲聞」。

〔三一〕居，居作，即爲官府勞作。居貲，爲貲而居作。關於「貲」字現有兩種説法：（一）貲，與「貲贖」（以財貨抵罪）、「貲償」（以財貨償還）之「貲」相同，財貨。居貲，「居貲贖債」之省，表示爲了財貨勞作而贖還各種債務，包含來自贖罪、貲罪的對公家的債務。（二）貲，即貲罪。居貲，與「居贖」、「居債」相對，專指爲了貲罪勞作。秦始皇陵西側趙背户村秦刑徒墓墓誌79M11：「東武居貲上造慶忌。」里耶秦簡9－2289背：「隸妾居貲十一人。」同上8－0480：「司空曹計録：船計、器計、贖計、貲責計、徒計，凡五計。」

〔三二〕爲，使。《易·井·九三》爻辭「井渫不食，爲我心惻」，王弼注：「爲，猶使也。」《左傳》昭公二十年：「今君疾病，爲諸侯憂，是祝史之罪也。」也可以理解爲被動式，即（這件事）屢次爲我所憤怒。《日書甲種》簡044背貳：「鬼恒爲人惡瞢（夢）。」

〔三三〕少内，縣下屬機構，職掌府藏。《法律答問》簡032：「『府中公金錢私貣（貸）用之，與盗同灋（法）。』●可（何）謂『府中』？●唯縣少内爲『府中』，其它不爲。」《封診式》簡39：「令少内某、佐某以市正賈（價）賈丙丞某前，丙中人，賈（價）若干錢。」里耶秦簡8－0155：「四月丙午朔癸丑，遷陵守丞色下少内：謹案致之。書到言，署金布發。它如律令。」朝廷也有少内。《漢書·丙吉傳》「少内嗇夫白吉」，顔師古注：「少内，掖庭主府臧之官也。」

〔三四〕未釋之字雖與「金」字相近，但未詳其下半部分所從。字從「令」聲，疑讀爲「錦」。錦衣，精美華麗的衣服，即地位顯貴的象徵，便於逃往楚國之後體面地加入社會。《詩・秦風・終南》：「君子至止，錦衣狐裘。」《漢書・項籍傳》：「富貴不歸故鄉，如衣錦夜行。」一説，或讀爲「衾」。衾衣，被子與衣服。

〔三五〕胡陽固，胡陽縣令，名固。

〔三六〕簡229與230之間，簡文無法連讀，應最少缺一枚簡。「它如」與「詁」據體例擬補。

〔三七〕道，介詞，猶「由」、「從」。《三十四年質日》簡42：「己卯，騰道安陸來。」《二年律令》簡078–079：「其叚（假）別在它所，有（又）物故毋（無）道歸叚（假）者，自言在所縣道官。」東漢以後似爲音義俱近之「由」字所取代。

〔三八〕簡文脱「曰」字，參考案例〇一《癸、瑣相移謀購案》簡24、《奏讞書》案例三簡025等，據文書格式補釋。

〔三九〕贖耐，秦及漢初贖刑之一，「耐」表示輕重，參看《癸、瑣相移謀購案》注〔二五〕和《譊、妘刑殺人等案》注〔六〕。

〔四〇〕卿，秦漢身份通稱，指左庶長以上至大庶長爵位。《續漢書・百官志》劉昭注引應劭《爵制》：「自左庶長已上至大庶長，皆卿大夫，皆軍將也。」《二年律令》簡291–292：「賜不爲吏及宦皇帝者，關内侯以上比二千石，卿比千石，五大夫比八百石，公乘比六百石，公大夫、官大夫比五百石，大夫比三百石，不更比有秩，簪裹比斗食，上造、公士比佐、史。」

第四類

一五　緡等畏耎還走案〔一〕

廿（二十）六年九月己卯朔〔二〕【……。】〔三〕二三七【獿等曰：……】□不敢獨前，畏耎〔四〕，與偕環（還）走十二步。反寇來追者少〔五〕，皆止，陳（？），共（？）射（？）【□□□。】二三八【得、】文、芻、慶、緡【等曰：與】反寇戰，去環（還）走可卌（四十）六步□□□□□□□……【……。】詰獿等：……】二三九積、秳。積、秳等伍束符〔六〕，卒毋（無）死傷者。【……獿等何故……】□，與偕環（還）走可十【二步？……何解？獿等曰：……不】〔七〕二四〇敢獨前，誠畏耎而與偕環（還）走可十二步。反寇來追者少，皆止，陳（？）〔八〕，射反寇，反寇敗入峉（格—落）中〔九〕。辠（罪）毋（無）解。

●診、丈、問〔一〇〕：得二四一等環（還）走卌（四十）六步，獿等十二步；術廣十二步，垣高丈。忌等死時，得、緡等去之遠者百步。它如辤（辭）。

●鞫之：二四二得、文、芻、慶、緡等與反寇戰，不伍束符，忌以射死，卒喜等【□】短兵死。畏耎，去環（還）走卌（四十）六步。逢包二四三【……】□□□□喝□……□……□【……】二四三(二)〔一一〕【……。審。……】□□轂（繫）。〔一二〕它縣論。【……】二四五【……】□臣信（？）請〔一三〕：取得（？）【……，】二四三(三)皆致灋（法）焉。有（又）取卒畏耎冣（最）先去、先者次（？）十二人〔一四〕，完以爲城旦、鬼薪。有（又）取其次（？）廿（二十）四人，耐以二四四爲隸臣。其餘皆奪爵以爲士五（伍）〔一五〕；其故上造以上，有（又）令戍四歲，公士六歲，公卒以下八歲。□二四四(二)臣昧死請。

●制曰〔一六〕：可。二四四(三)

待考殘簡

【……】積、秳等【……】二四九

【……】□環（還）走【……】二五二

文書/程序層次〔一〕		釋文	譯文
郡縣上行文書	上行文書開頭詞	廿（二十）六年九月己卯朔〔二〕【……。】〔三〕237	（秦始皇）二十六年（公元前二二一年）九月己卯朔【……。】237
	揭發（？）	【……。】	【……。】

續表

文書/程序層次			釋　　文	譯　　文
郡縣上行文書	偵　查	供述（猳等？）	【猳等曰：】 「【……】□不敢獨前，畏耎[四]，與偕環（還）走十二步。反寇來追者少[五]，皆止，陳（？），共（？）射（？）【□□□。】」238	【猳等說：】 「【……】□不敢單獨前進，膽怯軟弱，跟着一起往回跑了十二步。叛亂賊寇來追趕的人少，（我們）都停下，列陣，一起射【□□□。】」238
		？		
		供述（得等？）	【得、】文、芻、慶、綰【等曰：】 「【與】反寇戰，去環（還）走可卌（四十）六[步]□□□□□□□……【……。】」	【得】文、芻、慶、綰【等說：】 「【與】叛亂賊寇作戰，逃掉往回跑了大約四十六步□□□□□□□……【……。】」
		詰問	【詰猳等：】 「【……】239積、秙。積、秙等伍束符[六]，卒毋（無）死傷者。【……猳等何故……】□，與偕環（還）走可十【二步？……，何解？】」	【詰問猳等：】 「【……】239積和秙。積和秙等組隊施加伍符管束，士兵没有傷亡的。【……你們爲甚麽……】□，跟着一起往回跑了大約十【二步？……，你們怎麽解釋？】」
		供述（猳等？）	【猳等曰：】 「【……不】[七]240敢獨前，誠畏耎而與偕環（還）走可十二步。反寇來追者少，皆止，陳（？）[八]，射反寇，反寇敗入客（格—落）中[九]。辠（罪）。」 毋（無）解。	【猳等說：】 「【……不】240敢單獨前進，確實膽怯軟弱，跟着一起往回跑了大約十二步。叛亂賊寇來追趕的人少，（我們）都停下，列陣，射叛亂賊寇，賊寇敗走進入村落中。（我們）認罪。」 沒有解釋。
	廷　審	勘驗、查詢	●診、丈、問[一〇]： 「得241等環（還）走卌（四十）六步，猳等十二步；術廣十二步，垣高丈。忌等死時，得、綰等去之遠者百步。」 它如辤（辭）。	●勘驗、丈量、查詢（結果如下）： 「得241等往回跑了四十六步，猳等十二步；路寬十二步，墻高一丈。忌等死亡時，得、綰等離他們（相距最）遠的有一百步。」 其他如同被告人供述。

續表

文書/程序層次			釋文	譯文
郡縣上行文書	廷審	審理	●鞫之：242 「得、文、芻、慶、綰等與反寇戰，不伍束符，忌以射死，卒喜等【□】短兵死。畏耎，去環（還）走卌（四十）六步。逢包243【……】□□□□暘□……□……□【……。】」243(2)〔一一〕	●審理（結果）如下：242 「得、文、芻、慶、綰等與叛亂賊寇作戰，未組隊施加伍符管束，導致忌（被）射死，士兵喜等【□】（被）短兵器殺死。（他們）膽怯軟弱，逃掉往回跑了四十六步。遇上包圍243【……】□□□□暘□……□……□【……。】」243(2)
			【審。】	【（以上）確鑿無疑。】
	主文		【……。】	【……】
	附記		【……】□□毄（繫）〔一二〕。它縣論。	【……（得、文、芻、慶、綰等）】□□在押。其他相關者由縣（負責）論處。
	上行文書結尾詞		【……。】245	【……。】245
制書	（?）		【……】□臣信（?）請〔一三〕：	【……】□臣信上請：
	上請		「取得（?）【……】243(3)皆致灋（法）焉。有（又）取卒畏耎冣（最）先去、先者次（?）十二人〔一四〕，完以爲城旦、鬼薪。有（又）取其次（?）廿（二十）四人，耐以244爲隸臣。其餘皆奪爵以爲士五（伍）〔一五〕；其故上造以上，有（又）令戍四歲，公士六歲，公卒以下八歲。□」244(2)	「挑出得【等……者，】243(3)皆以法處死。又挑出士兵中膽怯軟弱最先逃出者和繼而逃者十二個人，保全軀體貶爲城旦或鬼薪。又挑出再後者二十四人，處以耐刑並244貶爲隸臣。其餘都剥奪爵位並貶爲士伍；其（身份）原爲上造以上的，又令守邊四歲，公士（守邊）六歲，公卒以下（守邊）八歲。□」244(2)
			臣昧死請。	臣冒犯死罪請求（如上）。
	主文		●制曰〔一六〕：	●裁決如下：
			可。244(3)	可以。244(3)
待考殘簡			【……】積、秙等【……】249	【……】積和秙等【……】
			【……】□環（還）走【……】252	【……】□往回跑【……】

注釋：

〔一〕本案較爲殘缺，或許還有多數缺簡，但無法確定其數量和前後位置。

〔二〕簡237上端雖殘缺，但「廿」前應無缺文。二十六年，秦始皇二十六年。

〔三〕簡237或位於制書開頭處。

〔四〕畏耎，膽怯軟弱。《二年律令》簡142－143：「與盜賊遇而去北，及力足以追逮捕之，而官□□□□逗留畏耎弗敢就，奪其將爵一絡（級），免之。毋（無）爵者，戍邊二歲。」「耎」字傳世文獻或作「懦」、「愞」。《史記·東越列傳》：「是時，漢使大農張成、故山州侯齒將屯，弗敢擊，卻就便處，皆坐畏懦誅。」《漢書·武帝紀》「匈奴入鴈門，太守坐畏愞棄市」，顏師古引如淳曰：「軍法，行逗留畏愞者要斬。」「懦」、「愞」似仍讀而兗切（ruǎn）。《史記·張蒼列傳》「南出者，太上皇廟堧垣」，裴駰《集解》引如淳曰：「堧音『畏愞』之『愞』。」司馬貞《索隱》：「如淳音『畏懦』之『懦』，乃喚反。韋昭音而緣反，又音軟。」

〔五〕反寇，反叛賊寇，疑指殘留的反秦勢力。《史記·高祖本紀》：「八年，高祖東擊韓王信餘反寇於東垣。」也可以參看《奏讞書》案例一八（簡124－159）。

〔六〕伍，組成伍人隊伍。可以參看《二年律令》簡140－141（見《癸、瑣相移謀購案》注〔三二〕）。

符，伍人相保之符券，即伍符。《漢書·馮唐傳》「夫士卒盡家人子，起田中從軍，安知尺籍伍符」，顏師古注引李奇曰：「尺籍所以書軍令。伍符，軍士五五相保之符信也。」束符，疑即用伍符約束。《六韜·龍韜·農器》：「田里相伍，共約束符信也。」《商君書·境內篇》「五人來薄爲伍」，孫詒讓《札迻》商子據《尉繚子》「伍束令」等辭例改「來薄」爲「束簿」，組詞原理似與「束符」相同。

後文簡243鞫文指出得等人因「不伍束符」而導致「忌以射死」等後果，與本簡「伍束符，卒毋（無）死傷者」正好相反。

〔七〕簡240據文意和卷册結構遙綴而成，「二步」「不」據簡238簡文，「㺒等何故」「何解」「㺒等曰」據文意和文書格式擬補。

〔八〕「陳」字據簡244（清理編號0406）反印文補釋。

〔九〕笿，疑與「格」通，或作「落」，即城郊百姓聚居之村落。北京大葆台漢墓竹簡：「樵中格吴子運。」《史記·酷吏列傳》「（王溫舒）置伯格長以牧司姦盜賊」，裴駰《集解》引徐廣曰：「（格）一作『落』。古村落字亦作『格』。街陌屯落皆設督長也。」司馬貞《索隱》：「伯音阡陌，格音村落，言阡陌村落皆置長也。」

〔一〇〕丈，丈量。《左傳》襄公九年「巡丈城」，杜預注：「丈，度也。」《法律答問》簡006：「甲盜牛，盜牛時高六尺，毄（繫）一歲，復丈，高六尺七寸。」

〔一一〕簡243(2)或屬上請部分。

〔一二〕據殘留筆畫和文意推測，兩個未釋字疑爲「綰等」。

〔一三〕臣信，朝廷大臣，名信。據傳世文獻，秦有將軍李信，以「逐得燕太子丹」出名。秦始皇二十三年秦擊楚，初以李信爲將軍，後爲王翦所代。二十五年李信從王賁「破定燕、齊地」（見《史記·白起王翦列傳》、《刺客列傳》）。《綰等畏耎還走案》與軍政有關，簡243(3)所見「臣信」或爲此人。

〔一四〕最先去，最開始離開的人；先者次，次於最先離開者的人。

〔一五〕奪爵，剥奪爵位的刑事處分。《秦律雜抄》簡37：「戰死事不出，論其後。有（又）後察不死，奪後爵，除伍人。」《二年律令》

簡186：「博戲相奪錢財，若爲平者，奪爵各一級，戍二歲。」秦代另有以職權注銷爵位的行政行爲，稱爲「削爵」，應與「奪爵」有別，參看《多小未能與謀案》注〔八〕。

〔一六〕制，裁決、決斷，秦始皇二十六年之後成爲文書術語，專指皇帝命令。《説文・刀部》：「制，裁也。」《史記・晉世家》：「晉國政皆決知伯，晉哀公不得有所制。」《史記・秦始皇本紀》：「（二十六年）命爲制，令爲詔，天子自稱曰朕。」《獨斷》：「漢天子正號曰皇帝……（中略）……其命令，一曰策書，二曰制書，三曰詔書，四曰戒書。……（中略）……制書，帝者制度之命也。其文曰制。」二十六年更名也見於里耶秦簡8－0461正：「以王令曰以皇帝詔，承命曰承制。」

第三部分　附録

附録一　簡序驗證資料

說明

嶽麓秦簡在整理技術方面取得了很大的進步，即所有竹、木簡都用紅外線掃描儀正背雙面掃描，得到正背兩面較爲清晰的圖版。其中背面圖版爲簡牘的整理工作提供了兩種極其重要的新材料：背面劃綫與背面反印文。在本卷整理工作中，除個別背面反印文爲正面簡文的釋讀提供補充材料外，背面劃綫和背面反印文還對簡序的復原和驗證起了很大的作用。因爲每類簡的情況不同，所以在此分類加以說明。

第一類幾乎所有的簡在背面都呈現很明晰的劃綫。劃綫都位於靠近下端的三分之一簡段。除個別情況外，劃綫前後連續，視覺上似乎是用毛筆從左上向右下劃一道綫，到了簡的下端又回到三分之一的高度，再起筆另劃出一道綫。據研究，這種劃綫大概不是直接在簡册背面劃出來的，而很可能是在製作竹簡時產生的〔一〕。劃綫存在前後不連續、錯位等複雜情況，應與此有關。同時，也有不少劃綫位置相同的簡。因爲上述原因，不能僅靠劃綫復原簡的排序〔二〕。從整理工作的順序來說，我們是先依據簡文復原各案的簡序，然後利用背面劃綫進行驗證和修改。在劃綫與簡文排序相互矛盾的情況下，原則上依據簡文確定簡序，具體情況參看「第一類卷册結構表」備注。

除劃綫外，第一類簡背面還有很多左右顛倒的文字墨迹，係其他簡正面文字的反印文，因爲埋藏後長期接觸和壓力使竹面纖維相互膠着，而造成揭剥時正面的部分纖維和墨迹留在其他簡背面上。這些反印文給復原工作提供了良好的參考材料。其中可以分出墨迹較爲清晰、易於釋讀，與僅剩幾點殘筆、無法單獨確釋兩種情況。在整理過程中，我們對第一類簡所有背面圖版進行了水平翻轉的圖像處理，將墨迹清楚者插到相對應的正面圖版旁邊，然後將其他背面圖版全部按照正面簡序排在其前後〔三〕，並確認所有反印文殘筆與正面字形的對應關係（反印文釋文參看「第一類卷册結構表」備注）。這一驗證工作帶來如下幾種結果和啓示：（一）反印文序列與正面簡序基本相同，依據簡文和背面劃綫所確定的各案簡序由此得到更進一步的驗證；（二）將缺簡前後反印文的分佈情況與前述劃綫和後述揭取位置結合分析，基本上能確定缺簡的數量，具體情況參看「第一類卷册結構表」備注；（三）反印文形成一條跨越個案分界的連續序列，由此可以推知原始的案序；（四）反印文都出現在比正面簡文更靠卷尾的簡背，並且正面簡與反印簡的距離從卷頭朝卷尾遞減，可知第一類簡原來是一個正面朝裏、由卷尾卷到卷首的卷册。

與反印文不同，我們没能發現背面劃綫在案例與案例之間緊密連續的情況，無法從背面劃綫得到復原案序的可靠依據。換言之，案序與背面劃綫似乎完全無關。這可能說明編案與編册是分開進行的，先編寫各案完畢之後再按照某種編輯方針將其搜集編成現有的卷册。其中或許曾經有過一段時間以單案形式進行保管，與後述第三、四類簡相似。

第二類簡在背面也有劃痕，但除《田與市和奸案》外，都祇能看見隱隱約約的影子，無法將其連成一條有意義的綫文，也無法得到與簡序、案序相關的參考信息。《田與市和奸案》的劃綫較爲特殊，劃綫的排序與簡文的排序正好相反。如果按照劃綫排簡的話，該案看起來似乎是從左往右寫的。這無疑爲起步伊始的背面劃綫研究提供很好的研究材料。

第二類的背面反印文比第一類少，多數也較爲殘泐。通過仔細比較研究，最後找出十六枚可以確定正背墨迹對應關係的簡，相關反印文的釋文參看「第二類卷册結構表」的備注。在第二類簡的整理過程中也製作了正背對照圖版，整理方法以及分析結果與第一類基本相同，第二類簡原來也應該是一個正面朝裏、由卷尾卷到卷首的卷册。與第一類不同的是：（一）卷首殘缺情況嚴重，無法確定第一個案例的簡序和缺簡數量；（二）簡 208 與 209 無法與其他簡繫聯起來，無法知道其正確位置。

第三類簡在背面没有連續的劃綫，反印文也非常少，難以像第一、二兩類那樣復原卷册的原始面貌。但仍有一枚簡呈現能夠確定相應正面簡文的反印文，即簡 218。此枚簡的反印文來自簡 225，二者的相對位置關係較爲特殊。如上所述，第一、二類的卷册都是從卷尾往前卷的，反印文都來自簡序較靠前方的簡。簡 218 的反印文則正好相反，相應正面簡文更靠近卷尾。從這一點判斷，第三類簡的卷册原來應該是由卷首朝卷尾卷的。

第四類簡在背面也没有連續的劃綫，起初反印文也非常少，難以尋找復原卷册原始面貌的相關信息，但舊著出版之後情況大有變化。經過簡號的復原研究，新發現與此案相關的四枚簡，都在初期清理時仍粘在本案其他簡正面上，在拍攝彩照和紅外綫掃描時纔被剥離。其中兩枚簡在背面上有反印文，均來自原所粘在一起的簡的正面字迹，可以印證簡號復原研究所得到的粘附關係。另外，舊著已指出，簡 244 背面上呈現出來自簡 241 的反印文。如此，在第四類十三枚簡中，有五個簡組共十枚簡能確定其相對的位置關係。相關反印文的釋文參看「第四類卷册結構表」的備注〔四〕。第四類簡的卷册又與第一、二類簡相同，應是由卷尾朝卷首卷的。

除上述背面劃綫與反印文外，揭取位置也包含可貴的簡序信息。因爲嶽麓秦簡未經科學發掘，所以原始出土位置已無從考證，而且起初凝成兩大團的簡在收藏時已被分爲八捆，造成簡序散亂等問題，但仔細分析嶽麓秦簡第一卷所附簡序示意圖後，發現多數簡是一組一組被剥離移動的。參考據正面簡文、背面劃綫和反印文所得到的簡序，不難看出各簡組之間存在較有規律性的位置關係（參看「揭取位置示意圖〔五〕」）。簡組之間的相對位置關係一經確定，簡組內部的位置關係又能夠提供復原或印證簡序的綫索。其中，我們在整理過程中着重搜集有關簡面與簡背接觸的信息。相關信息與反印文結合分析，有時可以印證反印文與正面簡文的對應關係，有時可以彌補反印文的空缺。

原始卷册的斷面應呈現螺旋狀綫條。正面簡文和背面劃綫連續的簡沿着此綫條排列，以卷首或卷尾爲中心形成螺旋形圓圈，直徑層層擴展。背面反印文與正面簡文的對應關係和揭取位置正背面的接觸關係則表示不同層次之間的關係，這與連續簡所形成的綫條正好垂直相交。在整理過程中，這兩類信息成爲復原卷册原貌的重要坐標。我們先據正面簡文和背面劃綫復原了基本簡序，然後搜集背面反印文和揭取位置有關正背面接觸的信息，最後將所有的位置信息綜合列成「卷册結構表」，對簡序進行驗證與修改。每類分別作表格，將正面簡文和背面劃綫連續的簡號縱向排列，將正背面有接觸的簡號横向佈置，並將反印文釋文和背面劃綫等按語附在備注中。

第一和第二類簡的相關信息較爲充足，除第二類卷首等個別殘缺處外，基本上能復原整個卷册，並且簡數也相當可觀。第三類簡數量較少，有關卷册結構的相關信息也較缺乏，不足以復原卷册原貌，但仍能窺見卷法等基本情況。第四類簡的相關信息較全，但簡數本身很少。因信息量不同，前兩類卷册結構表列出横向四個層次，後兩類僅兩層。爲第一和第二類還製作了卷册復原示意圖，以便於視覺理解。

另外還應該説明如下兩點。（一）第二至第四類簡的揭取位置相當接近，有一些簡直接接觸。從這一點看，此三類原來似乎密切相關。至於其具體關係如何，因爲相關綫索太少，無法做出很確切的判斷。（二）正面簡文、背面反印文和揭取位置等信息都來自不同時代，其中會産生各種差異或變化，對此我們没能作深入分析。同時，我們對古代簡册制度的理解很有限。因此，復原工作未必十分精確，請讀者留意。

最後，揭取位置的分析以簡號的可靠性爲前提。在整理過程中，我們重新核對了揭取時的清理記録。此時發現，嶽麓秦簡中有很多「清理編號」（其原所謂「原始編號」）與清理記録不合，不少編號成片錯位。對此，舊著和本書做了調整，導致部分編號與《嶽麓書院藏秦簡（壹）》〔六〕、《嶽麓書院藏秦簡（貳）》〔七〕的編號相衝突。殘簡也采用新的通號。因爲相關情況比較複雜，在有限篇幅内無法作出全面的交代，所以另在拙著《嶽麓秦簡復原研究》〔八〕加以分析和説明，請讀者參看。此外，清理記録中「上下左右」等記載經常顛倒，表明揭取時對簡的方向並没有十分把握。因此，上述揭取位置的分析没有參考簡序示意圖有關正背朝向的信息。

注釋：

〔一〕參看孫沛陽《簡册背劃綫初探》（《出土文獻與古文字研究》第四輯，上海古籍出版社，二〇一一年）457頁、韓巍《西漢竹書〈老子〉簡背劃痕的初步分析》（北京大學出土文獻研究所《北京大學西漢竹書［貳］》，上海古籍出版社，二〇一二年）232－234頁、史達《嶽麓秦簡〈爲獄等狀四種〉卷册一的編聯——依據簡背劃綫和簡背反印字迹復原卷軸原貌》（《湖南大學學報（社會科學版）》二〇一三年第三期）23頁、何晉《淺議簡册制度中的「序連」——以出土戰國秦漢簡爲例》（《簡帛》第八輯，二〇一三年）463－467頁、竹田健二《清華簡「楚居」の劃線・墨線と竹簡の配列》（大阪大學中國學會編《中國研究集刊》第五十七輯，二〇一三年）76－79頁、Staack，Thies（史達）「Identifying Codicological Sub-units in Bamboo Manuscripts: Verso Lines Revisited」，manuscript cultures no. 8，2015，pp.161－172。另外，竹田健二《劃線小考——北京簡「老子」と清華簡「繫年」とを中心に》（《中國研究集刊》第五十七輯，二〇一三年）全篇對韓文和何文加以比較討論，也很有參考價值。

〔二〕起初似乎有很多學者認爲背面劃綫的主要功能就在標出簡冊內部的正確簡序，便於編繩斷開後復原簡冊原貌。筆者也考慮過這種可能性，但實際的整理經驗並不支持這一觀點。後來史達從寫本物質文化的角度對背面劃綫作過較全面的探討，其分析結果證明劃綫所對應的是特定簡組的內部排序，而不是寫本整體的簡序（即拙著所謂的「簡序」）；多數情況不同簡組來自不同的竹筒，來自同一竹筒之簡形成一個劃痕連續的簡組；書寫和編冊時常常承襲簡組的內部排序很可能是出於謀求卷簡方便的考量。參看Staack，Thies，「Identifying Codicological Sub-units in Bamboo Manuscripts: Verso Lines Revisited」。

〔三〕此時所製作的正背對照圖版收於舊著附録三，由於技術、篇幅和時間等問題，拙著暫不能登載相應的正背對照摹本。

〔四〕另外可以參看拙稿《嶽麓書院秦簡〈爲獄等狀四種〉第三類、第四類卷冊釋文、注釋及編聯商榷》有關簡238編聯位置的討論。

〔五〕在揭取位置示意圖中「—1」、「—2」等簡號後綴多從省。

〔六〕朱漢民、陳松長主編，于振波、許道勝、陳松長撰：《嶽麓書院藏秦簡（壹）》，上海辭書出版社，二〇一〇年。

〔七〕朱漢民、陳松長主編，蕭燦撰：《嶽麓書院藏秦簡（貳）》，上海辭書出版社，二〇一一年。

〔八〕陶安：《嶽麓秦簡復原研究》，上海古籍出版社，二〇一五年。

揭取位置示意圖

清理編號 0001－0200

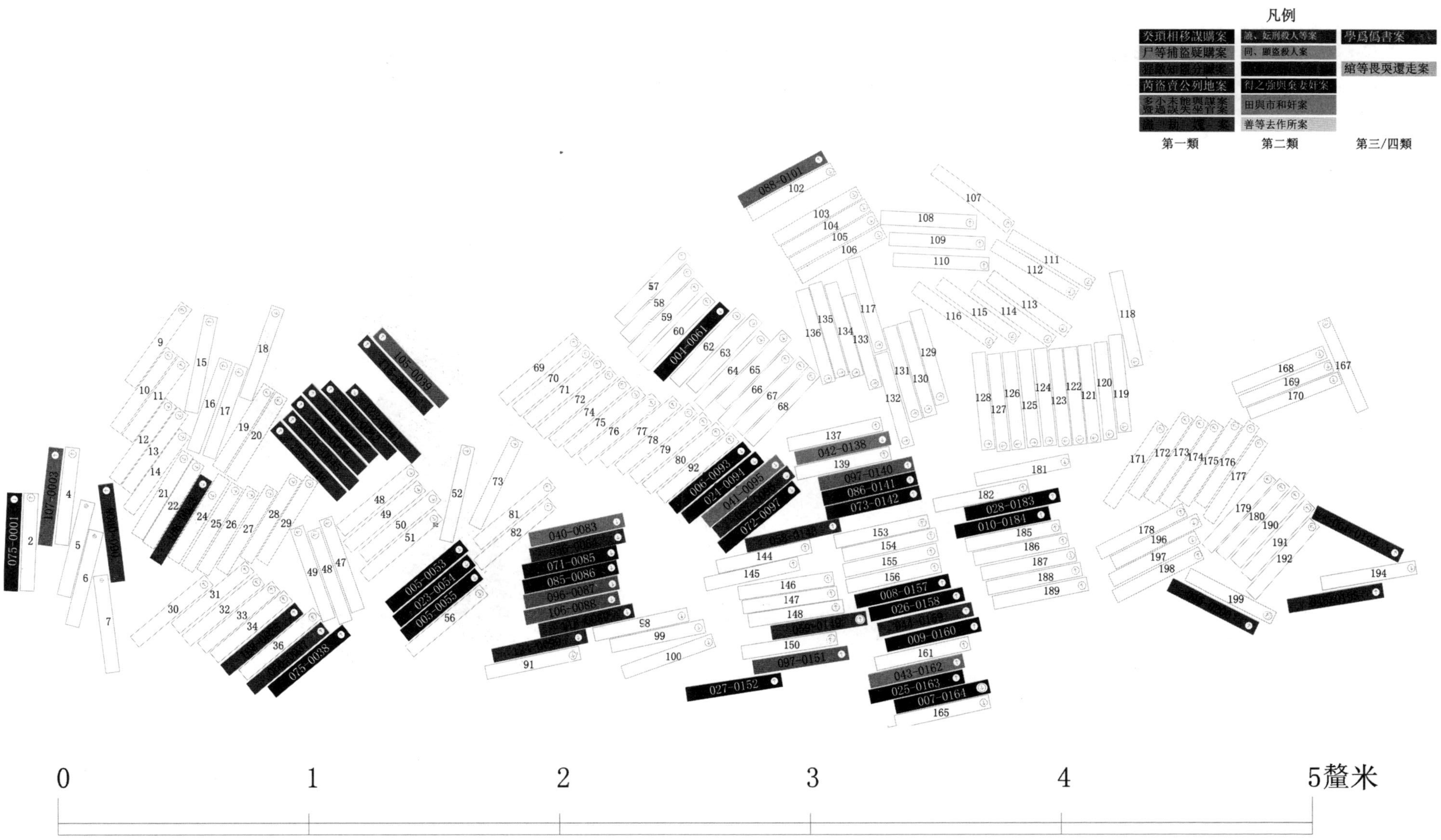

嶽麓書院秦簡第一捆簡端側視圖 CAD 製圖：蕭玉軍（荆州博物館）二〇〇八年一月

《爲獄等狀四種》簡位置標注及圖片處理：陶安（明治大學）二〇一二年十月初製，二〇一九年八月修改

清理編號 0301－0495

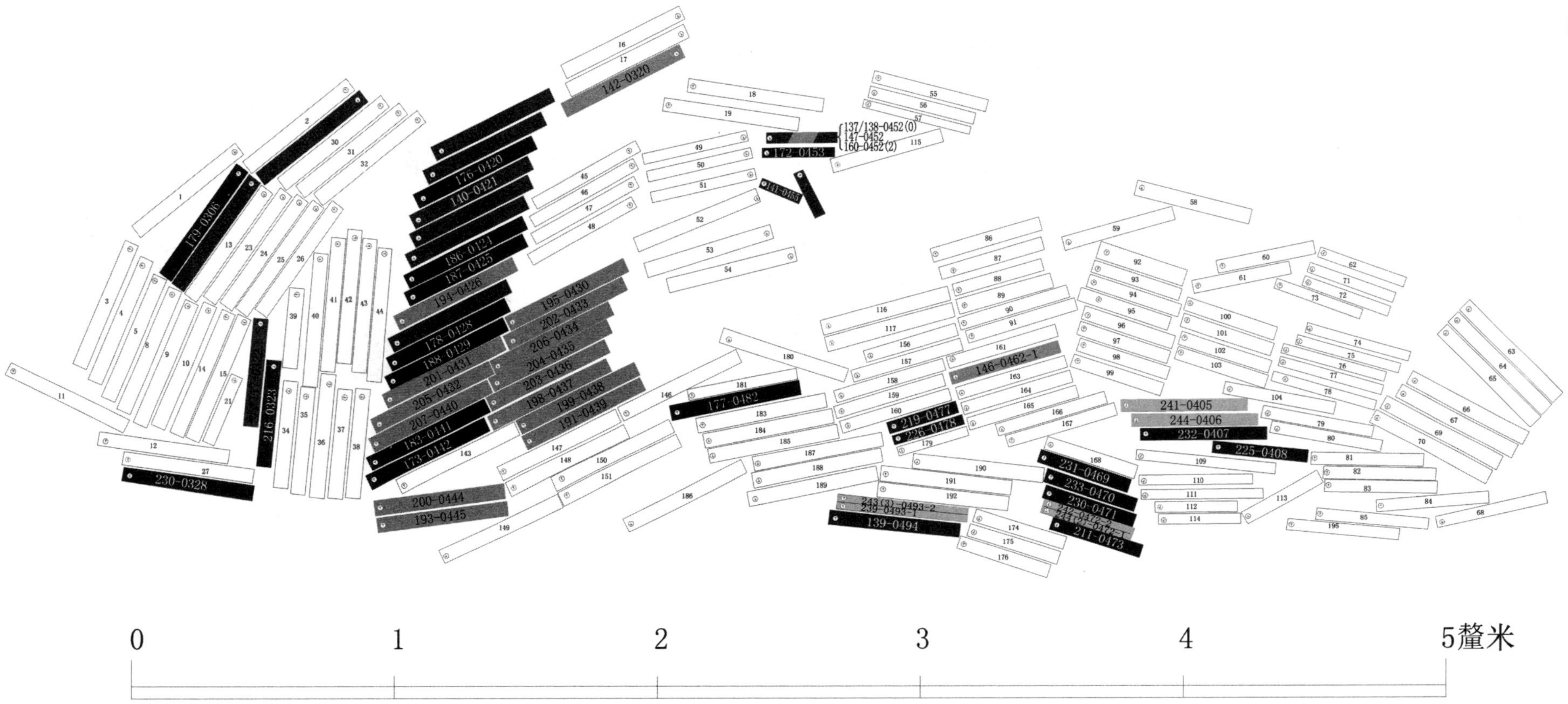

嶽麓秦簡第二捆簡端側視圖 CAD 製圖：蕭玉軍（荊州博物館）二〇〇八年一月

《爲獄等狀四種》簡位置標注及圖片處理：陶安（明治大學）二〇一二年十月初製，二〇一九年八月修改

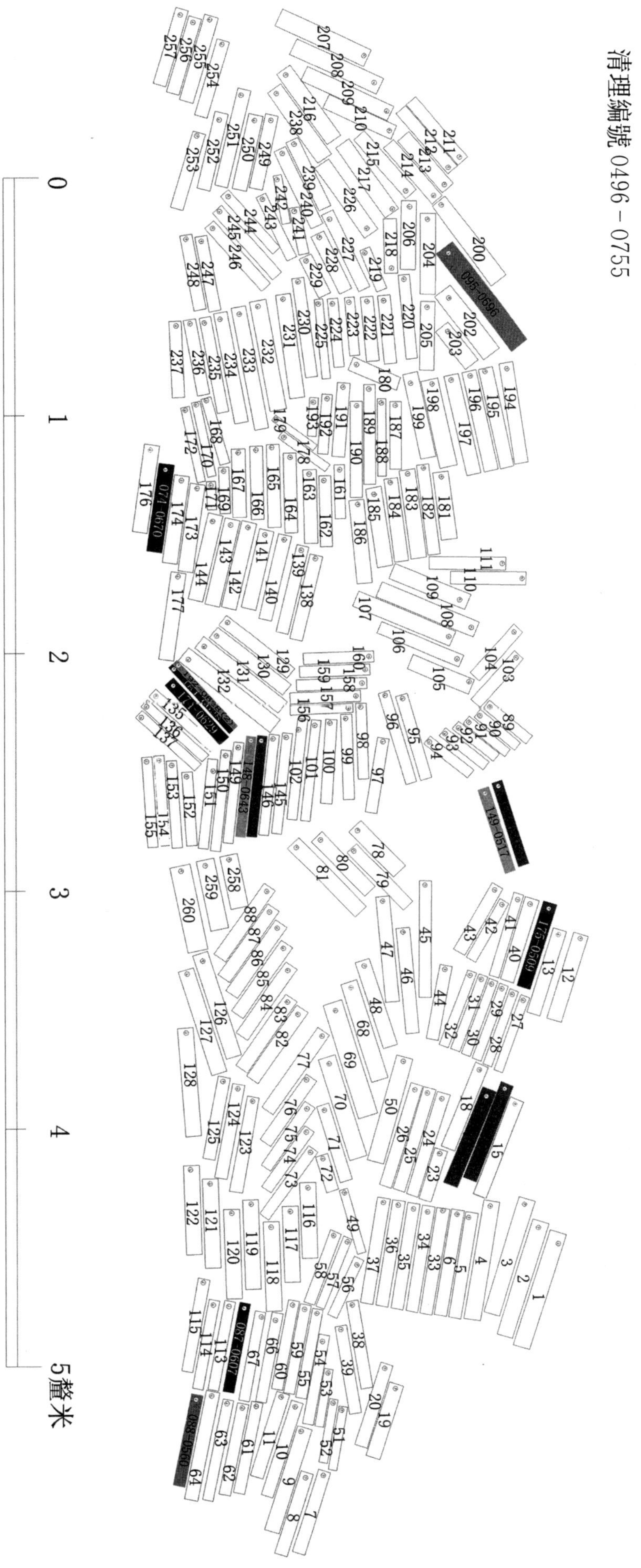

嶽麓書院秦簡第三捆簡端側視圖 CAD 製圖：蕭玉軍（荊州博物館）二〇〇八年一月
《爲獄等狀四種》簡位置標注及圖片處理：陶安（明治大學）二〇一二年十月初製，二〇一九年八月修改

清理編號 0756－1195

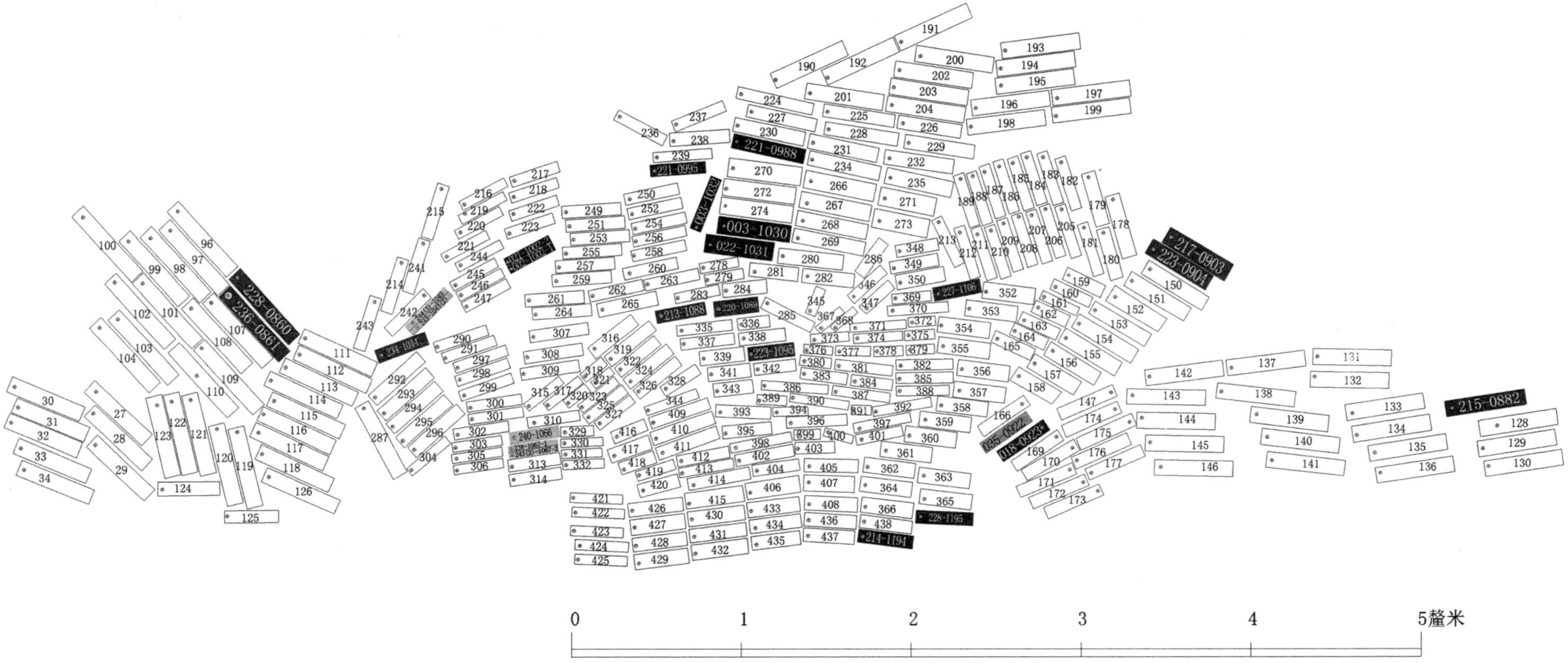

嶽麓書院秦簡第四捆簡端側視圖 CAD 製圖：蕭玉軍（荊州博物館）二〇〇八年一月
《爲獄等狀四種》簡位置標注及圖片處理：陶安（明治大學）二〇一二年十月初製，二〇一九年八月修改

清理編號 1196－1491

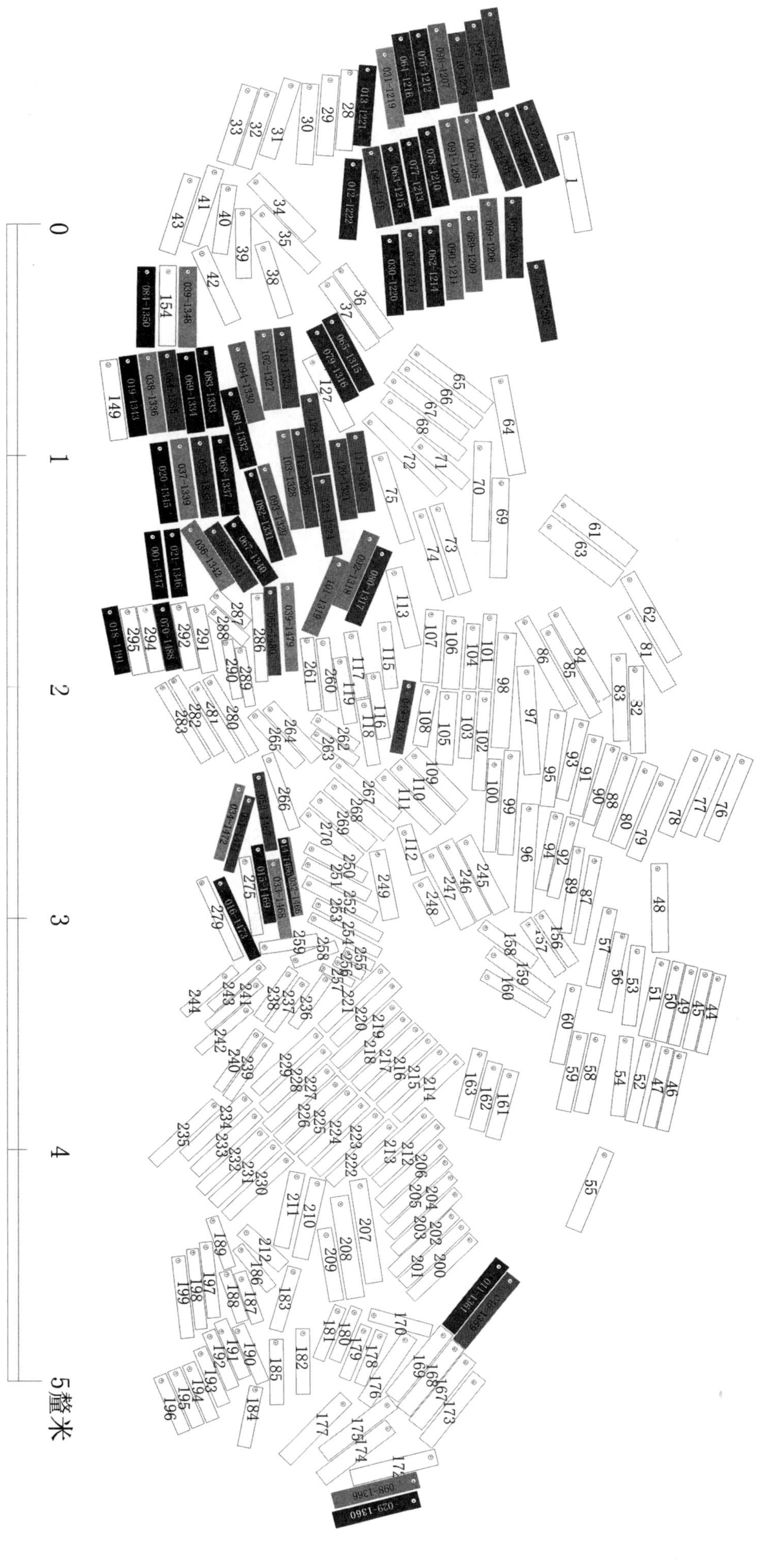

嶽麓書院秦簡第五捆簡端側視圖 CAD製圖：蕭玉軍（荊州博物館）二〇〇八年一月

《爲獄等狀四種》簡位置標注及圖片處理：陶安（明治大學）二〇一二年十月初製，二〇一九年八月修改

清理編號 1594－1929

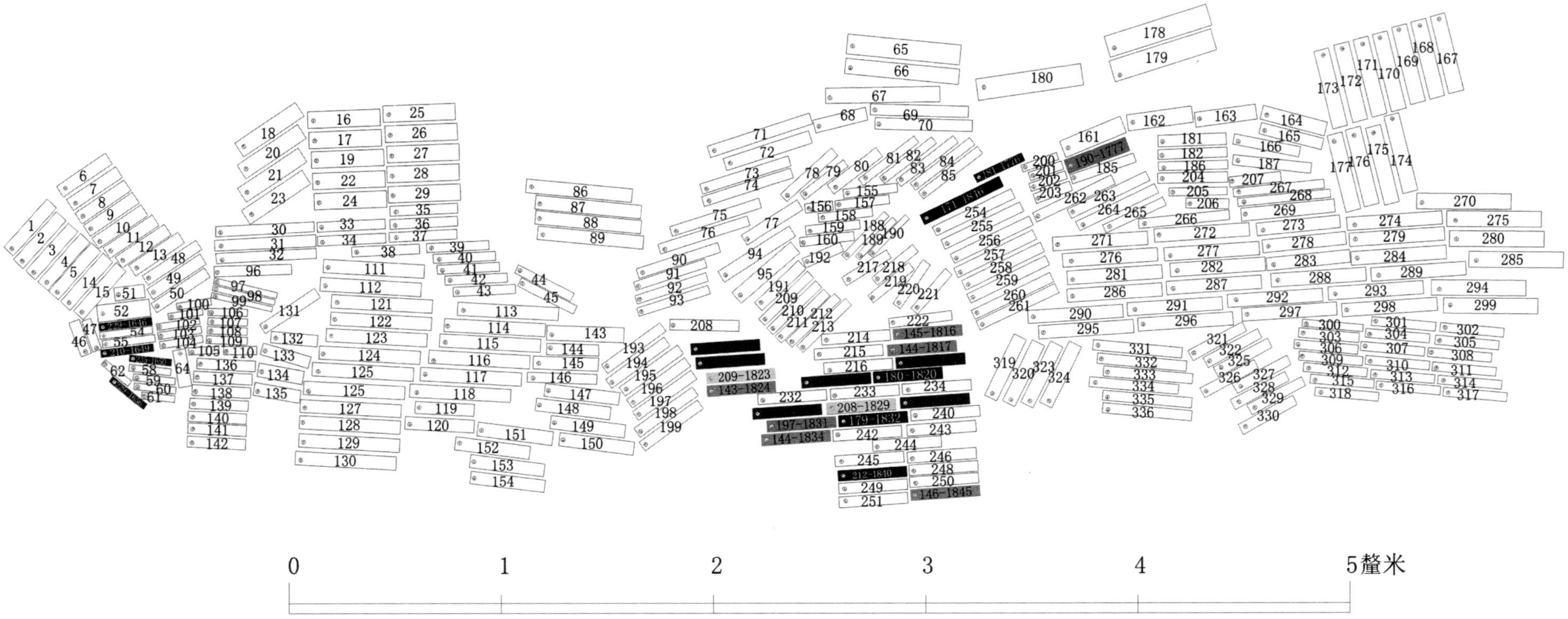

嶽麓書院秦簡第七捆簡端側視圖 CAD 製圖：蕭玉軍（荆州博物館）二〇〇八年一月

《爲獄等狀四種》簡位置標注及圖片處理：陶安（明治大學）二〇一二年十月初製，二〇一九年八月修改

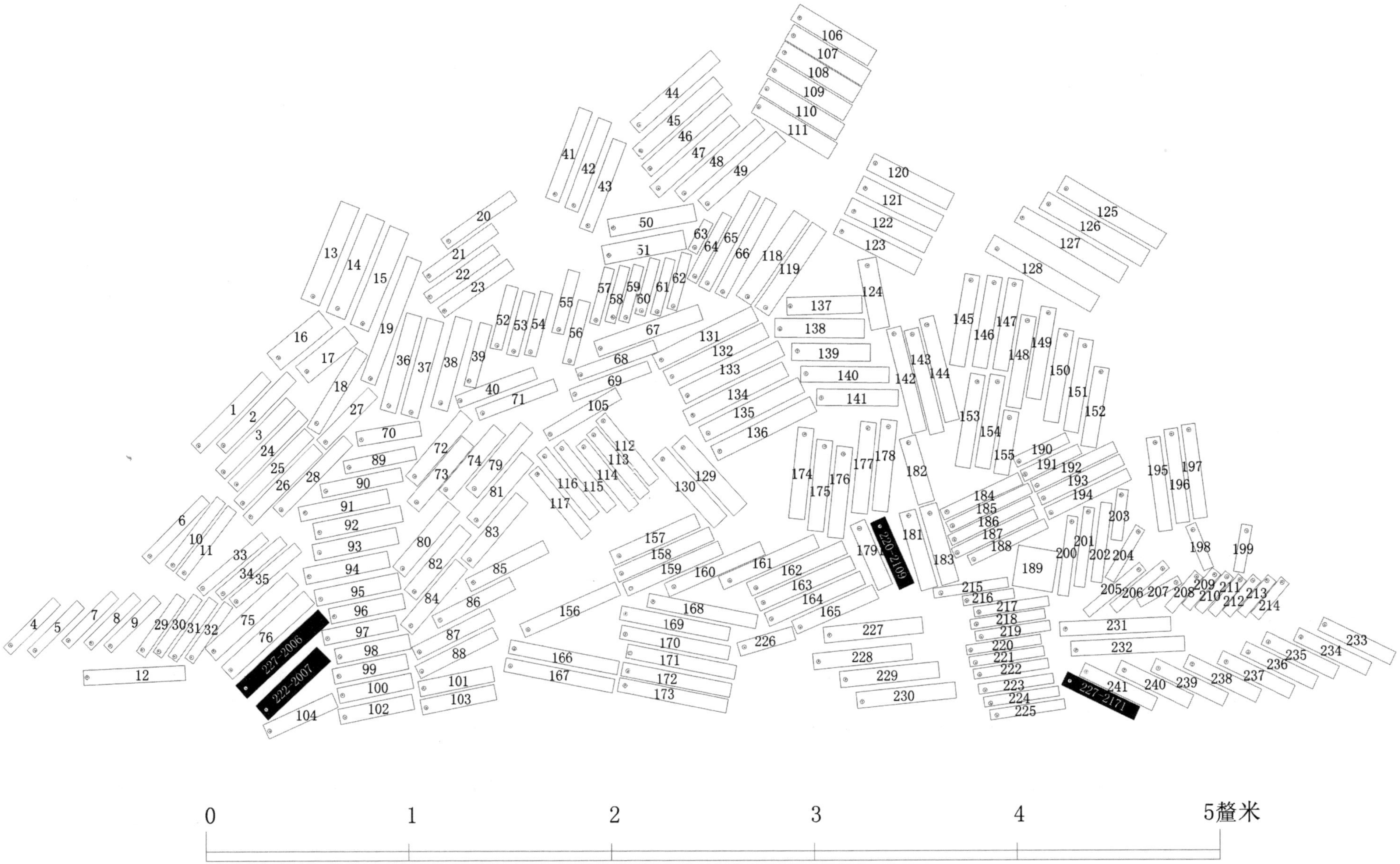

嶽麓書院秦簡第八捆簡端側視圖 CAD 製圖：蕭玉軍（荆州博物館）二〇〇八年一月

《爲獄等狀四種》簡位置標注及圖片處理：陶安（明治大學）二〇一二年十月初製，二〇一九年八月修改

卷册結構表

第一類卷册結構表

（「反」：依據反印文確定正背面接觸關係；「位」：依據揭取位置確定正背面接觸關係；「（位）」：成爲繫聯依據的揭取位置經過簡組整體的規律性調整；「q01」、「q02」：缺簡號。）

備注（反印文均釋出第一層背面墨迹）	第一層			第二層			第三層			第四層	
	整理編號	清理編號	繫聯依據	整理編號	清理編號	繫聯依據	整理編號	清理編號	繫聯依據	整理編號	清理編號
	001	殘 227＋1347									
	002	1002－1									
	003	1032＋1030									
	004	0061＋殘 039									
	005	0055－1＋0053＋0055－3									
	006	0093									
簡 006 與 007 之間簡文無法連讀，背面劃綫也不連續。原據背面劃綫擬補缺簡 q01，今將簡 247 移於此，改編號爲 006(2)。簡 006(2)下段殘缺，背面劃綫仍不連續。	006(2)	殘 453									
	007	0164									
	008	0157									
	009	0160									
	010	0184									

續表

備注（反印文均釋出第一層背面墨迹）	第一層			第二層			第三層			第四層	
	整理編號	清理編號	繫聯依據	整理編號	清理編號	繫聯依據	整理編號	清理編號	繫聯依據	整理編號	清理編號
簡 010 與 011 之間背面劃綫不連續，似缺一枚簡，但簡文可以連讀，兩簡簡文的反印文亦見於簡文、劃綫都連續的簡 028 與 029 背面。	011	1361									
	012	1222									
	013	1221									
	014	1466－1									
	015	1469									
	016	1473									
	017	殘 155									
	018	1491＋0923									
簡 019 背面有三道劃綫，第二道在編繩處，與簡 018 的劃綫連續。	019	1343									
	020	1345									
反印文：「六月」、「未州陵守綰」。			反	001	殘 227＋1347						
反印文：「越」、「四月」、「長」。	021	1346＋1002－2	反、位	001	殘 227＋1347						
			位	002	1002－1						
反印文：「致」。	022	1031	反、位	003	1032＋1030						
簡 022 與 023 之間簡文無法連讀，背面劃綫也不連續，據背面劃綫判斷，應缺一枚簡。	q02	缺簡		004	0061＋殘 039						

續表

備注（反印文均釋出第一層背面墨迹）	第一層			第二層			第三層			第四層	
	整理編號	清理編號	繫聯依據	整理編號	清理編號	繫聯依據	整理編號	清理編號	繫聯依據	整理編號	清理編號
簡 023(0054)揭取位置在 0053 與 0055－1＋0055－3 之間。按，簡位 0055 共有五片殘簡，疑拍攝時有粘附等情況，導致編號不確。 簡 023 背面有來源不明的竪向墨迹。	023	0054	位	005	0055－1＋0053＋0055－3						
反印文：「盜」（得辠盜₌殺人購）、「等」（瑣等弗能詣告）。 簡 024 背面上部四分之三處左側有墨迹，即簡側小片扭轉導致正面「當論」兩字殘筆朝後，非反印文。	024	0094	反、位	006	0093						
簡 024 與 025 之間簡文無法連讀，背面劃綫也不連續，據背面劃綫判斷，應缺一枚簡。	q03	缺簡		006(2)	殘 453						
反印文：「錢數得公購」。	025	0163－1	反、位	007	0164						
	026	0158	位	008	0157						
反印文：「邦亡其它人不言所」。	027	0152＋殘 020	反	009	0160						
反印文：「未到沙羨實不智治等何辠」。	028	0183	反、位	010	0184						
反印文：「購先受錢二」、「受」（未受公購錢）、「購」（未受公購錢）、「智瑣等弗詣相移受錢」。	029	殘 303＋1359	反	011	1361						
反印文：「沛潘」、「言如瑣等」。	030	1220	反、（位）	012	1222						
反印文：「五」、「守綰」、「史獲論令癸瑣等」、「黥」、「行戍衡」、「各三歲」。	031	1219	反、位	013	1221						

備注（反印文均釋出第一層背面墨迹）	第一層			第二層			第三層			第四層	
	整理編號	清理編號	繫聯依據	整理編號	清理編號	繫聯依據	整理編號	清理編號	繫聯依據	整理編號	清理編號
反印文:「史康」、「以爲不當錢不處」、「=論=及論失者言夬●縮等曰治」。	032	1466－2	反、位	014	1466－1						
反印文:「購」、「縮」、「以盗」。	033	1468	反、位	015	1469						
反印文:「它如癸等及劾」、「辠購四萬三百廿∟辜」、「=殺人購」。	034	1472	反、(位)	016	1473						
反印文:「□」、「□□□」。	035	0922＋殘 142		017	殘 155						
反印文:「┛(?)柳(?)」。			反(?)、位	018	1491＋0923						
簡 021 與 019 的揭取位置互相錯位，疑是出土後簡 035（0922）與 018（0923）被移動時受影響對换。	036	1342		018	1491＋0923						
反印文:「詣」、「分」、「癸」、「等辜」、「購給瑣」。			反	019	1343						
反印文:「給」、「等」(給瑣等)。	037	1339	反	019	1343						
反印文:「私」、「二」。			反	020	1345						
反印文:「移」。	038	1336	反	020	1345	反	001	殘 227＋1347			
反印文:「分(?)」、「購」。			反	021	1346＋1002－2	反、位	001	殘 227＋1347			
						位	002	1002－1			
	039	1479＋1348		022	1031	反、位	003	1032＋1030			
簡 039 與 040 之間簡文無法連讀，背面劃綫也不連續，似缺兩枚簡，但從記載内容和簡 038 與 043 背面反印文的相對距離判斷，應僅缺一枚簡。	q04	缺簡		q02	缺簡		004	0061＋殘 039			

續表

備注（反印文均釋出第一層背面墨迹）	第一層 整理編號	第一層 清理編號	第一層 繫聯依據	第二層 整理編號	第二層 清理編號	第二層 繫聯依據	第三層 整理編號	第三層 清理編號	第三層 繫聯依據	第四層 整理編號	第四層 清理編號
	040	0083	（位）	023	0054	位	005	0055－1＋0053＋0055－3			
	041	0095	位	024	0094	反、位	006	0093			
	042	0138		q03	缺簡		006(2)	殘 453			
反印文：「七月」、「未」、「郡」、「叚守」	043	0162	反、位	025	0163－1	反、位	007	0164			
反印文：「□」、「□」、「徒(?)」、「瑣」。			反	026	0158	位	008	0157			
反印文：「行(?)將(?)」。	044	0159	反(?)、位	026	0158						
反印文：「臯」。			反	027	0152＋殘 020	反	009	0160			
反印文：「數(?)」、「□□□□」、「瑣(?)」。	045	0200＋0195	反(?)	028	0183	反、位	010	0184			
反印文：「瑣」、「有(?)券(?)␣(?)」。	046	1360	反	029	殘 303＋1359	反	011	1361			
	047	1217	位	030	1220	反、(位)	012	1222			
反印文：「廼二月甲戌走馬達告」、「馬」。	048	1218	反、(位)	031	1219	反、位	013	1221			
	049	1309		032	1466－2	反、位	014	1466－1			
反印文：「治(?)」、「邦(?)亡荆閬等」。	050	1467	反、(位)	033	1468	反、位	015	1469			
反印文：「來入」、「羕行到」、「言曰治等」、「臯」。	051	1471	反、位	034	1472	反、(位)	016	1473			
反印文：「歸羕來」。	052	1341	反	035	0922＋殘 142		017	殘 155			
						反(?)、位	018	1491＋0923			
反印文：「後治閬等乃羣盗殺傷好等␣律曰産捕羣盗一人購金十四兩」。			反、位	036	1342		018	1491＋0923			

續表

備注（反印文均釋出第一層背面墨迹）	第一層 整理編號	第一層 清理編號	第一層 繫聯依據	第二層 整理編號	第二層 清理編號	第二層 繫聯依據	第三層 整理編號	第三層 清理編號	第三層 繫聯依據	第四層 整理編號	第四層 清理編號
反印文:「捕辠盜」、「購」、「兩」。	053	1338	反	036	1342	反	019	1343			
反印文:「□」、「金二兩●鞫之尸等産捕」、「闐等」。			反、位	037	1339	反	019	1343			
反印文:「所(?)興(?)」。	054	1335	反(?)	037	1339	反	020	1345			
反印文:「歸羛」、「不詣」、「降」、「秦」。			反、位	038	1336	反	020	1345	反	001	殘227+1347
反印文:「治(?)」。	055	1480	反(?)	038	1336	反	021	1346+1002-2	反、位	001	殘227+1347
									位	002	1002-1
反印文:「□」、「灋(?)」、「議以捕辠盜律購尸等┛或曰以捕它邦」。			反、位	039	1479+1348		022	1031	反、位	003	1032+1030
簡055與056之間簡文無法連讀，背面劃綫也不連續，據背面劃綫和前後反印文的分佈情況判斷，應缺一枚簡。	q05	缺簡		q04	缺簡		q02	缺簡		004	0061+殘039
反印文:「丙」、「朔」、「郡(?)叚」、「賈」。	056	0084	反、位	040	0083	(位)	023	0054	位	005	0055-1+0053+0055-3
反印文:「闐等」(荆男子闐等)、「告辠盜□殺傷」、「等荆人」	057	0096	反、位	041	0095	位	024	0094	反、位	006	0093
參看簡097備注。	058	0143	(位)	042	0138		q03	缺簡		006(2)	殘453
	059	0149-1		043	0162	反、位	025	0163-1	反、位	007	0164
						反	026	0158	位	008	0157
反印文:「灋之廿三年」、「令」。在下段另有墨迹，似與簡044簡文不合。			反	044	0159	反(?)、位	026	0158			

續表

備注（反印文均釋出第一層背面墨迹）	第一層			第二層			第三層			第四層	
	整理編號	清理編號	繫聯依據	整理編號	清理編號	繫聯依據	整理編號	清理編號	繫聯依據	整理編號	清理編號
反印文:「四」、「灋(?)」、「三」。	060	0008+0037	反	044	0159	反	027	0152+殘 020	反	009	0160
反印文:「盜(?)」。 簡 060 由簡 0008 與 0037 遥綴而成。據簡 059 至 061 的背面反印文可知簡 0008 與 0037 僅站一個簡位。			反(?)	045	0200+0195	反(?)	028	0183	反、位	010	0184
反印文:「冢」、「臧得」。	061	0193+殘 033	反	045	0200+0195						
				046	1360	反	029	殘 303+1359	反	011	1361
	062	1214		046	1360						
上段有墨迹,似與簡 047 不合。			位	047	1217	位	030	1220	反、(位)	012	1222
反印文:「五月丁未獄史」、「五去」、「載」。 簡 062 與 063 背面劃綫不連續,似缺一枚簡〔一〕,但簡文可以連讀。 簡上端左側有墨迹,與簡 048 簡文不甚吻合。	063	1215	反	047	1217						
			位	048	1218	反、(位)	031	1219	反、位	013	1221
反印文:「募(?)」、「欲(?)買(?)」。	064	1216	反(?)	048	1218						
				049	1309		032	1466－2	反、位	014	1466－1
反印文:「子(?)□□□□□」、「□□□□」。	065	1315	反(?)	050	1467	反、(位)	033	1468	反、位	015	1469
反印文:「□」、「□」。下半部四分一處另有較爲清楚的墨迹,爲正面「駕」字,非反印文。	066	J48		051	1471	反、位	034	1472	反、(位)	016	1473

續表

<table>
<tr><th rowspan="2">備注
（反印文均釋出
第一層背面墨迹）</th><th colspan="3">第一層</th><th colspan="3">第二層</th><th colspan="3">第三層</th><th colspan="2">第四層</th></tr>
<tr><th>整理編號</th><th>清理編號</th><th>繫聯依據</th><th>整理編號</th><th>清理編號</th><th>繫聯依據</th><th>整理編號</th><th>清理編號</th><th>繫聯依據</th><th>整理編號</th><th>清理編號</th></tr>
<tr><td rowspan="3">反印文:「募」、「謂」。</td><td rowspan="3">067</td><td rowspan="3">1340</td><td rowspan="3">反、位</td><td rowspan="3">052</td><td rowspan="3">1341</td><td rowspan="2">反</td><td rowspan="2">035</td><td rowspan="2">0922＋殘 142</td><td></td><td>017</td><td>殘 155</td></tr>
<tr><td>反(?)、位</td><td>018</td><td>1491＋0923</td></tr>
<tr><td>反、位</td><td>036</td><td>1342</td><td></td><td>018</td><td>1491＋0923</td></tr>
<tr><td rowspan="2">反印文:「猩(?)獨(?)」。
簡 067 與 068 之間背面劃綫不連續,似缺一枚簡,但簡文可以連讀,背面反印文也來自相毗連的兩枚簡,不容夾入其他簡。</td><td rowspan="2">068</td><td rowspan="2">1337</td><td rowspan="2">反(?)、位</td><td rowspan="2">053</td><td rowspan="2">1338</td><td>反</td><td>036</td><td>1342</td><td>反</td><td>019</td><td>1343</td></tr>
<tr><td>反、位</td><td>037</td><td>1339</td><td>反</td><td>019</td><td>1343</td></tr>
<tr><td rowspan="2">反印文:「分(?)猩(?)」(蒔等不分猩)、「曰達」。
反印文略偏右,上段左側另有墨迹,疑爲簡 055「獨」字反印文。</td><td rowspan="2">069</td><td rowspan="2">1334</td><td rowspan="2">反、位</td><td rowspan="2">054</td><td rowspan="2">1335</td><td>反(?)</td><td>037</td><td>1339</td><td>反</td><td>020</td><td>1345</td></tr>
<tr><td>反、位</td><td>038</td><td>1336</td><td>反</td><td>020</td><td>1345</td></tr>
<tr><td rowspan="2">反印文:「爲(?)樂(?)等(?)庸取」、「它」、「達及前●醴陽丞悝曰」、「上造」。</td><td rowspan="2">070</td><td rowspan="2">1488</td><td rowspan="2">反</td><td rowspan="2">055</td><td rowspan="2">1480</td><td>反(?)</td><td>038</td><td>1336</td><td>反</td><td>021</td><td>1346＋1002－2</td></tr>
<tr><td>反、位</td><td>039</td><td>1479＋1348</td><td></td><td>022</td><td>1031</td></tr>
<tr><td>簡 070 與 071 之間簡文無法連讀,背面劃綫也不連續,據背面劃綫和前後反印文的分佈情況判斷,應缺一枚簡〔二〕。</td><td>q06</td><td>缺簡</td><td></td><td>q05</td><td>缺簡</td><td></td><td>q04</td><td>缺簡</td><td></td><td>q02</td><td>缺簡</td></tr>
<tr><td></td><td>071</td><td>0085</td><td>位</td><td>056</td><td>0084</td><td>反、位</td><td>040</td><td>0083</td><td>(位)</td><td>023</td><td>0054</td></tr>
<tr><td></td><td>072</td><td>0097</td><td>位</td><td>057</td><td>0096</td><td>反、位</td><td>041</td><td>0095</td><td>位</td><td>024</td><td>0094</td></tr>
<tr><td></td><td>073</td><td>0142</td><td>位</td><td>058</td><td>0143</td><td>(位)</td><td>042</td><td>0138</td><td></td><td>q03</td><td>缺簡</td></tr>
<tr><td rowspan="3"></td><td rowspan="3">074</td><td rowspan="3">0670</td><td rowspan="3"></td><td rowspan="3">059</td><td rowspan="3">0149－1</td><td rowspan="2"></td><td rowspan="2">043</td><td rowspan="2">0162</td><td>反、位</td><td>025</td><td>0163－1</td></tr>
<tr><td>反</td><td>026</td><td>0158</td></tr>
<tr><td>反</td><td>044</td><td>0159</td><td>反(?)、位</td><td>026</td><td>0158</td></tr>
</table>

續表

<table>
<tr><th rowspan="2">備注
（反印文均釋出
第一層背面墨迹）</th><th colspan="3">第一層</th><th colspan="3">第二層</th><th colspan="3">第三層</th><th colspan="2">第四層</th></tr>
<tr><th>整理
編號</th><th>清理
編號</th><th>繫聯
依據</th><th>整理
編號</th><th>清理
編號</th><th>繫聯
依據</th><th>整理
編號</th><th>清理
編號</th><th>繫聯
依據</th><th>整理
編號</th><th>清理
編號</th></tr>
<tr><td rowspan="2">反印文：「如辤●鞫」。</td><td rowspan="4">075</td><td rowspan="4">0001＋0038</td><td rowspan="2">反、位</td><td rowspan="2">060</td><td rowspan="2">0008＋0037</td><td>反</td><td>044</td><td>0159</td><td>反</td><td>027</td><td>0152＋殘 020</td></tr>
<tr><td>反(?)</td><td>045</td><td>0200＋0195</td><td rowspan="2">反(?)</td><td rowspan="2">028</td><td rowspan="2">0183</td></tr>
<tr><td rowspan="2">反印文：「暨史同論赦狸敞爲庶」。
簡 074 與 075 之間背面劃綫不連續，似缺一枚簡，但從簡 070 至 075 背面反印文和揭取位置判斷，不容夾入其他簡。</td><td rowspan="2">反</td><td rowspan="2">061</td><td rowspan="2">0193＋殘 033</td><td>反</td><td>045</td><td>0200＋0195</td></tr>
<tr><td rowspan="2"></td><td>046</td><td>1360</td><td rowspan="2">反</td><td rowspan="2">029</td><td rowspan="2">殘 303＋1359</td></tr>
<tr><td rowspan="2">反印文：「棺列」、「弗鼠┛芮」。</td><td rowspan="2">076</td><td rowspan="2">1212</td><td rowspan="2">反、(位)</td><td rowspan="2">062</td><td rowspan="2">1214</td><td>046</td><td>1360</td></tr>
<tr><td>位</td><td>047</td><td>1217</td><td rowspan="2">位</td><td rowspan="2">030</td><td rowspan="2">1220</td></tr>
<tr><td rowspan="2">上段左側有較爲清晰的墨迹，與簡 063「蓋」字頗像，但位置和筆畫間距不合。</td><td rowspan="2">077</td><td rowspan="2">1213</td><td rowspan="2">(位)</td><td rowspan="2">063</td><td rowspan="2">1215</td><td>反</td><td>047</td><td>1217</td></tr>
<tr><td>位</td><td>048</td><td>1218</td><td rowspan="2">反、(位)</td><td rowspan="2">031</td><td rowspan="2">1219</td></tr>
<tr><td rowspan="2">簡 077 與 078 之間背面劃綫不連續，似缺二至三枚簡〔三〕，但簡文可以連讀，簡 076 與 079 背面反印文的相對距離也不容夾入其他簡。</td><td rowspan="2">078</td><td rowspan="2">1210</td><td rowspan="2">(位)</td><td rowspan="2">064</td><td rowspan="2">1216</td><td>反(?)</td><td>048</td><td>1218</td></tr>
<tr><td></td><td>049</td><td>1309</td><td></td><td>032</td><td>1466－2</td></tr>
<tr><td>反印文：「更不當受」、「受棺」、「問」、「芮」、「謂更」、「旁有」、「列可受」。</td><td>079</td><td>1316</td><td>反、位</td><td>065</td><td>1315</td><td>反(?)</td><td>050</td><td>1467</td><td>反、(位)</td><td>033</td><td>1468</td></tr>
<tr><td>上段四處有殘泐墨迹，都似與簡 066 簡文不合。
簡 079 與 080 之間背面劃綫不連續，似缺一枚簡，但簡文可以連讀。</td><td>080</td><td>1317</td><td></td><td>066</td><td>J48</td><td></td><td>051</td><td>1471</td><td>反、位</td><td>034</td><td>1472</td></tr>
<tr><td rowspan="2">反印文：「不(?)」。
簡 081 與 082 的揭取位置對調。</td><td rowspan="2">081</td><td rowspan="2">1332</td><td rowspan="2">反(?)、(位)</td><td rowspan="2">067</td><td rowspan="2">1340</td><td rowspan="2">反、位</td><td rowspan="2">052</td><td rowspan="2">1341</td><td>反</td><td>035</td><td>0922＋殘 142</td></tr>
<tr><td>反、位</td><td>036</td><td>1342</td></tr>
</table>

續表

備注 （反印文均釋出 第一層背面墨迹）	第一層 整理編號	第一層 清理編號	第一層 繫聯依據	第二層 整理編號	第二層 清理編號	第二層 繫聯依據	第三層 整理編號	第三層 清理編號	第三層 繫聯依據	第四層 整理編號	第四層 清理編號
反印文:「材(?)以爲」。	082	1331	反、(位)	068	1337	反(?)、位	053	1338	反	036	1342
									反、位	037	1339
反印文:「勿」。	083	1333	反	069	1334	反、位	054	1335	反(?)	037	1339
									反、位	038	1336
反印文:「謂」、「與芮共不共且」。	084	1350	反	070	1488	反	055	1480	反(?)	038	1336
									反、位	039	1479＋1348
簡084與085之間,背面劃綫不連續,似缺三至四枚簡,簡文也無法連讀,但從簡文、背面反印文的相對距離以及揭取位置推測,應僅缺一枚簡。	q07	缺簡		q06	缺簡		q05	缺簡		q04	缺簡
	085	0086	位	071	0085	位	056	0084	反、位	040	0083
			(位)	072	0097	位	057	0096	反、位	041	0095
反印文:「芮」(●芮曰)、「列」。	086	0141	反、位	073	0142	位	058	0143	(位)	042	0138
反印文:「蓋(?)」(卒(?)又(?)蓋)。	087	0607	反(?)	074	0670		059	0149－1		043	0162
									反	044	0159
反印文:「方曰欲即并買地蓋千」。簡088由簡0101與0560遥綴而成。據簡087至091的背面反印文和揭取位置可知簡0101與0560僅佔一個簡位。	088	0101＋0560	反	075	0001＋0038	反、位	060	0008＋0037	反	044	0159
									反(?)	045	0200＋0195
						反	061	0193＋殘033	反	045	0200＋0195
										046	1360

續表

<table>
<tr><th rowspan="2">備注
（反印文均釋出
第一層背面墨迹）</th><th colspan="3">第一層</th><th colspan="3">第二層</th><th colspan="3">第三層</th><th colspan="2">第四層</th></tr>
<tr><th>整理編號</th><th>清理編號</th><th>繫聯依據</th><th>整理編號</th><th>清理編號</th><th>繫聯依據</th><th>整理編號</th><th>清理編號</th><th>繫聯依據</th><th>整理編號</th><th>清理編號</th></tr>
<tr><td rowspan="2">反印文:「覺有(?)」、「取(?)」(令方勿取)。</td><td rowspan="2">089</td><td rowspan="2">1209</td><td rowspan="2">反、(位)</td><td rowspan="2">076</td><td rowspan="2">1212</td><td rowspan="2">反、(位)</td><td rowspan="2">062</td><td rowspan="2">1214</td><td></td><td>046</td><td>1360</td></tr>
<tr><td>位</td><td>047</td><td>1217</td></tr>
<tr><td rowspan="2">簡 089 與 090 的背面劃綫不連續,似缺兩枚簡,但從簡文文例和簡 087 至 091 的背面反印文、揭取位置判斷,不容夾入其他簡。</td><td rowspan="3">090</td><td rowspan="3">1211</td><td rowspan="2">(位)</td><td rowspan="2">077</td><td rowspan="2">1213</td><td rowspan="2">(位)</td><td rowspan="2">063</td><td rowspan="2">1215</td><td>反</td><td>047</td><td>1217</td></tr>
<tr><td>位</td><td>048</td><td>1218</td></tr>
<tr><td>反印文:「隸(?)」。</td><td>反(?)</td><td>078</td><td>1210</td><td rowspan="2">(位)</td><td rowspan="2">064</td><td rowspan="2">1216</td><td>反(?)</td><td>048</td><td>1218</td></tr>
<tr><td>反印文:「朵不存買芮(?)隸(?)」。</td><td rowspan="2">091</td><td rowspan="2">1208</td><td>反、(位)</td><td>078</td><td>1210</td><td></td><td>049</td><td>1309</td></tr>
<tr><td></td><td></td><td>079</td><td>1316</td><td rowspan="2">反、位</td><td rowspan="2">065</td><td rowspan="2">1315</td><td rowspan="2">反(?)</td><td rowspan="2">050</td><td rowspan="2">1467</td></tr>
<tr><td>反印文:「後環二百錢未備八百它及朵」。</td><td rowspan="2">092</td><td rowspan="2">1318</td><td>反</td><td>079</td><td>1316</td></tr>
<tr><td>反印文:「弗(?)」。</td><td>反(?)、位</td><td>080</td><td>1317</td><td></td><td>066</td><td>J48</td><td></td><td>051</td><td>1471</td></tr>
<tr><td>簡 081(1332)與 082(1331)揭取位置對調。</td><td>093</td><td>1329</td><td>(位)</td><td>081</td><td>1332</td><td>反(?)、(位)</td><td>067</td><td>1340</td><td>反、位</td><td>052</td><td>1341</td></tr>
<tr><td>反印文:「環錢」、「且(?)」、「論芮□可以」。</td><td rowspan="2">094</td><td rowspan="2">1330</td><td>反、(位)</td><td>082</td><td>1331</td><td>反、(位)</td><td>068</td><td>1337</td><td>反(?)、位</td><td>053</td><td>1338</td></tr>
<tr><td>反印文:「買方」。</td><td>反、(位)</td><td>083</td><td>1333</td><td rowspan="2">反</td><td rowspan="2">069</td><td rowspan="2">1334</td><td rowspan="2">反、位</td><td rowspan="2">054</td><td rowspan="2">1335</td></tr>
<tr><td rowspan="2">有隱約墨迹,爲正面「灋之」、「自言」、「弗傅邦候」、「馬一匹」等字,非反印文。</td><td rowspan="2">094(2)</td><td rowspan="2">J15</td><td></td><td>083</td><td>1333</td></tr>
<tr><td></td><td>084</td><td>1350</td><td>反</td><td>070</td><td>1488</td><td>反</td><td>055</td><td>1480</td></tr>
<tr><td>簡 094(2)與 096 之間,背面劃綫不連續,似缺兩枚簡,但據簡文判斷,應僅缺一枚簡。</td><td>q09</td><td>缺簡</td><td></td><td>q07</td><td>缺簡</td><td></td><td>q06</td><td>缺簡</td><td></td><td>q05</td><td>缺簡</td></tr>
</table>

<table>
<tr><th rowspan="2">備注
（反印文均釋出
第一層背面墨迹）</th><th colspan="3">第一層</th><th colspan="3">第二層</th><th colspan="3">第三層</th><th colspan="2">第四層</th></tr>
<tr><th>整理編號</th><th>清理編號</th><th>繫聯依據</th><th>整理編號</th><th>清理編號</th><th>繫聯依據</th><th>整理編號</th><th>清理編號</th><th>繫聯依據</th><th>整理編號</th><th>清理編號</th></tr>
<tr><td rowspan="2">反印文:「□」、「□」。</td><td rowspan="2">096</td><td rowspan="2">0087</td><td rowspan="2">位</td><td rowspan="2">085</td><td rowspan="2">0086</td><td>位</td><td>071</td><td>0085</td><td>位</td><td>056</td><td>0084</td></tr>
<tr><td>（位）</td><td>072</td><td>0097</td><td>位</td><td>057</td><td>0096</td></tr>
<tr><td>簡 058、073、086、097 疑原與簡 057、072 和 042 相毗連，分捆時被整體翻轉。</td><td>097</td><td>0151＋0140</td><td>位</td><td>086</td><td>0141</td><td>反、位</td><td>073</td><td>0142</td><td>位</td><td>058</td><td>0143</td></tr>
<tr><td>反印文:「□」。
簡 095 下半殘缺；簡 097 與 098 之間，背面劃綫不連續，正容一枚簡。</td><td>095</td><td>0696</td><td></td><td>087</td><td>0607</td><td>反(?)</td><td>074</td><td>0670</td><td></td><td>059</td><td>0149－1</td></tr>
<tr><td rowspan="2"></td><td rowspan="3">098</td><td rowspan="3">1207＋1366</td><td rowspan="2"></td><td rowspan="2">088</td><td rowspan="2">0101＋0560</td><td rowspan="2">反</td><td rowspan="2">075</td><td rowspan="2">0001＋0038</td><td>反、位</td><td>060</td><td>0008＋0037</td></tr>
<tr><td>反</td><td>061</td><td>0193＋殘 033</td></tr>
<tr><td>反印文:「能與」。</td><td>反、(位)</td><td>089</td><td>1209</td><td>反、(位)</td><td>076</td><td>1212</td><td>反、(位)</td><td>062</td><td>1214</td></tr>
<tr><td rowspan="2">反印文:「□」。
簡 098－1(1207)與 099(1206)揭取位置相互對調，疑出土後簡 098－2(1366)和 046(1359)被移動時受影響相互對調。</td><td rowspan="2">099</td><td rowspan="2">1206</td><td rowspan="2">（位）</td><td rowspan="2">090</td><td rowspan="2">1211</td><td>（位）</td><td>077</td><td>1213</td><td>（位）</td><td>063</td><td>1215</td></tr>
<tr><td>反(?)</td><td>078</td><td>1210</td><td rowspan="2">（位）</td><td rowspan="2">064</td><td rowspan="2">1216</td></tr>
<tr><td rowspan="2">反印文:「歲今廿二歲巳削爵爲」。</td><td rowspan="2">100</td><td rowspan="2">1205</td><td rowspan="2">反、(位)</td><td rowspan="2">091</td><td rowspan="2">1208</td><td>反、(位)</td><td>078</td><td>1210</td></tr>
<tr><td></td><td>079</td><td>1316</td><td rowspan="2">反、位</td><td rowspan="2">065</td><td rowspan="2">1315</td></tr>
<tr><td rowspan="2">反印文:「亡荆年十二」。</td><td rowspan="2">101</td><td rowspan="2">1319</td><td rowspan="2">反、位</td><td rowspan="2">092</td><td rowspan="2">1318</td><td>反</td><td>079</td><td>1316</td></tr>
<tr><td>反(?)、位</td><td>080</td><td>1317</td><td></td><td>066</td><td>J48</td></tr>
<tr><td>簡 102(1327)與 103(1328)揭取位置對調。
下段兩處有殘泐墨迹，簡 093 相應處無字。</td><td>102</td><td>1327</td><td>（位）</td><td>093</td><td>1329</td><td>（位）</td><td>081</td><td>1332</td><td>反(?)、(位)</td><td>067</td><td>1340</td></tr>
</table>

續表

<table>
<tr><th rowspan="2">備注
（反印文均釋出
第一層背面墨迹）</th><th colspan="3">第一層</th><th colspan="3">第二層</th><th colspan="3">第三層</th><th colspan="2">第四層</th></tr>
<tr><th>整理編號</th><th>清理編號</th><th>繫聯依據</th><th>整理編號</th><th>清理編號</th><th>繫聯依據</th><th>整理編號</th><th>清理編號</th><th>繫聯依據</th><th>整理編號</th><th>清理編號</th></tr>
<tr><td rowspan="2">反印文:「多(?)或(?)」。</td><td rowspan="2">103</td><td rowspan="2">1328</td><td rowspan="2">反(?)、(位)</td><td rowspan="2">094</td><td rowspan="2">1330</td><td>反、(位)</td><td>082</td><td>1331</td><td>反、(位)</td><td>068</td><td>1337</td></tr>
<tr><td>反、(位)</td><td>083</td><td>1333</td><td rowspan="2">反</td><td rowspan="2">069</td><td rowspan="2">1334</td></tr>
<tr><td rowspan="2">反印文:「之」、「暨自言曰邦」、「□誤(?)弗」、「候女」、「蓄馬」、「匹買」。
簡 103 與 104 的背面劃綫不連續，其中似缺四枚簡，但從簡文文例和簡 101 至 104 的背面反印文和揭取位置判斷，不容夾入其他簡。</td><td rowspan="2">104</td><td rowspan="2">J16</td><td rowspan="2">反</td><td rowspan="2">094(2)</td><td rowspan="2">J15</td><td></td><td>083</td><td>1333</td></tr>
<tr><td></td><td>084</td><td>1350</td><td>反</td><td>070</td><td>1488</td></tr>
<tr><td></td><td>105</td><td>0039</td><td></td><td>q09</td><td>缺簡</td><td></td><td>q07</td><td>缺簡</td><td></td><td>q06</td><td>缺簡</td></tr>
<tr><td rowspan="2"></td><td rowspan="2">106</td><td rowspan="2">0088</td><td rowspan="2">位</td><td rowspan="2">096</td><td rowspan="2">0087</td><td rowspan="2">位</td><td rowspan="2">085</td><td rowspan="2">0086</td><td>位</td><td>071</td><td>0085</td></tr>
<tr><td>(位)</td><td>072</td><td>0097</td></tr>
<tr><td></td><td>107</td><td>0003</td><td></td><td>097</td><td>0151+0140</td><td>位</td><td>086</td><td>0141</td><td>反、位</td><td>073</td><td>0142</td></tr>
<tr><td></td><td>108</td><td>0023+0035</td><td></td><td>095</td><td>0696</td><td></td><td>087</td><td>0607</td><td>反(?)</td><td>074</td><td>0670</td></tr>
<tr><td rowspan="2">反印文:「不(?)」。</td><td rowspan="4">109</td><td rowspan="4">1203</td><td rowspan="2">反(?)、(位)</td><td rowspan="2">098</td><td rowspan="2">1207+1366</td><td></td><td>088</td><td>0101+0560</td><td>反</td><td>075</td><td>0001+0038</td></tr>
<tr><td>反、(位)</td><td>089</td><td>1209</td><td>反、(位)</td><td>076</td><td>1212</td></tr>
<tr><td rowspan="2">反印文:「酉暨」。</td><td rowspan="2">反、(位)</td><td rowspan="2">099</td><td rowspan="2">1206</td><td rowspan="2">(位)</td><td rowspan="2">090</td><td rowspan="2">1211</td><td>(位)</td><td>077</td><td>1213</td></tr>
<tr><td>反(?)</td><td>078</td><td>1210</td></tr>
<tr><td rowspan="2"></td><td rowspan="2">110</td><td rowspan="2">1204</td><td rowspan="2">(位)</td><td rowspan="2">100</td><td rowspan="2">1205</td><td rowspan="2">反、(位)</td><td rowspan="2">091</td><td rowspan="2">1208</td><td>反、(位)</td><td>078</td><td>1210</td></tr>
<tr><td></td><td>079</td><td>1316</td></tr>
<tr><td rowspan="2">反印文:「言如前」。</td><td rowspan="2">111</td><td rowspan="2">1320</td><td rowspan="2">反、(位)</td><td rowspan="2">101</td><td rowspan="2">1319</td><td rowspan="2">反、位</td><td rowspan="2">092</td><td rowspan="2">1318</td><td>反</td><td>079</td><td>1316</td></tr>
<tr><td>反(?)、位</td><td>080</td><td>1317</td></tr>
</table>

續表

備注（反印文均釋出第一層背面墨迹）	第一層 整理編號	第一層 清理編號	第一層 繫聯依據	第二層 整理編號	第二層 清理編號	第二層 繫聯依據	第三層 整理編號	第三層 清理編號	第三層 繫聯依據	第四層 整理編號	第四層 清理編號
反印文:「贏(?)」(詰暨贏論)、「故」、「弗」。 簡102(1327)與103(1328)揭取位置對調。	112	1326	反、(位)	102	1327	(位)	093	1329	(位)	081	1332
反印文:「瀘」、「赴隧」、「它」、「前」。	113	1325	反、(位)	103	1328	反(?)、(位)	094	1330	反、(位)	082	1331
									反、(位)	083	1333
反印文:「如辤」。	114	J17	反	104	J16	反	094(2)	J15		083	1333
										084	1350
反印文:「鞫」、「暨」(暨坐八劾)、「二」。	115	0040	反、位	105	0039		q09	缺簡		q07	缺簡
反印文:「贏」、「縣」、「敢」。	116	0089	反、位	106	0088	位	096	0087	位	085	0086
反印文:「議(?)」。	117	殘021+0322－2+0322－3+殘636	反(?)	107	0003		097	0151+0140	位	086	0141
				108	0023+0035		095	0696		087	0607
	118	1202	位	109	1203	反(?)、(位)	098	1207+1366		088	0101+0560
									反、(位)	089	1209
						反、(位)	099	1206	(位)	090	1211
反印文:「匿」、「鼠」(以隸室鼠識)。	119	1201	反、(位)	110	1204	(位)	100	1205	反、(位)	091	1208
反印文:「識」。	120	1321+殘288	反、位	111	1320	反、(位)	101	1319	反、位	092	1318
	121	1324		112	1326	反、(位)	102	1327	(位)	093	1329
				113	1325	反、(位)	103	1328	反(?)、(位)	094	1330

續表

<table>
<tr><th rowspan="2">備注
（反印文均釋出
第一層背面墨迹）</th><th colspan="3">第一層</th><th colspan="3">第二層</th><th colspan="3">第三層</th><th colspan="2">第四層</th></tr>
<tr><th>整理編號</th><th>清理編號</th><th>繫聯依據</th><th>整理編號</th><th>清理編號</th><th>繫聯依據</th><th>整理編號</th><th>清理編號</th><th>繫聯依據</th><th>整理編號</th><th>清理編號</th></tr>
<tr><td>反印文:「即」。</td><td>122</td><td>J55</td><td>反</td><td>114</td><td>J17</td><td>反</td><td>104</td><td>J16</td><td>反</td><td>094(2)</td><td>J15</td></tr>
<tr><td>簡 0041 實由兩片殘簡遥綴而成,清理記録殘缺情況爲“中斷”。</td><td>123</td><td>0041</td><td>位</td><td>115</td><td>0040</td><td>反、位</td><td>105</td><td>0039</td><td></td><td>q09</td><td>缺簡</td></tr>
<tr><td>反印文:「一(?)」(居一歲)。</td><td>124</td><td>0090</td><td>反(?)、(位)</td><td>116</td><td>0089</td><td>反、位</td><td>106</td><td>0088</td><td>位</td><td>096</td><td>0087</td></tr>
<tr><td rowspan="2">反印文:「舍」。
簡 124 與 125 背面劃綫不連續,似缺一枚簡,但簡文可以連讀,前後簡背面反印文的相對距離也不容夾入其他簡。</td><td rowspan="2">125</td><td rowspan="2">0046</td><td rowspan="2">反</td><td rowspan="2">117</td><td rowspan="2">殘 021+0322－2+0322－3+殘 636</td><td>反(?)</td><td>107</td><td>0003</td><td></td><td>097</td><td>0151+0140</td></tr>
<tr><td></td><td>108</td><td>0023+0035</td><td></td><td>095</td><td>0696</td></tr>
<tr><td rowspan="2"></td><td rowspan="3">126</td><td rowspan="3">1200</td><td rowspan="2">(位)</td><td rowspan="2">118</td><td rowspan="2">1202</td><td rowspan="2">位</td><td rowspan="2">109</td><td rowspan="2">1203</td><td>反(?)、(位)</td><td>098</td><td>1207+1366</td></tr>
<tr><td>反、(位)</td><td>099</td><td>1206</td></tr>
<tr><td>反印文:「故它如(?)前(?)」、「識曰自小(?)」、「沛」(沛令)、「狗」。</td><td>反</td><td>119</td><td>1201</td><td rowspan="2">反、(位)</td><td rowspan="2">110</td><td rowspan="2">1204</td><td rowspan="2">(位)</td><td rowspan="2">100</td><td rowspan="2">1205</td></tr>
<tr><td rowspan="2">簡 127 背面左右邊緣都有模糊不清的墨迹,應與兩枚簡正面有過接觸。</td><td rowspan="2">127</td><td rowspan="2">1198</td><td>(位)</td><td>119</td><td>1201</td></tr>
<tr><td></td><td>120</td><td>1321+殘 288</td><td>反、位</td><td>111</td><td>1320</td><td>反、(位)</td><td>101</td><td>1319</td></tr>
<tr><td rowspan="2">簡 127 與 128 背面劃綫不連續,似缺一枚簡,但簡文可以連讀,記載内容和前後簡背面反印文的相對距離也不容夾入其他簡。</td><td rowspan="2">128</td><td rowspan="2">1323</td><td rowspan="2">(位)</td><td rowspan="2">121</td><td rowspan="2">1324</td><td></td><td>112</td><td>1326</td><td>反、(位)</td><td>102</td><td>1327</td></tr>
<tr><td></td><td>113</td><td>1325</td><td>反、(位)</td><td>103</td><td>1328</td></tr>
<tr><td>反印文:「婉」、「識⊟且」。</td><td>129</td><td>J60</td><td>反</td><td>122</td><td>J55</td><td>反</td><td>114</td><td>J17</td><td>反</td><td>104</td><td>J16</td></tr>
<tr><td></td><td rowspan="2">130</td><td rowspan="2">0042</td><td>位</td><td>123</td><td>0041</td><td>位</td><td>115</td><td>0040</td><td>反、位</td><td>105</td><td>0039</td></tr>
<tr><td></td><td></td><td>124</td><td>0090</td><td>反(?)、(位)</td><td>116</td><td>0089</td><td>反、位</td><td>106</td><td>0088</td></tr>
</table>

備注 （反印文均釋出 第一層背面墨迹）	第一層			第二層			第三層			第四層	
	整理編號	清理編號	繫聯依據	整理編號	清理編號	繫聯依據	整理編號	清理編號	繫聯依據	整理編號	清理編號
反印文:「如婉」(它如婉)。	131	0045	反、位	125	0046	反	117	殘 021＋0322－2＋0322－3＋殘 636	反(?)	107	0003
										108	0023＋0035
反印文:「免妾沛後妻婉不告唐更今籍爲免」。	132	1199	反、位	126	1200	(位)	118	1202	位	109	1203
						反	119	1201	反、(位)	110	1204
反印文:「識┛沛」、「死雖告狗羽且以肆舍客室鼠識而後不鼠識₌弗求巳爲識更買室分識」。	133	1197	反、位	127	1198	(位)	119	1201			
							120	1321＋殘 288	反、位	111	1320
	134	J56		128	1323	(位)	121	1324		112	1326
										113	1325
				129	J60	反	122	J55	反	114	J17
	135	0043	位	130	0042	位	123	0041	位	115	0040
							124	0090	反(?)、(位)	116	0089
反印文:「婉」(沛御婉)。			反	131	0045	反、位	125	0046	反	117	殘 021＋0322－2＋0322－3＋殘 636
反印文:「産」。	136	0044	反、位	131	0045						
				132	1199	反、位	126	1200	(位)	118	1202
									反	119	1201

〔一〕史達認爲簡 062 與 063 之間缺兩枚簡，參看 Staack, Thies, "Identifying Codicological Sub-units in Bamboo Manuscripts: Verso Lines Revisited. In: *Manuscript Cultures* no.8, 2015, 172 頁。

〔二〕史達認爲簡 071 與 072 之間缺一枚簡(同上,172 頁)。

〔三〕史達認爲簡 077 與 078 之間缺三枚簡(同上,172 頁)。

第二類卷册結構表

（「反」：依據反印文確定正背面接觸關係；「位」：依據揭取位置確定正背面接觸關係；「（位）」：成爲繫聯依據的揭取位置經過簡組整體的規律性調整；「q01」、「q02」：缺簡號〔一〕）

備注（反印文均釋出第一層背面墨迹）	第一層			第二層			第三層			第四層	
	整理編號	清理編號	繫聯依據	整理編號	清理編號	繫聯依據	整理編號	清理編號	繫聯依據	整理編號	清理編號
簡138至140之間似另有缺簡，但無法確定其數量和前後位置。	137	0452(0)-1									
	138	0452(0)-2									
	139	0494									
	140	0421									
	141	0455									
	142	0320									
	156	殘353									
	143	1824＋殘340									
簡144由簡1834與1817遥綴而成，簡1817或實爲簡缺11的部分殘片。	144	1834＋1817									
	q11	缺簡									
	145	1816									
簡146參考簡159至162的揭取位置和反印文分佈情況，據文意由簡1845與0462-1遥綴而成。	146	1845＋0462-1									
簡147參考簡159至162的揭取位置和反印文分佈情況，據《奏讞書》簡227-228文例，由簡0452與殘385遥綴而成。	147	0452＋殘385	位(?)	137	0452(0)-1						
			位(?)	138	0452(0)-2						

續表

備注（反印文均釋出第一層背面墨迹）	第一層			第二層			第三層			第四層	
	整理編號	清理編號	繫聯依據	整理編號	清理編號	繫聯依據	整理編號	清理編號	繫聯依據	整理編號	清理編號
	148	0643									
	149	0517									
簡150參考簡162、163的揭取位置和反印文以及簡149至151簡文記載，由簡殘115與殘114遥綴而成。	150	殘115＋殘114		…(?)…	缺簡(?)						
	151	0511									
	152	0418		139	0494						
反印文：「診」。	154	0422	反、位	140	0421						
簡155參考簡163至170的揭取位置和反印文分佈情況，據文意由簡0454與殘087遥綴而成。	155	0454＋殘087	位	141	0455						
反印文：「□□」。	153	0329	位	142	0320						
				156	殘353						
	157	1828		143	1824＋殘340						
反印文：「●(?)」、「義可故同」、「及薄宿類」。	158	1822	反	144	1834＋1817						
反印文：「□□」。	159	1818		q11	缺簡						
反印文：「者而言」、「□」。			反、位	145	1816						
	165	殘408		146	1845＋0462－1						

續表

備注（反印文均釋出第一層背面墨迹）	第一層 整理編號	第一層 清理編號	第一層 繫聯依據	第二層 整理編號	第二層 清理編號	第二層 繫聯依據	第三層 整理編號	第三層 清理編號	第三層 繫聯依據	第四層 整理編號	第四層 清理編號
	160	0452(2)	位	147	0452＋殘 385	位(?)	137	0452(0)-1			
						位(?)	138	0452(0)-2			
反印文:「牒上此黔」、「毀」、「徵」、「難得洋以」、「絜(?)毋(?)」、「吏心」。	161	0642	反、位	148	0643		…(?)…	缺簡(?)			
反印文:「謁(?)以補卒史勸」、「卑」。	162	0516	反、位	149	0517						
				150	殘 115＋殘 114						
反印文:「中頭頸有」、「殺者」〔二〕。	163	0512	反、位	151	0511						
反印文:「見(?)」。	164	0419	反(?)、位	152	0418		139	0494			
反印文:「□」。	166	0423	位	154	0422	反、位	140	0421			
	167	0427	(位)	155	0454＋殘 087	位	141	0455			
簡 168 參考簡 178 至 181 的揭取位置和反印文分佈情況,據文意由簡 0307 與 1830 遥綴而成。	168	0307＋1830	位	153	0329	位	142	0320			
							156	殘 353			
	169	1821		157	1828		143	1824＋殘 340			
			位	158	1822	反	144	1834＋1817			
	170	1819		158	1822						
反印文:「以補袍及買鞞刀」、「錢」。			反	159	1818		q11	缺簡			

續表

備注（反印文均釋出第一層背面墨迹）	第一層			第二層			第三層			第四層	
	整理編號	清理編號	繫聯依據	整理編號	清理編號	繫聯依據	整理編號	清理編號	繫聯依據	整理編號	清理編號
	171	1846		159	1818	反、位	145	1816			
				165	殘 408		146	1845＋0462－1			
	172	0453		165	殘 408						
			位	160	0452(2)	位	147	0452＋殘 385	位(?)	137	0452(0)－1
	173	0442		160	0452(2)				位(?)	138	0452(0)－2
				161	0642	反、位	148	0643		…(?)…	缺簡(?)
簡 174 右片（即簡 0629）左側有較爲清晰的墨迹，爲正面「得之曰捽搵㚇欲與」、「如㚇●其」、「鞠」，非反印文。	174	殘 119＋0629		161	0642						
反印文:「敝」。			反	162	0516	反、位	149	0517			
反印文:「城旦敝赤帬」。	175	殘 120＋0509	反	162	0516		150	殘 115＋殘 114			
				163	0512	反、位	151	0511			
	176	0420	位	164	0419	反(?)、位	152	0418		139	0494
	177	0482		166	0423	位	154	0422	反、位	140	0421
反印文:「得┛一人」。	178	0428	反、位	167	0427	(位)	155	0454＋殘 087	位	141	0455
反印文:「觸(?)」。 簡 179 據文意和文書格式由簡 0306 與 1832 遥綴而成。	179	0306＋1832	反(?)、位	168	0307＋1830	位	153	0329	位	142	0320
										156	殘 353

續表

備注（反印文均釋出第一層背面墨迹）	第一層 整理編號	第一層 清理編號	第一層 繫聯依據	第二層 整理編號	第二層 清理編號	第二層 繫聯依據	第三層 整理編號	第三層 清理編號	第三層 繫聯依據	第四層 整理編號	第四層 清理編號
	180	1820		169	1821		157	1828		143	1824＋殘 340
						位	158	1822	反	144	1834＋1817
反印文：「課以補」。	181	1776	反	170	1819		158	1822			
						反	159	1818		q11	缺簡
反印文：「□」。			位	171	1846		159	1818	反、位	145	1816
							165	殘 408		146	1845＋0462－1
							165	殘 408			
	182	殘 364		172	0453	位	160	0452(2)	位	147	0452＋殘 385
反印文：「獄(?)妾告(?)爲(?)得之妻而棄晦逢(?)得₌之(?)₌(?)」、「偃(?)」、「聽有(?)毆妾●妾」。	183	0441	反、位	173	0442		160	0452(2)			
							161	0642	反、位	148	0643
反印文：「如(?)」、「●(?)」、「爲」。	184	0628	反、位	174	殘 119＋0629		161	0642			
						反	162	0516	反、位	149	0517
簡 185 參考簡 192、194 的反印文和揭取位置，據文書格式由簡殘 117＋殘 103 與殘 124 遙綴而成。	185	殘 117＋殘 103＋殘 124		175	殘 120＋0509	反	162	0516		150	殘 115＋殘 114
							163	0512	反、位	151	0511
	186	0424		176	0420	位	164	0419	反(?)、位	152	0418
	187	0425		177	0482		166	0423	位	154	0422
反印文：「□□□」、「□□」。	188	0429	位	178	0428	反、位	167	0427	（位）	155	0454＋殘 087

續表

備注 （反印文均釋出 第一層背面墨迹）	第一層			第二層			第三層			第四層	
	整理編號	清理編號	繫聯依據	整理編號	清理編號	繫聯依據	整理編號	清理編號	繫聯依據	整理編號	清理編號
	189	殘 314＋殘 496		179	0306＋1832	反(?)、位	168	0307＋1830	位	153	0329
				180	1820		169	1821		157	1828
									位	158	1822
	q13	缺簡		181	1776	反	170	1819		158	1822
									反	159	1818
						位	171	1846		159	1818
										165	殘 408
	190	1777		182	殘 364		172	0453		165	殘 408
									位	160	0452(2)
反印文:「之(?)」(得之攺曰)、「逢」、「奸㚔」(欲與奸㚔不肎)、「肎得」、「捽(?)」、「揭(?)」、「欲(?)」。	191	0439	反	183	0441	反、位	173	0442		160	0452(2)
										161	0642
反印文:「有」、「它如㚔●詰」、「吏」。簡 191 與 192 背面劃綫不連續,似缺一枚簡,但簡文可以連讀。	192	0628(2)	反、位	184	0628	反、位	174	殘 119＋0629		161	0642
									反	162	0516
	193	0445		185	殘 117＋殘 103＋殘 124		175	殘 120＋0509	反	162	0516
										163	0512
反印文:「婦(?)」。			反(?)	186	0424		176	0420	位	164	0419
	194	0426	位	187	0425		177	0482		166	0423

續表

備注（反印文均釋出第一層背面墨迹）	第一層			第二層			第三層			第四層	
	整理編號	清理編號	繫聯依據	整理編號	清理編號	繫聯依據	整理編號	清理編號	繫聯依據	整理編號	清理編號
	195	0430	（位）	188	0429	位	178	0428	反、位	167	0427
	196	殘 367		189	殘 314＋殘 496		179	0306＋1832	反(?)、位	168	0307＋1830
							180	1820		169	1821
從背面劃綫看，簡 197 似應位於簡 202 與 203 之間，據簡文插入此處。	197	1831		q13	缺簡		181	1776	反	170	1819
									位	171	1846
	198	0437		190	1777		182	殘 364		172	0453
				191	0439	反	183	0441	反、位	173	0442
反印文：「治」。	199	0438	反、位	191	0439						
				192	0628(2)	反、位	184	0628	反、位	174	殘 119＋0629
	200	0444	位	193	0445		185	殘 117＋殘 103＋殘 124		175	殘 120＋0509
						反?	186	0424		176	0420
	201	0431	（位）	194	0426	位	187	0425		177	0482
	202	0433	位	195	0430	（位）	188	0429	位	178	0428
				196	殘 367		189	殘 314＋殘 496		179	0306＋1832
										180	1820
	q14	缺簡		197	1831		q13	缺簡		181	1776

續表

<table>
<tr><th rowspan="2">備注
(反印文均釋出
第一層背面墨迹)</th><th colspan="3">第一層</th><th colspan="3">第二層</th><th colspan="3">第三層</th><th colspan="2">第四層</th></tr>
<tr><th>整理
編號</th><th>清理
編號</th><th>繫聯
依據</th><th>整理
編號</th><th>清理
編號</th><th>繫聯
依據</th><th>整理
編號</th><th>清理
編號</th><th>繫聯
依據</th><th>整理
編號</th><th>清理
編號</th></tr>
<tr><td rowspan="2">反印文:「除(?)」。</td><td rowspan="2">203</td><td rowspan="2">0436</td><td rowspan="2">反?
(位)</td><td rowspan="2">198</td><td rowspan="2">0437</td><td></td><td>190</td><td>1777</td><td></td><td>182</td><td>殘 364</td></tr>
<tr><td rowspan="2">反、位</td><td>191</td><td>0439</td><td rowspan="2">反</td><td rowspan="2">183</td><td rowspan="2">0441</td></tr>
<tr><td rowspan="2">簡 204 背面下段有反印文,似爲簡 198「除」字阜旁,但上段也有墨迹,與簡 198 相同位置的「市」字不合。</td><td rowspan="2">204</td><td rowspan="2">0435</td><td rowspan="2">(位)</td><td rowspan="2">199</td><td rowspan="2">0438</td><td>191</td><td>0439</td></tr>
<tr><td></td><td>192</td><td>0628(2)</td><td>反、位</td><td>184</td><td>0628</td></tr>
<tr><td rowspan="2"></td><td rowspan="3">205</td><td rowspan="3">0432</td><td rowspan="2"></td><td rowspan="2">200</td><td rowspan="2">0444</td><td rowspan="2">位</td><td rowspan="2">193</td><td rowspan="2">0445</td><td></td><td>185</td><td>殘 117+殘 103
+殘 124</td></tr>
<tr><td>反(?)</td><td>186</td><td>0424</td></tr>
<tr><td></td><td>位</td><td>201</td><td>0431</td><td>(位)</td><td>194</td><td>0426</td><td>位</td><td>187</td><td>0425</td></tr>
<tr><td rowspan="2">反印文:「市₌」。</td><td rowspan="2">206</td><td rowspan="2">0434</td><td rowspan="2">反、位</td><td rowspan="2">202</td><td rowspan="2">0433</td><td>位</td><td>195</td><td>0430</td><td>(位)</td><td>188</td><td>0429</td></tr>
<tr><td></td><td>196</td><td>殘 367</td><td></td><td>189</td><td>殘 314+殘 496</td></tr>
<tr><td rowspan="3"></td><td rowspan="3">207</td><td rowspan="3">0440</td><td rowspan="3"></td><td>q14</td><td>缺簡</td><td></td><td>197</td><td>1831</td><td></td><td>q13</td><td>缺簡</td></tr>
<tr><td rowspan="2">203</td><td rowspan="2">0436</td><td rowspan="2">反?
(位)</td><td rowspan="2">198</td><td rowspan="2">0437</td><td></td><td>190</td><td>1777</td></tr>
<tr><td></td><td>191</td><td>0439</td></tr>
<tr><td></td><td></td><td></td><td></td><td></td><td></td><td></td><td></td><td></td><td></td><td></td><td></td></tr>
<tr><td rowspan="2">簡 208 與 209 正確位置未詳。</td><td>208</td><td>1829</td><td></td><td></td><td></td><td></td><td></td><td></td><td></td><td></td><td></td></tr>
<tr><td>209</td><td>1823</td><td></td><td></td><td></td><td></td><td></td><td></td><td></td><td></td><td></td></tr>
</table>

〔一〕小書積極吸取了方家的修改意見,造成本表編聯方案與舊著出入較多,　表示編聯有變更者。目前仍未能得到充分驗證的是第二類卷册中出現頻率較高的遥綴簡。本表也增加了相關備注,以便今後進一步考證。

〔二〕"有""者"兩字見彩色圖版簡 163 下半部分所誤拍的背面圖像,舊著失釋。

第三類卷册結構表

（「反」：依據反印文確定正背面接觸關係；「位」：依據揭取位置確定正背面接觸關係；「（位）」：成爲繫聯依據的揭取位置經過簡組整體的規律性調整；「q01」、「q02」：缺簡號。）

備注	第一層			第二層	
	整理編號	清理編號	繫聯依據	整理編號	清理編號
	210	1649＋2186		217	0903＋2183
	211	0473		218	J10＋J11－1
	212	2174＋1840＋殘 604		219	0477
	213	1088＋2184	位	220	1089－2＋1089－1＋2109
	214	1194		221	0988＋0995
簡 221 與簡 222 之間或有缺簡。	215	0882		?	?
	216	0323＋殘 566＋殘 655		222	殘 704＋殘 559＋2007
	217	0903＋2183	位	223	殘 595＋0904＋1095
				224	J01
反印文：「聞學」。下半部有較清楚的墨迹，爲正面「廷史利」、「有曰馮將軍」，非反印文。	218	J10＋J11－1	反	225	0408
	219	0477	位	226	0478
	220	1089－2＋1089－1＋2109		227	2006＋1106＋2171
	221	0988＋0995		228	0860＋1195
				229	1646＋1656＋2182
	222	殘 704＋殘 559＋2007		q15	缺簡
	223	殘 595＋0904＋1095		230	0471＋0328＋殘 708

續表

備注	第一層			第二層	
	整理編號	清理編號	繫聯依據	整理編號	清理編號
	224	J01		231	0469
	225	0408	位	232	0407
	226	0478		233	0470
	227	2006＋1106＋2171		234	1044
	228	0860＋1195		235	1650
	229	1646＋1656＋2182		236	0861
	q15	缺簡			
	230	0471＋0328＋殘 708			
	231	0469			
	232	0407			
	233	0470			
	234	1044			
	235	1650			
	236	0861			

第四類卷册結構表

（「反」：依據反印文確定正背面接觸關係；「位」：依據揭取位置確定正背面接觸關係；「（位）」：成爲繫聯依據的揭取位置經過簡組整體的規律性調整；「q01」、「q02」：缺簡號。）

備　注	第一層			第二層	
	整理編號	清理編號	繫聯依據	整理編號	清理編號
	237	殘 161			
	238	1067－1			
	239	殘 132＋殘 521＋殘 697＋0493－1			
	240	1066＋殘 304			
	241	0405			
	242	0472－2			
若簡 237 至 241 之間存在缺簡，簡 243 至 244 之間的相應處也應有缺簡。簡 237 或應插於簡 243(3)之前。	243	1043(2)		237	殘 161
	243(2)	1067－2	位	238	1067－1
簡 243(2)、243(3)、245 均殘缺不全，245 有可能與 243(2)或 243(3)遥綴。	245	殘 193		?	?
	243(3)	0493－2	位	239	殘 132＋殘 521＋殘 697＋0493－1
				240	1066＋殘 304
反印文：「耎」、「可」、「者少皆止陳(?)射反□」、「敗入筥」、「辠毋」、「問」。	244	0406	反、位	241	0405
反印文：「環」、「卌」、「詰等十二步術廣十二步垣高」、「忌等」、「得綰」、「去之遠」、「百步它如」、「鞫」。	244(2)	0472－1	反、位	242	0472－2
反印文：「得(?)」、「慶(?)」、「反」、「忌」、「射」、「短」、「死畏耎去環走」。	244(3)	1043	反、位	243	1043(2)

卷册復原示意圖

第一類卷册復原示意圖（頂部俯視）

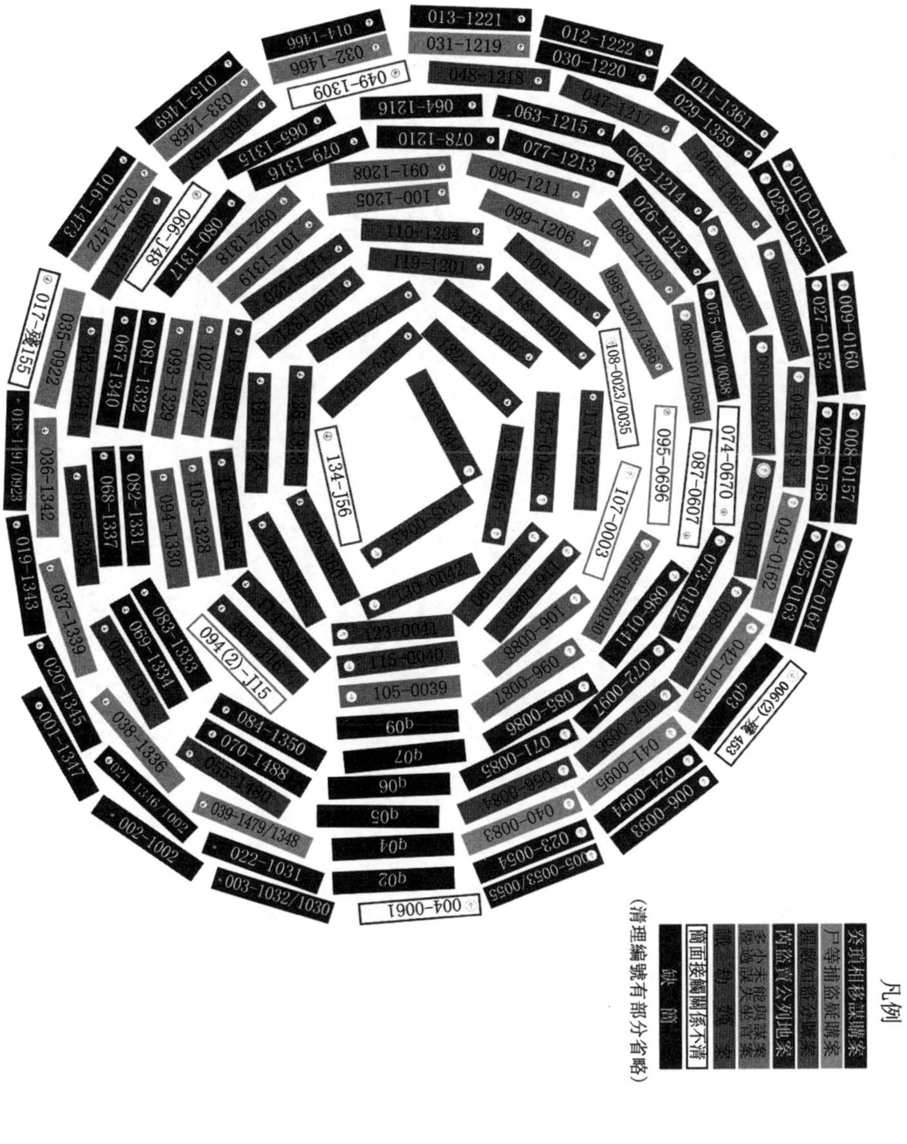

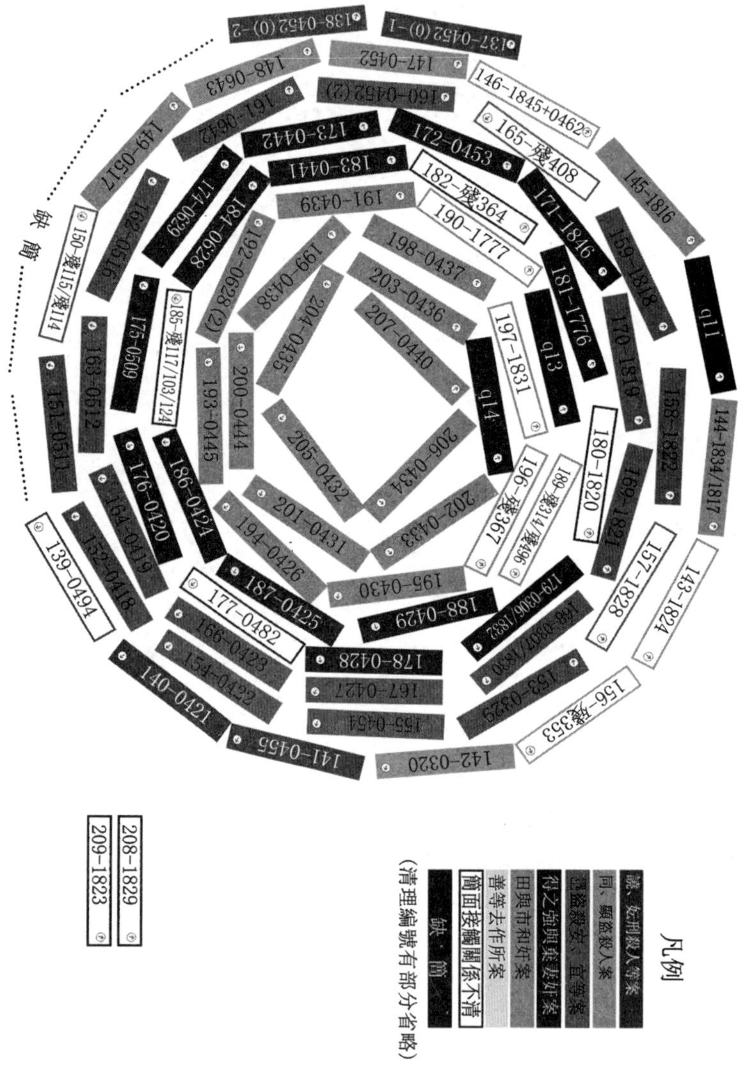

第二類卷冊復原示意圖（頂部俯視）

附録二　參考文獻

一、文本研究

（一）文本復原

陳松長主編，温俊萍、王博凱、李洪財、歐揚撰（2018）《嶽麓書院藏秦簡（壹—叁）釋文修訂本》（上海辭書出版社）

陳　偉（2013）《〈嶽麓秦簡三·魏盜殺安宜等案〉編連獻疑》（簡帛網，二〇一三年九月五日，後收入《嶽麓秦簡〈奏讞書〉校讀》（《古文字與古代史》第四輯，二〇一五年），又收爲《秦簡牘校讀及所見制度考察》（武漢大學出版社，二〇一七年）第十二章第五節《嶽麓秦簡奏讞類文獻》第四項）

史　達（李婧嶸譯）（2013）《嶽麓秦簡〈爲獄等狀四種〉卷册一的編聯——依據簡背劃綫和簡背反印字迹復原卷軸原貌》（《湖南大學學報（社會科學版）》第二十七卷第三期。英語全文看Staack，Thies，二〇一七）

史　達（2014）《嶽麓秦簡〈爲獄等狀四種〉新見漏簡與案例六的編聯》（《湖南大學學報（社會科學版）》第二十八卷第四期）

Staack，Thies（2017）「The Neglected『Backyard』of Early Chinese Manuscripts—How an Analysis of the Verso of Bamboo Slips can enable the Reconstruction of a Manuscript Roll.」The Heidelberg Document Respository（heiDOK），URL：http://www.ub.uni-heidelberg.de/archiv/23213；DOI：10.11588/heidok.00023213.（初稿似爲「The Neglected『Backyard』of Early Chinese Manuscripts—How an Analysis of the Verso of Bamboo Slips can enable the Reconstruction of a Manuscript Roll.」In：*Proceedings of the Fourth EASCM Workshop in Paris 2012*, edited by Enno Giele and Olivier Venture.）

陶　安（2013）《嶽麓書院藏秦簡（叁）校勘記》（出土文獻與古文字研究網二〇一三年八月二十日，二〇一四年七月四日，二〇一五年合併載於《出土文獻與古文字》第六輯，又收於陶安《嶽麓秦簡復原研究》）

陶　安（2014）《嶽麓秦簡〈爲獄等狀四種〉編聯方式的幾點補充說明》（《秦簡牘研究國際學術研討會論文

集》，後載陶安《嶽麓秦簡復原研究》，上海古籍出版社，二〇一六年）
陶　安（2016）　《嶽麓秦簡復原研究》（上海古籍出版社）
陶　安（2019）　《嶽麓書院秦簡〈爲獄等狀四種〉第三類、第四類卷册釋文、注釋及編聯商榷》（《中國出土資料研究》第二十三輯）
陶　安（2020）　《嶽麓書院秦簡〈爲獄等狀四種〉第二類卷册案例十二至案例十三釋文、注釋及編聯商榷》（《中國出土資料研究》第二十四輯）
陶　安（2020）　《嶽麓書院秦簡〈爲獄等狀四種〉第二類卷册案例八至案例十一釋文、注釋及編聯商榷》（《出土文獻與古文字研究》第九輯）
陶　安（2020）　《嶽麓書院秦簡〈爲獄等狀四種〉第一類卷册釋文、注釋及編聯商榷》（《出土文獻與古文字研究》第九輯）
朱漢民、陳松長主編，陶安撰（2013）　《嶽麓書院藏秦簡（叁）》（上海辭書出版社，二〇一三年）

（二）譯注

Lau, Ulrich & Staack, Thies（2016）　*Legal Practice in the Formative Stages of the Chinese Empire: An Annotated Translation of the Exemplary Qin Criminal Cases from the Yuelu Academy Collection*, Brill.
李明曉、趙久湘（2011）　《散見戰國秦漢簡帛法律文獻整理與研究》（西南師範大學出版社）
柿沼陽平（2015）　《嶽麓書院藏秦簡譯注：〈爲獄等狀四種〉案例七識刼娩案》（「帝京史學」第三十號）
陶安あんど（2013）　《嶽麓秦簡司法文書集成〈爲獄等狀四種〉譯注稿——事案一——》（《法史學研究會會報》第十七號）
陶安あんど（2015）　《嶽麓秦簡司法文書集成〈爲獄等狀四種〉譯注稿——事案二——》（《法史學研究會會報》第十八號）
陶安あんど（2016）　《嶽麓秦簡司法文書集成〈爲獄等狀四種〉譯注稿——事案三——》（《法史學研究會會報》第十九號）
陶安あんど（2017）　《嶽麓秦簡司法文書集成〈爲獄等狀四種〉譯注稿——事案四——》（《法史學研究會會報》第二

十號）
陶安あんど（2018）　《嶽麓秦簡司法文書集成〈爲獄等狀四種〉譯注稿—事案五、六—》（《法史學研究會會報》第二十一號）
陶安あんど（2019）　《嶽麓秦簡司法文書集成〈爲獄等狀四種〉譯注稿—事案七—》（《法史學研究會會報》第二十二號）
陶安あんど（2020）　《嶽麓秦簡司法文書集成〈爲獄等狀四種〉譯注稿—事案八—》（《法史學研究會會報》第二十三號）
下倉涉（2016）　《ある女性の告發をめぐって——嶽麓書院藏秦簡〈識劫娓案〉に現れたる奴隸および〈舍人〉〈里單〉》（《史林》第九九卷第一號，中譯看下倉涉著、陳鳴譯《一位女性的告發：嶽麓書院藏秦簡「識劫娓案」所見奴隸及「舍人」「里單」》，《法律史譯評》第五卷，二〇一七年；書評看鈴木直美《下倉涉著〈〈ある女性の告發をめぐって——嶽麓書院藏秦簡〈識劫娓案〉に現れたる奴隸および〈舍人〉〈里單〉〉〉》，《法制史研究》第六十七號，二〇一八年）
專修史學「二年律令」研究會（2015）　《〈嶽麓書院藏秦簡（叁）〉譯注（一）——第一類　案例〇一〈癸・瑣相移謀購案〉》（《專修史學》第五十九號）
專修史學「二年律令」研究會（2016）　《〈嶽麓書院藏秦簡（叁）〉譯注（二）——第一類　案例〇二〈尸等捕盜疑購案〉》（《專修史學》第六十一號）
專修史學「二年律令」研究會（2017）　《〈嶽麓書院藏秦簡（叁）〉譯注（三）——第一類　案例〇三〈猩、敞知盜分贓案〉》（《專修史學》第六十三號）
椎名一雄（2016）　《〈嶽麓書院藏秦簡（叁）〉案例一に見る秦代文書行政と裁判——傳達手段〈書〉と〈口〉》（小此木輝之先生古稀記念論文集刊行會《歷史と文化》，青史出版，二〇一六年）

（三）概述及書評等

陳松長（2009）　《嶽麓書院所藏秦簡綜述》（《文物》二〇〇九年第三期）
Korolkov, Maxim（2017）　「Legal Process Unearthed: A New Source of Legal History of Early Imperial China.」In:

Journal of the American Oriental Society Vol137 No2.（中譯看馬碩著，王一義譯《重現的法律程序：早期帝制中國法律史的新来源》，《法律史譯評》第六卷，二〇一八年）

勞武利著，李婧嶸譯（2013） 《張家山漢簡〈奏讞書〉與嶽麓書院秦簡〈爲獄等狀四種〉的初步比較》（《湖南大學學報（社會科學版）》第二十七卷第三期。該文似據 Lau, Ulrich,「First Results of the Comparison between the *Zouyanshu* from Zhangjiashan and the Yuelu Academy Collection of Criminal Cases from Preimperial Qin.」In: *Proceedings of the Fourth EASCM Workshop in Paris 2012*, edited by Enno Giele and Olivier Venture.

Lau, Ulrich（2014） 「Qin Criminal Case Records of the Collection *Wei Yu Deng Zhuang*.」In: *Oriens Extremus* Vol53.（中譯看勞武利著，朱喆琳譯《秦的刑事訴訟案例彙編：爲獄等狀》，《法律史譯評》第四卷，二〇一七年）

石原遼平（2017） 《中國簡牘學の現在》（《歷史學研究》第九六四號）

嶽麓書院藏秦簡整理小組（陶安執筆）（2013） 《嶽麓書院藏秦簡〈爲獄等狀四種〉概述》（《文物》二〇一三年第五期）

王園紅（2017） 《日本嶽麓書院藏秦簡研究綜述》（《中國簡牘學術研討會會議論文集》）

（四）校讀札記

曹方向（2013） 《嶽麓秦簡〈癸、瑣相移謀購案〉補釋一則》（簡帛網，二〇一三年九月十八日）

曹旅寧（2009） 《嶽麓書院新藏秦簡叢考》（《華東政法大學學報》二〇〇九年第六期）

曹旅寧（2009） 《嶽麓書院藏秦簡「馮將軍毋擇」補考》（簡帛網，二〇〇九年四月二十八日）

曹旅寧（2013） 《〈孟子梁惠王上〉「五十步笑百步」與〈嶽麓秦簡（三）〉》（簡帛網，二〇一三年十月十四日）

曹旅寧（2013） 《何四維〈秦律遺文〉與〈嶽麓秦簡（三）〉》（簡帛網，二〇一三年十月十五日）

曹旅寧（2013） 《〈嶽麓秦簡（三）〉案例八識劫冤案中奏讞的法律適用問題》（簡帛網，二〇一三年十月二十二日）

曹旅寧（2016） 《讀〈嶽麓書院藏秦簡（叁）〉札記》（《首届絲綢之路（敦煌）國際文化博覽會系列活動——

簡牘學國際學術研討會論文集》，後載張德芳主編《甘肅省第三屆簡牘學國際學術研討會論文集》，上海辭書出版社，二〇一七年）

陳　劍（2013）《關於〈嶽麓簡（叁）〉的「燕城」》（出土文獻與古文字研究網，二〇一三年九月二十五日）

陳松長（2013）《嶽麓秦簡「爲僞私書」案例及相關問題》（《文物》二〇一三年第五期）

陳松長、吴美嬌（2014）《嶽麓秦簡〈芮盜賣公列地案〉注釋獻疑》（《簡帛研究二〇一四》）

陳送文（2013）《戰國秦漢簡帛字詞補釋（五則）》（《寧夏大學學報（人文科學版）》二〇一三年第一期）

陳　偉（2009）《嶽麓書院藏秦簡「馮將軍毋擇」小考》（簡帛網，二〇〇九年四月二十日，後收入《嶽麓書院秦簡考校》，《文物》二〇〇九年第十期）

陳　偉（2009）《嶽麓書院秦簡考校》（《文物》二〇〇九年第十期）

陳　偉（2010）《嶽麓書院秦簡 1650 號的解讀問題》（簡帛網，二〇一〇年九月二十七日）

陳　偉（2013）《「丞相史如」與「丞矰」——關於〈嶽麓書院藏秦簡（三）〉的兩個官制問題》（簡帛網，二〇一三年九月七日，後收入《嶽麓秦簡〈奏讞書〉校讀》（《古文字與古代史》第四輯，二〇一五年），又收入《秦簡牘校讀及所見制度考察》（武漢大學出版社，二〇一七年）第十二章第五節《嶽麓秦簡奏讞類文獻》第六項）

陳　偉（2013）《也説「癸瑣等相移謀購案」中的「辟」》（簡帛網，二〇一三年九月九日，後收同《嶽麓秦簡〈奏讞書〉校讀》（《古文字與古代史》第四輯，二〇一五年），又收爲《秦簡牘校讀及所見制度考察》（武漢大學出版社，二〇一七年）第十二章第五節《嶽麓秦簡奏讞類文獻》第一項）

陳　偉（2013）《「盗未有取吏貲灋戍律令」試解》（簡帛網，二〇一三年九月九日，後收入《嶽麓秦簡〈奏讞書〉校讀》（《古文字與古代史》第四輯，二〇一五年），又收爲《秦簡牘校讀及所見制度考察》（武漢大學出版社，二〇一七年）第十二章第五節《嶽麓秦簡奏讞類文獻》第二項）

陳　偉（2013）《〈嶽麓書院藏秦簡（三）〉識小》（簡帛網，二〇一三年九月十日，後收入《嶽麓秦簡〈奏讞書〉校讀》（《古文字與古代史》第四輯，二〇一五年），又收爲《秦簡牘校讀及所見制度考察》（武漢大學出版社，二〇一七年）第十二章第五節《嶽麓秦簡奏讞類文獻》第五、七、八項）

陳　偉（2013）《尸等捕盗購金數試説》（簡帛網，二〇一三年九月十一日，後收入《嶽麓秦簡〈奏讞書〉校讀》

（《古文字與古代史》第四輯，二〇一五年），又收爲《秦簡牘校讀及所見制度考察》（武漢大學出版社，二〇一七年）第十二章第五節《嶽麓秦簡奏讞類文獻》第三項）

陳　偉（2013）《五一廣場東漢簡牘校釋》（簡帛網，二〇一三年九月二十二日）

陳　偉（2013）《魏盜殺安宜等案「焦城」試説》（簡帛網，二〇一三年九月二十四日，後收入《嶽麓秦簡〈奏讞書〉校讀》，《古文字與古代史》第四輯，二〇一五年）

陳　偉（2013）《里耶秦簡中的「夬」》（簡帛網，二〇一三年九月二十六日）

方　勇（2013）《讀〈嶽麓書院藏秦簡（叁）〉小札一則》（簡帛網，二〇一三年十二月二十二日）

方　勇（2014）《讀嶽麓秦簡（叁）札記一則》（簡帛網，二〇一四年二月二十日）

方　勇（2014）《讀嶽麓秦簡札記一則》（簡帛網，二〇一四年二月二十一日，後載《中國出土資料研究》第十九號，二〇一五年）

方　勇（2015）《也談秦簡中的「尫」字》（簡帛網，二〇一五年八月五日）

何有祖（2010）《嶽麓書院藏秦簡〈奏讞書〉1650號簡略考》（簡帛網，二〇一〇年九月二十七日）

黄　傑（2013）《嶽麓秦簡「爲僞私書」簡文補釋》（簡帛網，二〇一三年六月十日）

黄　傑（2013）《嶽麓秦簡「學爲僞書案」再補》（簡帛網，二〇一三年九月十二日）

黄　傑（2013）《〈嶽麓書院藏秦簡（叁）〉釋文注釋商補》（簡帛網，二〇一三年九月十三日，後載《簡帛》第十輯，二〇一五年）

黄　傑（2013）《嶽麓秦簡「學爲僞書案」釋文注釋補正（三）》（簡帛網，二〇一三年十月四日）

蔣魯敬（2017）《〈嶽麓書院藏秦簡（三）〉札記》（《楚學論叢》第六輯

孔德超（2015）《〈嶽麓書院藏秦簡（叁）〉對語文辭書修訂的價值》（《河北北方學院學報（社會科學版）》二〇一五年第五期）

李洪財（2016）《秦漢簡文字考釋二則》（《湖南大學學報（社會科學版）》二〇一六年第四期）

李玥凝（2016）《秦簡「君子子」含義初探》（《魯東大學學報（哲學社會科學版）》二〇一六年第三期）

李章星（2019）《〈嶽麓簡（三）〉「綰等畏耎還走案」與「五十步笑百步」新解》（《首届中日韓出土簡牘研究國際論壇暨第四届簡帛學的理論與實踐學術研討會論文集》）

劉信芳（2016）　《嶽麓書院藏簡〈奏讞書〉釋讀的幾個問題》（《考古與文物》二〇一六年第三期）

時軍軍（2015）　《嶽麓秦簡「尸等捕盜疑購案」購賞辨析》（《肇慶學院學報》二〇一五年第六期）

陶　安（待刊）　《「盜未有取吏貲灋戍律令」重考——兼論〈爲獄等狀四種〉案例一對立法的影響》

陶　安（待刊）　《「非史所興」補考——兼論〈爲獄等狀四種〉案例二購金款額》

王明明（2013）　《讀嶽麓秦簡札記》（《學行堂文史集刊》二〇一三年第一期）

王明明（2014）　《〈嶽麓書院藏秦簡〉的辭書學價值》（《瓊州學院學報》二〇一四年第四期）

王　偉（2014）　《讀〈嶽麓書院藏秦簡（叁）〉劄記一則》（簡帛網，二〇一四年三月十二日，後收入《嶽麓秦簡研讀札記（七則）》）

王　偉（2014）　《嶽麓秦簡研讀札記（七則）》（《秦簡牘研究國際學術研討會論文集》，後修改載簡帛網，二〇一七年十二月三十一日，再後又改爲王偉、孫苗苗共著載《出土文獻研究》第十四輯，見王偉、孫苗苗 2015）

王　偉、孫苗苗（2015）　《嶽麓秦簡研讀札記（七則）》（《出土文獻研究》第十四輯）

吴雪飛（2016）　《讀秦簡雜識七則》（《簡帛》第十二輯）

于洪濤（2013）　《再論嶽麓簡尸等捕盜購金數額》（簡帛網，二〇一三年九月十六日，後收入《嶽麓秦簡〈爲獄等狀四種〉所見逃亡犯罪研究》，《第三屆「出土文獻與法律史研究」學術研討會論文集》，二〇一三年）

臧克和（2014）　《〈嶽麓書院藏秦簡〉字詞札迻（一）》（《中國文字研究》第二十輯第二期）

張伯元（2013）　《讀「癸、瑣相移謀購案」札記（三則）》（《第三屆「出土文獻與法律史研究」學術研討會論文集》，後載《出土文獻與法律史研究》第三輯，二〇一四年）

張伯元（2014）　《〈嶽麓簡（叁）〉的內容及法律史價值》（《華東政法大學學報》二〇一四年第二期、《出土文獻與法律史研究》第三輯）

張伯元（2014）　《嶽麓秦簡（三）字詞考釋三則》（《秦簡牘研究國際學術研討會論文集》，後載《出土文獻研究》第十四輯，二〇一五年）

張岩岩、鐘意（2014）　《試釋〈嶽麓書院藏秦簡（叁）〉簡 136「後妻」、簡 158「大官」》（簡帛網，二〇一四年六月二

十六日）

支　强（2013）《「盜未有取吏貲灋戍律令」問題再識》（《第三届「出土文獻與法律史研究」學術研討會論文集》，後載《出土文獻與法律史研究》第三輯，二〇一四年）

朱紅林（2014）《讀〈嶽麓書院藏秦簡（叁）〉札記》（《秦簡牘研究國際學術研討會論文集》，後載《出土文獻研究》第十四輯，二〇一五年）

莊小霞（2013）《〈嶽麓書院藏秦簡（三）〉「善等去作所案」之「楊臺苑」補説》（簡帛網，二〇一三年十月十日）

莊小霞（2013）《〈嶽麓書院藏秦簡（三）〉注釋商榷一則》（簡帛網，二〇一三年十月十四日）

（五）題名研究

胡平生（2015）《嶽麓秦簡（叁）〈爲獄等狀四種〉題名獻疑》（《出土文獻研究》第十四輯）

蘇俊林（2013）《嶽麓秦簡〈爲獄等狀四種〉命名問題探討》（簡帛網，二〇一三年八月十日，後載《簡牘學研究》第五輯，二〇一四）

陶　安（2014）《〈爲獄等狀四種〉標題簡「狀」字字解訂正——兼談秦代文官參考書類「狀」與「式」——》（《第四届「出土文獻與法律史研究」學術研討會論文集》，後載陶安《嶽麓秦簡復原研究》）

陶　安（2014）《〈爲獄等狀四種〉標題簡「奏」字字解訂正——兼論張家山漢簡〈奏讞書〉題名問題——》（《「中國古代法律文獻整理研究」學術研討會論文集》，後載《中國古代法律文獻研究》第八輯，二〇一四年；又收入《嶽麓秦簡復原研究》）

陶　安（2019）《嶽麓書院藏秦簡〈爲獄等狀四種〉題名解疑》（《首届中日韓出土簡牘研究國際論壇暨第四届簡帛學的理論與實踐學術研討會論文集》，待刊於《歷史研究》）

二、專題研究

（一）官制、制度史、法律史

濱川榮（2019）《二〇一九年度歷史學研究會大會報告批判：福島報告批判》（《歷史學研究》第九九一號，福

島報告看福島大我二〇一九）

陳　迪（2016）《「覆獄故失」新考》（《第六届「出土文獻與法律史研究」暨慶祝華東政法大學古籍整理研究所成立三十周年學術研討會論文集》，後收入《出土文獻與法律史研究》第六輯，二〇一七年，又載《社會科學》二〇一七年第三期）

陳　絜（2014）《嶽麓簡「識劫㛍案」與戰國末期基層社會的再認識》（《秦簡牘研究國際學術研討會論文集》，後改題爲《嶽麓簡「識劫㛍案」與戰國家庭組織中的依附民》，載《出土文獻研究》第十四輯，二〇一五）

陳松長（2013）《〈嶽麓簡（叁）〉「癸、瑣相移謀購案」相關問題瑣議》（《第三届「出土文獻與法律史研究」學術研討會論文集》，後載《華東政法大學學報》二〇一四年第二期、《出土文獻與法律史研究》第三輯，二〇一四年）

陳松長、賀曉朦（2015）《秦漢簡牘所見「走馬」、「簪褭」關係考論》（《中國史研究》二〇一五年第四期）

陳松長、温俊萍（2017）《論秦律的罪數處罰——以「嶽麓書院藏秦簡」爲中心》（《簡帛研究二〇一六》秋冬卷）

陳　偉（2015）《「廢戍」與「女陰」》（簡帛網，二〇一五年五月三十日）

陳　偉（2016）《「奴妾」「臣妾」與「奴婢」》（《第六届「出土文獻與法律史研究」暨慶祝華東政法大學古籍整理研究所成立三十週年學術研討會論文集》，後收《出土文獻與法律史研究》第六輯，二〇一七年）

程博麗（2018）《秦代婦女再嫁及相關問題研究——以嶽麓書秦簡爲中心的考察》（《簡帛研究二〇一八（春夏卷）》）

渡邉英幸（2015）《里耶秦簡「更名扁書」試釋——統一秦の國制變革と避諱規定》（《古代文化》第六十六卷第四號）

渡邉英幸（2017）《戰國秦の國境を越えた人びと——嶽麓秦簡〈爲獄等狀〉の「邦亡」と「歸義」を中心に》（高村武幸編《周縁領域からみた秦漢帝國》，六一書房）

渡邉英幸（2018）《戰國秦の「邦」と畿內》（《東洋史研究》第七十七卷第三號）

福島大我（2014）《秦・漢初期における國家と亡人》（東洋文庫中國古代地域史研究編《張家山漢簡〈二年律

令〉の研究》，東洋文庫）

福島大我（2019）《中國古代における逃亡の歷史的意義》（《歷史學研究》第九八九號，相關討論看濱川榮 2019）

高士榮（2017）《秦漢時期的奴婢放免方式及原因分析》（《蘭州學刊》二〇一七年第九期）

高村武幸（2015）《秦漢時代地方行政における意思決定過程》（《東洋學報》第九十七卷第一號，又載入《秦漢簡牘史料研究》，汲古書院，二〇一五年；中譯看高村武幸著、朱騰譯《秦漢地方行政中的決策過程》，《法律史譯評》第四卷，二〇一七年）

宮宅潔（2016）《里耶秦簡「訊敬」簡册識小》（簡帛網，二〇一六年十一月十六日）

華東政法大學法律古籍整理研究所（2014）《第三屆「出土文獻與法律史研究」學術研討會紀要》（《出土文獻與法律史研究》第三輯）

賈麗英（2018）《秦漢簡牘材料中的司寇》（《「第四屆簡帛學國際學術研討會暨謝桂華先生誕辰八十周年紀念座談會」會議論文集》）

賈麗英（2014）《秦簡〈識劫婉案〉反映的秦代貲産税》（《光明日報》二〇一四年九月三日）

賈麗英（2019）《秦漢至三國吴的「訾税」變遷》（《歷史學研究》二〇一九年第二期。該文似基於賈麗英《吴簡中的「訾」與「户品出錢」：兼論秦漢至三國吴的資産税》（《第十四屆秦漢史年會論文彙編》，二〇一四年））

賈麗英（2018）《秦及漢初二十等爵與「士下」準爵層的剖分》（《中國史研究》二〇一八年第四期）

蔣魯敬（2017）《嶽麓秦簡〈猩、敞知盗分贓案〉與楚墓早期盗掘》（《簡帛研究二〇一六（秋冬卷）》）

金慶浩（2014）《〈嶽麓秦簡奏讞狀〉與〈張家山漢墓竹簡・奏讞書〉中所見「邦亡」、「去亡」的類型與性質》（《秦簡牘研究國際學術研討會論文集》）

金鍾希（2016）《秦、漢初覆獄運營和奏讞制度——從最新出土文獻看各行政單位的司法運營和律令整備》（《中國簡帛學國際論壇二〇一六：簡牘與戰國秦漢歷史》）

金鍾希（2017）《從「廷」的功能看秦帝國滅亡和奏讞制度》（《中國簡帛學國際論壇二〇一七：新出土戰國秦漢簡牘研究論文集》）

鷲尾祐子（2015）《秦漢代における血緣關係と擬制血緣關係——研究動向概觀》（《中國史學》第二十五卷

Korolkov, Maxim（2016）「Calculating Crime and Punishment：Unofficial Law Enforcement, Quantification, and Legitimacy in Early Imperial China.」In：*Critical Analysis of Law* Vol 3 No 1.（中譯看馬碩著、朱瀟譯《可計量的犯罪與刑罰：早期中華帝國非官方執法的量化與正當性》,《法律史譯評》第五卷,二〇一七年）

Lau, Ulrich（2013）「Problems of Jurisdiction in the Qin Dynasty, as Exemplified by two Criminal Cases from the Collection *Wei Yu Deng Zhuang*.」（《第三屆「出土文獻與法律史研究」學術研討會論文集》,中譯看勞武利著、裴乾坤譯《秦代的司法裁判若干問題研究——以〈爲獄等狀〉所載兩個案例爲對象》,《出土文獻與法律史研究》第三輯,二〇一四年）

李恒全、董禎華（2018）《從新出簡牘看秦的土地私有制》（《信陽農林學院學報》第二十八卷第一期）

李婧嵘（2019）《秦漢法律中的罪數形態及處罰原則》（《古代文明》第十三卷第三期）

李　楠（2017）《〈二年律令〉所見「卿」與二十等爵關係新探》（《平頂山學院學報》二〇一七年第一期）

李周炫（2018）《秦漢時期「傭」的使用及其變化》（《「第四屆簡帛學國際學術研討會暨謝桂華先生誕辰八十周年紀念座談會」會議論文集》）

淩文超（2018）《秦「訾税」平議》（《第四屆簡帛學國際學術研討會暨謝桂華先生誕辰八十周年紀念座談會會議論文集》,後收入《簡帛研究二〇一八（秋冬卷）》,二〇一九年）

鈴木直美（2014）《里耶秦簡にみえる「見户」と「積户」：秦代遷陵縣下における户數の手がかりとして》（《明大史學》第十八號）

劉　慶（2015）《也論秦漢司法中的「狀」文書》（《國學學刊》二〇一五年第四期）

Ma, Tsang Wing（2017）「Scribes, Assistants, and the Materiality of Administrative Documents in Qin-Early Han China：Excavated Evidence from Liye, Shuihudi, and Zhangjiashan.」In：*T'oung Pao* Vol 103 No 4－5.

南玉泉（2016）《兩漢刑事訴訟的審級與權限》（《第六屆「出土文獻與法律史研究」暨慶祝華東政法大學古籍整理研究所成立三十週年學術研討會論文集》,後收《出土文獻與法律史研究》第六輯）

南玉泉（2017）《秦漢的乞鞫與覆獄》（《上海師範大學學報（哲學社會科學版）》二〇一七年第一期）

南玉泉（2018）《從嶽麓秦簡識婏劫案看秦國的匿訾罪及其鄉里狀況》（《中國古代法律文獻研究》第十二輯）

籾山明（2015）《漢代結僤習俗考》（同《秦漢出土文字史料の研究》第七章，創文社。本論文初稿載於《島根大學法文學部紀要（文學科編）》第九號，一九八六年，漢語修訂稿載《第四屆國際漢學會議論文集》，二〇一二年，後收邢義田、劉增貴主編《古代庶民社會（第四屆國際漢學會議論文集）》，二〇一三年。日語訂正稿收前書時，添加與《爲獄等狀》相關的附記，漢譯文參看籾山明著、趙晶譯《漢代結僤習俗考》，《法律文化研究》第十輯，二〇一七年）

寧全紅（2018）《〈嶽麓書院藏秦簡（肆）〉所載〈賊律〉〈具律〉析論》（《簡帛研究二〇一八（春夏卷）》）

歐　揚（2013）《秦到漢初定罪程序稱謂的演變——取「當」爲視角比較〈嶽麓書院藏秦簡（叁）〉與〈奏讞書〉》（《第三屆「出土文獻與法律史研究」學術研討會論文集》，後載《出土文獻與法律史研究》第三輯，二〇一四年）

歐　揚（2016）《讀鞫與乞鞫新探》（《湖南大學學報（社會科學版）》二〇一六年第四期）

歐　揚（2016）《嶽麓秦簡〈亡律〉「亡不仁邑里、官者」條探析》（《簡帛研究二〇一六年（春夏卷）》）

歐　揚（2017）《秦漢刑事訴訟中的訊新探》（長沙簡牘博物館編《長沙簡帛研究國際學術研討會論文集》）

齊繼偉（2017）《秦漢「訾税」補論——從嶽麓麓秦簡「識劫婉案」説起》（《簡帛研究二〇一七（春夏卷）》）

齊繼偉（2018）《也説漢代「訾算」——兼論吴簡中的「訾」》（《湖南大學學報（社會科學版）》第三十二卷第三期）

喬志鑫（2018）《漢律罪數問題研究》（《出土文獻與法律史研究》第七輯）

琴載元（2015）《秦代南郡編户的秦、楚身份認同問題》（《簡帛研究二〇一五（秋冬卷）》）

山根清志（2018）《二〇一八年度歷史學研究會大會報告批判：椎名報告批判》（《歷史學研究》第九七八號，椎名報告看椎名一雄 2018）

山元貴尚（2017）《簡牘にみえる歸義》（《中國古代史研究》第八輯）

沈　剛（2017）《簡牘所見秦代地方職官選任》（《歷史研究》二〇一七年第四期）

沈　剛（2014）《〈里耶秦簡（壹）〉所見秦代公田及其管理》（《簡帛研究二〇一四》）

沈　剛（2015）《秦人與它邦人——新出秦簡所見秦代人口身份管理制度一個方面》（《中國古代法律文獻研

究》第九輯）
沈　剛（2016）《新出秦簡所見秦代市場與商人探討》（《中國社會經濟史研究》二〇一六年第一期）
沈　剛（2016）《秦簡中的「吏僕」與「吏養」》（《人文雜誌》二〇一六年第一期）
石　洋（2015）《〈漢書・景帝紀〉「訾算十」「訾算四」新詮——關於西漢前期一條經濟史料的辯證》（《簡帛研究二〇一五（春夏卷）》）
石原遼平（2014）《收の原理と淵源》（東洋文庫中國古代地域史研究編《張家山漢簡〈二年律令〉の研究》，東洋文庫）
柿沼陽平（2015）《中國古代鄉里社會の「きずな」と「しがらみ」——戰國時代末期の財産相續に關する裁判》（本田毅彦編「つながりの歴史學」，北樹出版）
水間大輔（2013）《嶽麓書院藏秦簡「尸等捕盜疑購」案所見逮捕群盜的獎賞規定》（《「中國法律史前沿問題」國際學術會議論文集》，後載《中國社會經濟史研究》二〇一四年第三期）
水間大輔（2013）《〈嶽麓書院藏秦簡（叁）〉所見的共犯處罰》（《第三屆「出土文獻與法律史研究」學術研討會論文集》，後載《華東政法大學學報》二〇一四年第二期，又載《出土文獻與法律史研究》第三輯，二〇一四年）
水間大輔（2017）《張家山漢簡「奏讞書」と嶽麓書院藏秦簡「爲獄等狀四種」の形成過程》（《東洋史研究》第七十五卷第四號，二〇一七年，中譯看水間大輔《張家山漢簡〈奏讞書〉與嶽麓書院藏秦簡〈爲獄等狀四種〉之形成過程》，《中國古代法律文獻研究》第十一輯，二〇一七年）
Staack, Thies（2018）「Single-and Multi-Piece Manuscripts in Early Imperial China: On the Background and Significance of a Terminological Distinction.」In: *Early China* 41.
蘇俊林（2013）《秦漢時期「狀」類文書的性質和功用——以嶽麓秦簡中的「狀」爲討論中心》（簡帛網，二〇一三年九月十一日，後改名爲《秦漢時期的「狀」類文書》，載於《簡帛》第十輯，二〇一五年）
蘇俊林（2018）《嶽麓秦簡奏讞文書的文書構成》（《第四屆簡帛學國際學術研討會暨謝桂華先生誕辰八十周年紀念座談會會議論文集》）
蘇俊林（2019）《嶽麓秦簡〈暨過誤失坐官案〉的議罪與量刑》（《史學月刊》二〇一九年第八期）

孫　銘（2014）　《〈嶽麓秦簡（叁）·多小未能與謀案〉處刑原則探析——從「除罪」的成立要件談起》（《秦始皇帝陵博物院二〇一四》）

孫　銘（2014）　《簡牘秦律中的田租徵收事業》（《農業考古》二〇一四年第六期）

孫　銘（2016）　《秦漢簡牘所見「畏耎」行爲雜論》（《首届絲綢之路（敦煌）國際文化博覽會系列活動——簡牘學國際學術研討會論文集》，後載張德芳主編《甘肅省第三届簡牘學國際學術研討會論文集》，上海辭書出版社，二〇一七年）

孫　銘（2018）　《「寇降，以爲隸臣」解》（《出土文獻與法律史研究》第七輯）

孫聞博（2015）　《秦及漢初的司寇與徒隸》（《中國史研究》二〇一五年第三期）

唐俊峰（2017）　《秦漢劾文書格式演變初探》（《中國古代法律文獻研究》第十一輯）

陶　安（2013）　《嶽麓秦簡〈爲獄等狀〉「復爲隸臣」淺說》（《第三届「出土文獻與法律史研究」學術研討會論文集》）

陶　安（2018）　《嶽麓秦簡〈爲獄等狀四種〉案例五〈多未能與謀案〉吏議管窺——秦律未成年刑事責任能力與受刑能力》（《第四届簡帛學國際學術研討會暨謝桂華先生誕辰八十周年紀念座談會會議論文集》，後收入《簡帛研究二〇一八（秋冬卷）》）

萬　榮（2015）　《秦與漢初刑事訴訟程序中的「辭」、「言」、「當」》（《求索》二〇一五年第六期）

萬　榮（2015）　《秦與漢初刑事訴訟程序中的判決：「論」、「當」、「報」》（《簡帛》第十一輯）

王安宇（2019）　《秦漢時期的異地訴訟》（《中國史研究》二〇一九年第三期）

王　谷、王　准（2016）　《論東周秦漢時期的里門》（《中國社會經濟史研究》二〇一六年第二期）

王　偉（2017）　《秦守官、假官制度綜考——以秦漢簡牘資料爲中心》（《簡帛研究二〇一六（秋冬卷）》）

王　笑（2013）　《秦漢簡牘中的「冗」和「冗募」》（《出土文獻與法律史研究》第三輯）

王彦輝（2015）　《從秦漢「單」的性質看國家與社會權力結構的失衡》（《中國史研究》二〇一五年第一期）

王彦輝（2015）　《秦簡「識劫娺案」發微》（《古代文明》二〇一五年第一期）

温俊萍（2017）　《秦「讞獄」補疑——以「嶽麓書院藏秦簡」爲視角》（《上海師範大學學報（哲學社會科學版）》二〇一七年第六期）

鄔文玲（2015）　《試析秦始皇「於是急法，久者不赦」》（《中國古代法律文獻研究》第九輯）
鄔　勖（2013）　《〈嶽麓書院藏秦簡〉（叁）「癸、瑣相移謀購案」中的法律適用》（《第三屆「出土文獻與法律史研究」學術研討會論文集》，後載《華東政法大學學報》二〇一四年第二期、《出土文獻與法律史研究》第三輯）
鄔　勖（2013）　《〈奏讞書〉篇題再議》（簡帛網，二〇一三年十二月十日）
鄔　勖（2015）　《秦漢商業用地制度初探——以出土文獻爲中心》（《江西社會科學》二〇一五年第七期）
吴雪飛（2018）　《説〈里耶秦簡（貳）〉中的「相遝」》（簡帛網，二〇一八年五月十七日）
蕭　燦（2017）　《從嶽麓秦簡「芮盗賣公列地案」論秦代市肆建築》（《中國簡牘學術研討會會議論文集》）
蕭　燦、唐夢甜（2017）　《從嶽麓秦簡「芮盗賣公列地案」論秦代市肆建築》（《湖南大學學報（社會科學版）》第三十一卷第五期）
肖洪泳（2013）　《嶽麓秦簡所見秦刑事訴訟程序的歷史價值》（《湖南大學學報（社會科學版）》第二十七卷第三期）
肖洪泳（2015）　《秦代刑事訴訟程式新探》（《出土文獻研究》第十四輯）
徐世虹（2017）　《出土簡牘法律文獻的定名、性質與類别》（《古代文明》第一卷第三期）
徐世虹（2018）　《睡虎地秦簡〈法律答問〉疏義六則》（《「第四屆簡帛學國際學術研討會暨謝桂華先生誕辰八十周年紀念座談會」會議論文集》）
楊　琳（2016）　《從勞力需求看秦代赦免制度》（《簡帛研究二〇一六（春夏卷）》）
楊　鑫、朱紅林（2015）　《秦簡中的奴隸家庭》（《魯東大學學報》二〇一五年第三期）
楊振紅（2015）　《秦漢「乞鞫」制度補遺》（《出土文獻與古文字研究》第六輯）
楊振紅、王安宇（2017）　《秦漢訴訟中的「覆」及相關問題》（《史學月刊》二〇一七年第十二期）
伊　强（2015）　《秦漢法律術語「同居」與「同居數」考辨》（《長江文明》第十九輯）
尹在碩（2017 年）　《秦的「新地」、「新地人」認識與占領地統治》（《中國簡帛學國際論壇二〇一七：新出土戰國秦漢簡牘研究論文集》）
游逸飛（2015）　《從軍區到地方政府——簡牘及金文所見戰國秦之郡制演變》（《臺大歷史學報》第五十六輯，

後又修改轉載簡帛網，二〇一六年十月十二日）

游逸飛（2016）《三府分立——從新出秦簡論秦代郡制》（簡帛網，二〇一六年十月十三日）

于洪濤（2013）《嶽麓秦簡〈爲獄等狀四種〉所見逃亡犯罪研究》（《第三届「出土文獻與法律史研究」學術研討會論文集》，後載《出土文獻與法律史研究》第三輯）

于洪濤（2018）《秦漢法律簡牘中的「鞫」研究——兼論秦漢刑事訴訟中的相關問題》（《簡帛研究二〇一八（春夏卷）》）

于振波（2013）《秦代吏治管窺——以秦簡司法、行政文書爲中心》（《湖南大學學報（社會科學版）》第二十七卷第三期）

張伯元（2013）《商鞅量匯考》（簡帛網，二〇一三年九月十二日）

張伯元（2014）《「累論」與數罪並罰》（《「中國古代法律文獻整理研究」學術研討會論文集》，後收入《中國古代法律文獻研究》第八輯）

張傳璽（2018）《睡虎地秦簡〈法律答問〉「獄未斷」諸條再釋——兼論秦及漢初刑法體系構造》（《中國古代法律文獻研究》第十二輯）

張琮軍（2015）《秦代簡牘文獻刑事證據規則考論》（《法學》二〇一五年第二期）

張　寒（2018）《由「綰等畏耎還走案」探析秦漢畏愞逗留罪》（《西南科技大學學報（哲學社會科學版）》二〇一八年第四期）

張　娜（2016）《秦漢「劫人」罪芻議》（《赤峰學院學報（漢文哲學社會科學版）》二〇一六年第五期）

張　楠（2018）《説「微難獄」》（簡帛網，二〇一八年五月四日）

張榮强（2013）《讀嶽麓秦簡論秦漢户籍制度》（《晉陽學刊》二〇一三年第四期）

張韶光（2015）《嶽麓秦簡（叁）「暨過誤失坐官案」的法律適用問題》（《黑龍江史志》二〇一五年第五期）

張韶光（2016）《秦漢簡牘奏讞文書中「它縣論」研究》（《咸陽師範學院學報》二〇一六年第三期）

張韶光（2016）《秦漢簡牘報書中「它有律令」研究》（《通化師範學院學報》二〇一六年第七期）

張以靜（2019）《秦漢再婚家庭的財産權——以簡牘材料爲中心》（《河北學刊》第三十九卷第四期）

中國の歴史と地理研究會編（2014）《漢代を遡る奏讞：中國古代の裁判記録》（《中國の歴史と地理》第三集，後改爲池田

雄一編《漢代を遡る奏讞：中國古代の裁判記録》，汲古書院，二〇一五年）
中國政法大學法制史基礎史料研讀會（2018）《睡虎地秦簡法律文書集釋（七）：〈法律答問〉一～六〇簡》（《中國古代法律文獻研究》第十二輯）
周海鋒（2014）《〈爲獄等狀四種〉中的「吏議」與「邦亡」》（《湖南大學學報（社會科學版）》第二十八卷第四期，又載《出土文獻與法律史研究》第三輯）
周海鋒（2016）《嶽麓書院藏秦簡〈置吏律〉及相關問題研究》（《第六屆「出土文獻與法律史研究」暨慶祝華東政法大學古籍整理研究所成立三十週年學術研討會論文集》，後收入《出土文獻與法律史研究》第六輯）
周海鋒（2016）《嶽麓秦簡〈戍律〉及相關問題研究》（《首屆絲綢之路（敦煌）國際文化博覽會系列活動——簡牘學國際學術研討會論文集》，後載張德芳主編《甘肅省第三屆簡牘學國際學術研討會論文集》，上海辭書出版社，二〇一七年）
周海鋒（2017）《嶽麓書院藏秦簡〈金布律〉研究》（《簡帛研究二〇一七（春夏卷）》）
朱德貴（2014）《嶽麓秦簡奏讞文書商業問題新證》（《社會科學》二〇一四年第十一期）
朱德貴（2016）《嶽麓秦簡所見「隸臣妾」問題新證》（《社會科學》二〇一六年第一期）
朱德貴、莊小霞（2016）《嶽麓秦簡所見「訾税」問題新證》（《中國經濟史研究》二〇一六年第四期）
朱紅林（2016）《史與秦漢時期的決獄制度》（《法律史學會二〇一六年年會論文集》，後收入《社會科學輯刊》二〇一七年第一期）
朱錦程（2017）《秦對新征服地的特殊統治政策——以「新地吏」的選用爲例》（《湖南師範大學社會科學學報》二〇一七年第二期）
朱錦程、蘇俊林（2018）《秦「失期，法皆斬」新證》（《簡帛研究二〇一七（秋冬卷）》）
朱　騰（2017）《簡牘所見秦縣少吏研究》（《中國法學》二〇一七年第四期）
朱　瀟（2013）《〈爲獄等狀四種〉「綰等畏耎還走案」與秦代軍事犯罪問題》（《第三屆「出土文獻與法律史研究」學術研討會論文集》，後載《出土文獻與法律史研究》第三輯，二〇一四年）
朱　瀟（2016）《嶽麓書院藏秦簡〈爲獄等狀四種〉與秦代法制史研究》（中國政法大學出版社）

朱　瀟（2016）《秦漢司法職務犯罪及其救濟措施初探》（《第六屆「出土文獻與法律史研究」暨慶祝華東政法大學古籍整理研究所成立三十周年學術研討會論文集》，後收入《出土文獻與法律史研究》第六輯）

朱　瀟（2017）《秦漢地方司法屬吏的升黜機制初探》（《河南財經政法大學學報》二〇一七年第五期）

椎名一雄（2014）《二年律令にみえる民の生活形態について》（東洋文庫中國古代地域史研究編《張家山漢簡《二年律令の研究》，東洋文庫）

椎名一雄（2018）《「庶人」が結ぶ中國古代の社會と國家》（《歷史學研究》第九七六號）

鄒水傑（2016）《簡牘所見秦代縣廷令史與諸曹關係考》（《簡帛研究2016（春夏卷）》）

（二）歷史地理

陳松長（2009）《嶽麓書院藏秦簡中的郡名考略》（《湖南大學學報（社會科學版）》第二十三卷第二期）

陳　偉（2010）《「江胡」與「州陵」——嶽麓書院藏秦簡中的兩個地名初考》（《中國歷史地理論叢》二〇一〇年第一期）

賈麗英（2015）《從出土文獻看秦時趙郡與恒山郡的變遷》（《石家莊學院學報》第十七卷第四期）

琴載元（2015）《秦統治時期「楚地」的形勢與南郡的區域文化個性》（簡帛網，二〇一五年一月三十一日）

田炳炳（2014）《讀〈嶽麓書院藏秦簡（三）〉札記一則——京州地望試探》（簡帛網，二〇一四年五月十九日）

王　佳（2015）《出土文獻所見秦南郡屬縣三題》（《江漢考古》二〇一五年第二期）

王　偉（2009）《嶽麓書院藏秦簡所見秦郡名稱補正》（簡帛網，二〇〇九年七月一日，後載《考古與文物》二〇一〇年第五期）

王　偉（2009）《嶽麓書院藏秦簡所見秦郡名稱補正》（簡帛網，二〇〇九年七月三日）

王琢璽（2014）《秦漢銷縣小考》（《中國歷史地理論叢》二〇一四年第三期）

于　薇（2014）《淺談嶽麓秦簡中的「江湖郡」和「衡山郡」》（《古文字研究》第三十輯）

周　波（2014）《説楚地出土文獻中的「京州」與「京君」》（《秦簡牘研究國際學術研討會論文集》，後載《出

土文獻研究》第十四輯，二〇一五年）
鄒水傑（2018）　《嶽麓秦簡「蜀巴郡」考》（《「第四屆簡帛學國際學術研討會暨謝桂華先生誕辰八十周年紀念座談會」會議論文集》，後收《簡帛研究二〇一八（秋冬卷）》，二〇一九年）

（三）其他

陳侃理（2013）　《里耶秦方與「書同文字」》（《簡帛文獻與古代史——第二屆出土文獻青年學者國際論壇論文集》，二〇一五年由中西書局正式出版，又載《文物》二〇一四年第九期）
陳斯鵬（2016）　《説「買」「賣」》（《中國文字學報》第七輯，後收同《卓廬古文字學叢稿》，中西書局，二〇一八年）
陳松長、張以靜（2014）　《〈嶽麓書院藏秦簡（叁）〉的書手辨析與書體特徵》（《出土文獻研究》第十三輯）
李世持（2016）　《秦簡女性人名命名規律及文化内涵初探》（《首屆絲綢之路（敦煌）國際文化博覽會系列活動——簡牘學國際學術研討會論文集》，後載張德芳主編《甘肅省第三屆簡牘學國際學術研討會論文集》，上海辭書出版社，二〇一七年）
申紅義（2015）　《否定副詞「弗」的主觀化語用特徵——以簡帛文獻中的用法爲例證》（《新疆大學學報（哲學・人文社會科學版）》二〇一五年第四期）
石　洋（2019）　《秦簡牘中的「貸」與「貣」》（《首屆中日韓出土簡牘研究國際論壇暨第四屆簡帛學的理論與實踐學術研討會論文集》）
史　達（2016）　《嶽麓秦簡〈廿七年質日〉所附官吏履歷與三卷〈質日〉擁有者的身份》（《湖南大學學報（社會科學版）》第三十卷第四期）
Staack, Thies（2015）　「Identifying Codicological Sub-units in Bamboo Manuscripts: Verso Lines Revisited.」In: *Manuscript Cultures* 8.

三、學位論文（含筆者未目睹者）

曹　洋（2018）　《秦「亡人」芻議》（南京師範大學碩士學位論文）

韓文丹（2014）《〈嶽麓書院藏秦簡（三）〉文字初探與文字編》（湖南大學碩士學位論文）
黄均鎮（2018）《嶽麓秦簡奏讞文書之文書格式與審理型態研究》（臺灣大學碩士學位論文）
江昊（2015）《〈嶽麓書院藏秦簡（叁）〉文字與詞彙研究》（華東師範大學碩士學位論文）
李博倫（2016）《秦及漢初法律文獻中的故意與過失考察》（湖南大學碩士學位論文）
廖丹妮（2016）《從用字用詞現象看〈嶽麓書院藏秦簡〉（一—三）中官文書的年代問題》（中山大學碩士學位論文）
劉欣欣（2017）《秦漢〈亡律〉分類集釋》（湖南大學碩士學位論文）
劉雨林（2016）《〈嶽麓書院藏秦簡〉（壹—叁）通假字研究》（湖南大學碩士學位論文）
馬小娟（2017）《秦漢奏讞制度研究》（蘭州大學碩士學位論文）
喬志鑫（2018）《秦漢的罪數問題研究》（華東政法大學碩士學位論文）
秦濤（2014）《律令時代的「議事以制」：漢代集議制研究》（西南政法大學博士學位論文）
時軍軍（2016）《〈嶽麓書院藏秦簡（三）〉相關問題研究》（鄭州大學碩士學位論文）
舒哲嵐（2017）《秦縣廷中的獄史研究——以出土簡牘爲中心》（中國人民大學碩士學位論文）
王佳（2015）《簡牘所見秦長江中游的社會與經濟研究》（武漢大學博士學位論文）
吴方基（2015）《秦代縣級政務運行研究》（華中師範大學博士學位論文）
吴星星（2015）《嶽麓書院藏秦簡（叁）文字編》（安徽大學碩士學位論文）
鄔勖（2014）《秦地方司法諸問題研究——以新出土文獻爲中心》（華東政法大學博士學位論文）
胥紫翼（2018）《〈嶽麓書院藏秦簡〉（壹—肆）字形與音義關係研究》（湖南大學碩士學位論文）
楊琳（2015）《秦赦免制度研究》（湖南大學碩士學位論文）
楊鑫（2016）《秦簡所載家庭及相關問題研究》（吉林大學碩士學位論文）
于洪濤（2017）《里耶秦簡文書簡分類整理與研究》（吉林大學博士學位論文）
張靜（2016）《〈嶽麓書院藏秦簡（叁）〉詞彙整理與研究》（湖南大學碩士學位論文）
張娜（2016）《秦漢法制因革探微》（華東政法大學碩士學位論文）
張韶光（2017）《〈嶽麓書院藏秦簡（叁）〉集釋》（吉林大學碩士學位論文）

張小倩（2018）《秦簡逃亡問題研究》（鄭州大學碩士學位論文）
章瀟逸（2018）《簡牘所見早期中國長江中游地區的逃亡現象與地域社會》（厦門大學碩士學位論文）
張岩岩（2014）《〈嶽麓書院藏秦簡（三）〉第一類簡集釋》（武漢大學碩士學位論文）
張以靜（2015）《〈嶽麓書院藏秦簡〉（叁）書手辨析》（湖南大學碩士學位論文）
鍾　意（2014）《〈嶽麓書院藏秦簡（三）〉第二類至第五類簡集釋》（武漢大學碩士學位論文）
周海鋒（2016）《秦律令研究——以〈嶽麓書院藏秦簡〉（肆）爲重點》（湖南大學嶽麓書院博士學位論文）
朱錦程（2017）《秦制新探》（湖南大學博士學位論文）

附録三　索引

爲方便讀者參照小書注釋，本索引收録注釋所涉及的字詞、短語以及出土資料。字詞索引基本上按常讀音排序，與常讀音不同者用「↓」標注小書讀音，「↓」又表示换讀、關聯詞匯等，《爲獄等狀》原文字詞與注釋無關者，一律從略；出土資料索引分別收録古書類與文書類的文字資料，引文極少的璽印、封泥（僅八例）均從略。

字詞

A
敖童　↓匿敖童　一一六（五）
傲悍　一四三（一八）
B
白粲　一一八（三四）
佰　↓阡陌　一三四（九）
瓣　↓治辨　一五〇（一一）
邦　↓屬邦　〇八〇（一〇）
　　↓它邦人　〇八〇（一〇）
邦候　一〇七（四）
邦亡　〇七〇（一三）
　　一三五（二六）
邦尉　一〇七（三）
報　〇七五（四六）
倍　↓踣　一四三（一三）
備　↓先備贖　〇七二（二八）
比附　〇七三（三四）
婢　↓奴婢　一一六（九）
辟　〇七〇（六）
　　一二六（一一）
辨　↓治辨　一五〇（一一）
別買　〇九七（四）
別價　〇九七（四）
別直　〇九七（五）
賓飤舍　一二七（一四）
　　一三六（三二）
并買　〇九七（四）
并價　〇九七（四）
踣　一四三（一三）
　　↓捽踣屏　一四三（一三）
薄　一二六（五）
　　一三四（一三）
薄宿所　一二六（五）
捕　↓産捕　〇七四（三六）
　　〇八〇（五）
捕校上　一五〇（一〇）
補　一二八（二六）
不會　一〇七（七）
不如辭　一四四（二四）
不審　↓告不審　〇七一（一四）
　　↓乞鞫不審　一四四（二三）
　　一四四（二四）
　　一五一（二一）
　　↓誤不審　一〇八（一三）
不幸死　一一七（一六）
不言所坐　〇七二（二三）
不知何　一三三（五）
不知何人　一三三（五）
布　↓市布肆　一一六（六）
部　〇七〇（一〇）
簿　↓束簿　一六四（六）

C

材　○七二〔二二〕
　一三六〔二九〕
倉　一五七〔四〕
倉佐　○七○〔一一〕
臧　→分臧　○八六〔六〕
　○八九〔三○〕
　→坐臧爲盗　○七六〔五○〕
曹　○九七〔七〕
　→主市曹　○九七〔七〕
孱　→zhàn 孱陵　○八八〔一八〕
産　→公産　一五八〔一七〕
産捕　○七四〔三六〕
　○八○〔五〕
長　→zhǎng 將長　○八○〔一二〕
　→zhǎng 校長　○六九〔四〕
償　→貲償　一五九〔三一〕
敞（人名）　○八八〔一五〕
徹　一三四〔九〕
徹道　一三四〔九〕
勶　→徹
臣　一一六〔九〕
　→隸臣　○九七〔七〕
　→人臣　一一六〔九〕

臣妾　一一六〔九〕
臣史　○九七〔七〕
臣信　→信（人名）　一六四〔一三〕
臣走　一五九〔二一〕
丞　○六九〔二〕
　一五七〔四〕
丞相　一四二〔四〕
丞主　一五八〔一六〕
城旦　○八六〔七〕
　→繫城旦　一四二〔五〕
　→繫城旦六歲　一四四〔二五〕
　一五一〔二一〕
　→繫城旦十二歲
　一五一〔二一〕
　→黥城旦　○七三〔三四〕
　○八六〔七〕
　→黥爲城旦　○八六〔七〕
　一一八〔三六〕
　→黥以爲城旦　○八六〔七〕
　→完爲城旦　一一八〔三六〕
城旦舂　→繫城旦舂六歲
　一四四〔二三〕
　→繫城旦舂十二歲
　一四四〔二三〕
笞　一四三〔一八〕

笞掠　一五○〔一二〕
尺　○九九〔三○〕
斥　一○七〔八〕
　→未斥自出　一○七〔八〕
㡿　→斥
舂　→黥爲舂　一一八〔三四〕
　→贖舂　一二一〔六〕
　→完爲舂　一一八〔三四〕
重　→zhòng 重泉　一五一〔二○〕
出　→自出　○七一〔一九〕
　一○七〔八〕
出徼　○七○〔一三〕
除　一○三〔九〕
　一○八〔一一〕
除罪　一○三〔九〕
處　→居處所　一二六〔五〕
埱　○八六〔五〕
埱冢　○八六〔五〕
　○八九〔三○〕
窗　→天窗容鳥　一○七〔六〕
　一○九〔一一〕
窻　→窗
辤　→辭
辭　○七四〔三八〕
　一五○〔七〕

↓不如辭 一四四（二四）
↓乞鞫不如辭 一四四（二四）
↓它如辭 〇七四（三八）
↓轉易其辭 一五一（一五）
辭爭 〇七四（三八）
次 ↓先者次 一六四（一四）
從 ↓寺從 一三五（一六）
卒 ↓zú公卒 〇九六（一）
↓zú卒史 一二八（二六）
一三六（三四）

D

大 一三五（一五）
↓太守 〇六九（二）
大夫 〇九六（一）
大夫妻 一一八（三四）
大宮 一三五（一五）
大官 一三五（一五）
大誤 一〇八（一三）
逮 ↓遝 一五一（一八）
給 〇七三（三三）
給賣 〇九九（二五）
詒 ↓紿
貸 一一八（二四）
↓錢貸 一五九（一九）

單 一一七（一四）
單賦 一一七（一四）
僤 一一七（一四）
當法 〇七二（二七）
〇七四（三四）
當陽 一四二（三）
盪 〇八七（一五）
盜 〇九九（二五）
↓攻盜 〇八〇（八）
↓求盜 〇六九（四）
↓羣盜 〇七〇（五）
〇七四（三六）
〇八一（一六）
↓坐贓爲盜 〇七六（五〇）
一一八（三六）
盜賣 〇九九（二五）
盜殺人 〇七〇（五）
盜未有取 〇七三（三四）
道 〇八八（二〇）
一六〇（三七）
↓徹道 一三四（九）
↓夷道 〇八八（二〇）
得 〇七一（一九）
一〇七（九）
↓弗得 一〇七（九）

得情 一四三（二〇）
地 ↓公地 〇九七（二）
↓列地 〇九七（二）
牒 一二七（一八）
↓繫牒 〇八八（一六）
牒書 一三四（一三）
定 〇八八（一六）
定名 〇八八（一六）
都官 一三四（一三）
都吏 一四二（四）
端 一〇九（二五）
一三六（三〇）
多問 一五八（一六）
奪爵 一〇二（八）
一六四（一五）

E

而 一二六（一三）
二 〇九九（二一）
二面 〇八九（二六）
〇八九（二七）

F

發 一五八（九）
法 〇七二（二七）

→當法　〇七二〔二七〕
〇七四〔三四〕
→犯法　一〇九〔二五〕
→受賕枉法　〇七六〔四九〕
法令　一〇九〔二五〕
法耐　〇七三〔三四〕
法戍　〇七三〔三四〕
灋　→法
反寇　一六四〔五〕
犯法　一〇九〔二五〕
犯法令　一〇九〔二五〕
犯令　一〇八〔一三〕
一〇九〔二五〕
→小犯令　一〇八〔一三〕
非　〇九九〔二七〕
非罰　一〇八〔一七〕
非功　一〇八〔一七〕
非疾死　一一七〔一六〕
非繫　一〇八〔一七〕
一〇九〔二一〕
非吏所興　〇八〇〔一一〕
非謀　一〇八〔一七〕
非罪　一〇八〔一七〕
廢令　一〇八〔一三〕
一〇九〔二五〕

廢戍　〇七四〔三四〕
分器　〇八九〔二九〕
分贓　〇八六〔六〕
〇八九〔三〇〕
分　〇九八〔一九〕
→受分　〇八六〔六〕
〇八九〔一七〕
〇八九〔三〇〕
封　→寄封　一五九〔一三〕
→奏封　一五九〔一三〕
馮毋擇（人名）　一五七〔六〕
弗得　一〇七〔九〕
弗能詣告　〇七一〔一四〕
弗止　一五〇〔一三〕
伏地再拜　一五八〔一六〕
符　一六四〔六〕
→束符　一六四〔六〕
→伍符　一六四〔六〕
府　〇九八〔一一〕
斧質　一四九〔一〕
斧鑕　→斧質
付　→券付　〇七一〔一六〕
一一八〔二七〕
赴隧　一〇九〔二六〕
婦　→棄婦　一二五〔二〕

傅　一〇八〔一〇〕
傅籍　一〇一〔四〕
一〇八〔一〇〕
賦　一一七〔一四〕
→單賦　一一七〔一四〕
覆　一二二〔一一〕
一三五〔一七〕
覆視　一四九〔三〕
覆詣　一三五〔一七〕
覆獄　〇八〇〔四〕
一四二〔八〕
→御史覆獄　〇八〇〔四〕
覆獄獄史　〇八〇〔四〕
覆治　一四二〔四〕

G

改　一二六〔七〕
蓋　→治蓋　〇九七〔二〕
敢　一五八〔一六〕
笴　一〇八〔一六〕
感（人名）　〇九八〔一二〕
榦　一〇八〔一六〕
一〇九〔二一〕
→笴
幹　一〇八〔一六〕

告　○七一〔一四〕
○七一〔二〇〕
○七二〔二九〕
一一八〔三四〕
↓先自告　○七一〔一九〕
↓詣告　○七一〔一四〕
↓自告　○七一〔一九〕
一一六〔二〕
告不審　○七一〔一四〕
格　↓笿、落　一六四〔九〕
更　○七二〔三〇〕
更論　○七二〔三〇〕
更戍　○七二〔二七〕
更言　一五一〔一五〕
更治　一五〇〔七〕
公　一三五〔一六〕
一五九〔二二〕
↓寺從公　一三五〔一六〕
公産　一五八〔一七〕
公地　○九七〔二〕
公列地　○九七〔二〕
公士　一〇七〔七〕
一一八〔三六〕
公室　○九八〔一一〕
公卒　○九六〔一〕

攻盜　○八〇〔八〕
宮　↓大宮　一三五〔一五〕
宮隸　一三五〔一五〕
宮隸臣　一三五〔一五〕
購　○七〇〔七〕
○七一〔一四〕
○七四〔三六〕
購金七兩　○八一〔一六〕
購金三兩　○八一〔一七〕
姑姊　一五〇〔四〕
姑姊子　一五〇〔四〕
賈　○九七〔四〕
↓別賈　○九七〔四〕
↓并賈　○九七〔四〕
↓別價　○九七〔四〕
↓并價　○九七〔四〕
↓故價　○九九〔二二〕
↓益價　○九九〔二六〕
固　↓讞固有審　○七五〔四八〕
固（人名）　一六〇〔三五〕
故價　○九九〔二二〕
故獄　↓視故獄　○八七〔一一〕
一五〇〔三〕
雇　○九八〔二〇〕
顧　↓雇

夬　↓決　○七三〔三一〕
官　一五八〔一〇〕
↓大官　一三五〔一五〕
↓都官　一三四〔一三〕
↓橘官　一〇七〔七〕
↓縣官　○九八〔一一〕
一二七〔一四〕
↓坐官　一〇七〔九〕
一〇八〔一三〕
官佐　○七〇〔一一〕
歸義　○八〇〔七〕
鬼薪　↓耐鬼薪　○八七〔七〕
↓耐爲鬼薪　○八七〔七〕
↓耐以爲鬼薪　○八七〔七〕
過　一〇八〔一三〕
過失　一〇八〔一三〕
過誤失　一〇八〔一二〕
一〇八〔一三〕

H

害　↓無害　一二七〔二三〕
一五九〔三〇〕
害聲聞　一五九〔三〇〕
悍　↓傲悍　一四三〔一八〕
勢　↓傲悍

苛　→訶　一三四〔一〇〕
訶　一三四〔一〇〕
何人　一三三〔五〕
劾　〇七一〔二〇〕　〇七二〔二九〕
和　一二六〔一二〕
和奸　一四二〔一一〕　一五一〔二一〕
衡山郡　〇七二〔二六〕
侯　→倫侯　→候　一五八〔六〕
後　〇八八〔二六〕　→户後　一一七〔一七〕　→爵後　一一七〔一七〕
候　〇七五〔四四〕　→邦候　一〇七〔四〕　→耐爲候　〇七五〔四四〕
胡陽　一五七〔二〕　一六〇〔三五〕
湖　→胡陽
户　→匿户　一一六〔五〕
户後　一一七〔一七〕
户、爵後　一一七〔一七〕
還　〇九九〔三二〕　一五九〔二〇〕
環　→還
會　→不會　一〇七〔七〕
或曰　〇七五〔四三〕
貨　一五〇〔九〕
J
穀　→繫
齎　一五八〔一八〕
疾死　一一七〔一六〕
籍　→傅籍　一〇一〔四〕　一〇八〔一〇〕
寄　一五九〔二三〕
寄封　一五九〔二三〕
暨（人名）　一〇七〔二〕
繫　〇七五〔四二〕　→非繫　一〇八〔一七〕　一〇九〔二一〕
繫城旦　一四二〔五〕
繫城旦六歲　一四四〔二五〕　一五一〔二一〕
繫城旦十二歲　一五一〔二一〕
繫城旦舂六歲　一四四〔二三〕
繫城旦舂十二歲　一四四〔二三〕
繫牒　〇八八〔一六〕
繫日　一四二〔五〕　一四四〔二六〕
家貲　一一六〔三〕　一一六〔四〕
甲　→貲二甲　一一八〔三五〕　→貲甲　〇七三〔三四〕
叚　→假
假　〇七五〔四六〕　一五八〔八〕
假守　〇七五〔四六〕
假子　一五〇〔六〕
賈　→價　→gǔ 別賈　〇九七〔四〕　→gǔ 并賈　〇九七〔四〕
價　→別價　〇九七〔四〕　→并價　〇九七〔四〕　→故價　〇九九〔三一〕　→益價　〇九九〔二六〕
奸　一四二〔二〕　→和奸　一四二〔一一〕　一五一〔二一〕　→强奸　一四二〔二〕　一四二〔一一〕
監御史　〇七二〔二九〕
江陵　〇八六〔一〕

一〇七〔二〕
一〇八〔一一〕
將 →相將 〇八八〔二五〕
將陽 一〇七〔七〕
降 →xiáng 降 一三五〔一九〕
→xiáng 降爲秦 〇八〇〔九〕
將軍 一五七〔六〕
將長 〇八〇〔一二〕
撟 →矯
矯 一五八〔一一〕
校上 →捕校上 一五〇〔一〇〕
校長 〇六九〔四〕
徼 一三四〔一〇〕
→出徼 〇七〇〔一三〕
→邀 一三四〔一〇〕
→邀迣 一三四〔一〇〕
徼迣 一三四〔一〇〕
譴 一四三〔一五〕
→録、詐 一四三〔一五〕
劫 一一六〔七〕
一一八〔三一〕
一一八〔三四〕
一一八〔三六〕
詰 〇九九〔二四〕
錦衣 一六〇〔三四〕

晉 一三六〔二八〕
京州 〇八〇〔六〕
荆 〇八〇〔五〕
就 →⿰龜欠 〇九八〔一五〕
→僦
僦 一二六〔六〕
僦日 一二六〔六〕
居 一五九〔三一〕
→同居 一一六〔八〕
居處、薄宿所 一二六〔五〕
居處所 一二六〔五〕
居贖 一五九〔三一〕
居債 一五九〔三一〕
居貲 一五九〔三一〕
居貲贖債 一五九〔三一〕
居作 一五九〔三一〕
鞠 →鞫
鞫 〇七四〔三九〕
→乞鞫 一二二〔一〇〕
鞫審讞 〇八七〔一〇〕
〇八九〔三一〕
鞫獄 〇七五〔三九〕
橘 一〇七〔七〕
橘官 一〇七〔七〕
夬 →決

決 〇七三〔三一〕
→言決 〇七三〔三一〕
爵 →奪爵 一〇二〔八〕
一六四〔一五〕
→削爵 一〇二〔八〕
一六五〔一五〕
爵後 一一七〔一七〕
覺 〇八九〔二八〕
君子 一五七〔五〕
君子子 一五七〔五〕
軍巫 一〇一〔二〕
郡 →衡山郡 〇七二〔二六〕
→南郡 〇七五〔四六〕
→南陽 一五八〔七〕
→旁近郡 一四二〔四〕
→蜀 一一八〔三七〕

K

伉 一三六〔二九〕
犺 →伉
苛 →hē 苛、訶 一三四〔一〇〕
可 →何人 一三三〔五〕
客 →舍客室 一一六〔六〕
客舍 一一六〔六〕
一二七〔一四〕

一三六（三二）
課　一三六（三六）
冐　→肯
肯　一四三（一九）
恐　一一八（三二）
叩頭　一五八（一六）
寇　→反寇　一六四（五）
→司寇　一三四（八）

L

勞　一二八（二五）
一三六（三五）
勞年中令　一三六（三五）
老小不當刑　一〇二（六）
樂（人名）　〇八八（一五）
樂一男子　〇八八（一五）
羸　→累
累　一〇八（一二）
累論　一〇八（一二）
李信（人名）　一六四（一三）
里人　一一七（一二）
醴陽　〇八七（一四）
吏　〇七三（三四）
→都吏　一四二（四）
→少吏　一五九（二六）
→長吏　一五九（二六）
→事　一二八（二四）
→守事　一二八（二四）
吏僕　一二六（九）
吏所興　〇八〇（一一）
吏徒　〇七三（三二）
吏議　〇七五（四三）
吏自別直　〇九七（五）
隸　一一六（九）
→宮隸　一三五（一五）
→史隸　〇九七（七）
隸臣　〇九七（七）
一四二（三）
一五一（二一）
→宮隸臣　一三五（一五）
→耐隸臣　一四二（三）
→耐爲隸臣　一四二（三）
→耐以爲隸臣　一四二（三）
隸臣妾　一四四（二三）
一五一（二一）
→耐爲隸臣妾　一四三（一一）
一五一（二一）
櫟　→yuè 櫟陽　一二六（四）
廉　一二七（二二）
廉求　一二七（二二）
現　→廉
良家子　一五七（五）
就　→僦　一二六（六）
諒　→掠　一五〇（一二）
列　〇九六（一）
〇九七（二）
→遮列　一三四（一〇）
列地　〇九七（二）
迾　→遮迾　一三四（一〇）
令　一一七（二〇）
→法令　一〇九（二五）
→犯令　一〇八（一三）
一〇九（二五）
→廢令　一〇八（一三）
一〇九（二五）
→勞年中令　一三六（三五）
→它如律令　〇七六（五二）
→它有律令　〇七六（五二）
→枉律令　〇七六（四九）
→小犯令　一〇八（一三）
→詔令　一五九（二四）
→中令　一三六（三五）
→受命　一五一（一六）
令史　〇八七（一三）
令下　〇八六（三）

令佐		○七○（一一）
廬舍		○八八（二一）
廬谿		一○一（三）
掾	↓録	○八六（四）
	↓禄、禒、掾	○八六（四）
逯	↓諑	一四三（一五）
禄	↓禒	○八六（四）
		○八八（一九）
	↓掾、録、掾	○八六（四）
諑		一四三（一五）
	↓謯、詐	一四三（一五）
録		○八六（四）
律令	↓它如律令	○七六（五二）
	↓它有律令	○七六（五二）
	↓枉律令	○七六（四九）
掠	↓笞掠	一五○（一二）
倫侯		一五八（六）
論	↓更論	○七二（三○）
	↓累論	一○八（一二）
	↓它縣論	○八一（一三）
	↓言論	○七三（三一）
論失者		○七三（三一）
笿	↓格、落	一六四（九）
落		一六四（九）

M		
買		○八九（一七）
	↓賣	
賣	↓給賣	○九九（一五）
	↓盜賣	○九九（一五）
謾	↓詑	○九八（一六）
免妾		一一八（三○）
免爲庶人		一一七（一一）
面		○八九（一六）
		○八九（一七）
民		一二六（一四）
名	↓定名	○八八（一六）
命	↓受命	一五一（一六）
陌	↓阡陌	一三四（九）
莫	↓暮食	一三五（一四）
謀		○七一（一八）
		一○二（六）
	↓非謀	一○八（一七）
募	↓冗募	○八七（一五）
暮食		一三五（一四）
N		
乃	↓廼	
廼		○六九（三）
耐		○七五（四四）

		一四二（三）
		一六○（三九）
	↓法耐	○七三（三四）
	↓贖耐	○七二（二五）
		一六○（三九）
耐鬼薪		○八七（七）
耐隸臣		一四二（三）
耐爲白粲		一一八（三四）
耐爲鬼薪		○八七（七）
耐爲候		○七五（四四）
耐爲隸臣		一四三（三）
耐爲隸臣妾		一四三（一一）
		一五一（二一）
耐以爲鬼薪		○八七（七）
耐以爲隸臣		一四二（三）
男子		○八八（一五）
	↓樂一男子	○八八（一五）
南郡		○七五（四六）
南燕		一三五（一八）
南陽		一五八（七）
撓		○九九（二六）
撓益價		○九九（二六）
内		一二六（一○）
		一三三（五）
内中		一三三（五）

匿　一二六（五）
匿敖童　一二六（五）
匿户　一二六（五）
匿税　一二六（五）
匿田　一二六（五）
匿貲　一二六（五）
　一一八（三四）
匿租　一一六（五）
匿罪人　一一六（五）
年　一二八（二五）
　一三六（三五）
　→占年　一一六（三）
奴　一一六（九）
奴婢　一一六（九）
愞　→ruǎn 愞、耎　一六四（四）
懦　→ruǎn 懦、耎　一六四（四）

O

毆搒　一四二（一〇）
　→搒毆　一四二（一〇）

P

旁近郡　一四二（四）
搒毆　一四二（一〇）
　→毆搒　一四二（一〇）
辟　→bì 辟　〇七〇（六）
僕　一二六（一一）
　一二六（九）
　一三五（一六）
　→吏僕　一二六（九）
　→寺從公僕　一三五（一六）

Q

妻　→大夫妻　一一八（三四）
　→棄妻　一四二（二）
乞鞫　一二二（一〇）
乞鞫不如辭　一四四（二四）
乞鞫不審　一四四（二三）
　一四四（二四）
　一五一（二一）
气　→乞鞫
　→穵（挖）　〇八六（五）
棄婦　一二五（二）
棄妻　一四二（二）
器　→分器　〇八九（二九）
　→衣器　〇八九（二九）
　→餘器　〇八九（二七）
千　→阡
阡陌　一三四（九）
謙　→廉　一二七（二二）
　→廉求　一二七（二二）
前　〇八八（二六）
潛　一二六（五）
　一三四（一三）
潛謂　一二六（五）
潛訊　一二六（五）
錢貸　一五九（一九）
黔首　一二七（一四）
　一二七（一九）
强奸　一四二（二）
　一四二（一一）
强奸未蝕　一四四（二三）
妾　一一六（九）
　→臣妾　一一六（九）
　→隸臣妾　一四三（一一）
　一五一（二一）
　→免妾　一一八（三〇）
　→人妾　一一六（九）
衾衣　一六〇（三四）
親　一五〇（九）
秦　→降爲秦　〇八〇（九）
秦中　一五九（二七）
卿　一六〇（四〇）
　→鄉　一一八（二九）
　→鄉嗇夫　一一八（二九）
　→鄉佐　一一八（二九）
情　一三五（二一）
　→得情　一四三（二〇）

→轉情　一五一（一五）
黥　○八六（七）
→贖黥　○七二（二五）
○七三（三四）
黥城旦　○七三（三四）
○八六（七）
黥爲城旦　○八六（七）
一一八（三六）
黥爲舂　一一八（三四）
黥以爲城旦　○八六（七）
請　→情　一三五（二一）
→得情　一四三（二〇）
→轉情　一五一（一五）
求　→廉求　一二七（二三）
求盗　○六九（四）
逎　→遒
遒　一四三（一六）
酉　→⿰亻酉、偤　一四三（一六）
臞　→虞　一三六（三一）
取　→盗未有取　○七三（三四）
去　一三六（三二）
→最先去　一六四（一四）
去疾（人名）　○八八（一五）
券　○七一（一六）
→誤券　一〇八（一三）
券付　○七一（一六）
一一八（二七）
券責　一一八（二七）
卻　一〇九（二四）
羣盗　○七〇（五）
○七四（三六）
○八一（一六）

R

人　→里人　一一七（一二）
→舍人　一一八（二三）
→庶人　○八七（九）
一一七（一一）
一一八（三〇）
一一八（三四）
→它邦人　○八〇（一〇）
→丈人　一五九（二四）
→宗人　一一七（一二）
人臣　一一六（九）
人妾　一一六（九）
任　一二八（二六）
日　→繫日　一四二（五）
一四四（二六）
→僦日　一二六（六）
容　一〇七（六）
→天窗容鳥　一〇七（六）
容鳥　一〇七（六）
冗募　○八七（一五）
如　→不如辭　一四四（二四）
→乞鞫不如辭　一四四（二四）
→它如　○七一（二〇）
→它如辭　○七四（三八）
→它如律令　○七六（五二）
耎　一六四（四）
→畏耎　一六四（四）
愞　→耎
懦　→耎

S

嗇夫　一四四（二二）
→亭嗇夫　○九八（一三）
→鄉嗇夫　一一八（二九）
沙羨　○七〇（九）
沙羨書　○七一（二〇）
殺人　→盗殺人　○七〇（五）
賞　→貲償　一五九（三一）
上　一一八（三三）
上造　○七〇（四）
一一八（三四）
少吏　一五九（二六）
少内　一五七（四）
一五九（三三）
折　一一八（二六）

舍　一一六〔六〕
→賓飤舍　一二七〔一四〕
一三六〔三二〕
→客舍　一一六〔六〕
一二七〔一四〕
一三六〔三二〕
→廬舍　〇八八〔二一〕
→市舍　一二一〔四〕
→田舍　一二五〔二〕
舍客室　一一六〔六〕
舍人　一一八〔二三〕
赦　〇八七〔八〕
赦　〇八七〔八〕
赦前　一五一〔一八〕
審　〇七五〔四〇〕
〇七五〔四八〕
→鞫審讞　〇八七〔一〇〕
〇八九〔三一〕
→乞鞫不審　一四四〔二三〕
一四四〔二四〕
一五一〔二一〕
→讞固有審　〇七五〔四八〕
聲聞　一五九〔三〇〕
失　〇七二〔三一〕
一〇八〔一三〕
一〇九〔二五〕

→過失　一〇八〔一三〕
→過誤失　一〇八〔一三〕
→誤失　一〇八〔一三〕
失火　一〇八〔一三〕
失期　一〇八〔一三〕
失刑罪　〇七三〔三一〕
一〇八〔一三〕
失者　〇七三〔三一〕
施　→yí施　一三五〔二三〕
什伍　〇八〇〔一二〕
食　一三六〔二七〕
一五八〔八〕
→暮食　一三五〔二四〕
→飲食　一一七〔一五〕
→種食　一五八〔八〕
蝕　一三六〔二七〕
→未蝕　一三五〔二七〕
→强奸未蝕　一四四〔二三〕
餘　→蝕
史　〇七二〔二五〕
→臣史　〇九七〔七〕
→覆獄獄史　〇八〇〔四〕
→監御史　〇七二〔二九〕
→令史　〇八七〔一三〕
→廷史　一四二〔八〕
→御史　一四二〔四〕

→御史覆獄　〇八〇〔四〕
→獄史　〇八七〔一三〕
→卒史　一二八〔二六〕
一三六〔三四〕
史隸　〇九七〔七〕
士伍　〇七〇〔四〕
市　〇九八〔一一〕
一一六〔六〕
一三六〔三二〕
→主市曹　〇九七〔七〕
市布肆　一一六〔六〕
市舍　一二一〔四〕
事　一二八〔二四〕
→守事　一二八〔二四〕
→死事　一一七〔一六〕
室　一一六〔六〕
→公室　〇九八〔一一〕
→舍客室　一一六〔六〕
→王室　〇九八〔一一〕
一二七〔一四〕
視　〇八七〔一一〕
一三四〔一〇〕
→覆視　一四九〔三〕
→瞻視　一三四〔一四〕
視故獄　〇八七〔一一〕
手　〇七六〔五一〕

守 ○六九（二）
○九八（一二）
→假守 ○七五（四六）
→太守 ○六九（二）
守事 一二八（二四）
首 一二六（一二）
→黔首 一二七（一四）
一二七（一九）
受 ○九六（一）
受分 ○八六（六）
○八九（二七）
○八九（三〇）
受命 一五一（一六）
受賕 ○七六（四九）
受賕枉法 ○七六（四九）
書 →牒書 一三四（一三）
→沙羨書 ○七一（二〇）
→私書 一五七（五）
→騰書 一五一（二二）
→僞書 一五八（一五）
輸 一一八（三七）
輸蜀 一一八（三七）
贖 ○七二（二五）
→居贖 一五九（三一）
→先備贖 ○七二（二八）
→貲贖 一五九（三一）
贖舂 一二一（六）
贖耐 ○七二（二五）
一六〇（三九）
贖黥 ○七二（二五）
○七二（二八）
○七三（三四）
贖債 一五九（三一）
蜀 →輸蜀 一一八（三七）
鼠 →移予 ○七一（一五）
屬 →私屬 一三三（三）
屬邦 ○八〇（一〇）
戍 ○七一（二一）
○七二（二七）
○七三（三四）
→法戍 ○七三（三四）
→廢戍 ○七四（三四）
→更戍 ○七二（二七）
→徭戍 ○七二（二七）
→貲法戍 ○七三（三四）
→貲戍 ○七三（三四）
束簿 一六四（六）
束符 一六四（六）
庶人 ○八七（九）
一一七（一一）
一一八（三〇）
一一八（三四）
→免爲庶人 一一七（一一）
稅 →匿稅 一一六（五）
司空佐 ○七〇（一一）
司寇 一三四（八）
私書 一五七（五）
私屬 一三三（三）
死 →不幸死 一一七（一六）
→非疾死 一一七（一六）
→疾死 一一七（一六）
死事 一一七（一六）
死罪 ○七四（三六）
巳 →已 ○八八（二四）
寺從 一三五（一六）
寺從公僕 一三五（一六）
飤 →賓飤舍 一二七（一四）
一三六（三二）
肆 ○九七（二）
一一六（六）
→市布肆 一一六（六）
宿 →薄宿所 一二六（五）
雖 一五〇（五）
綏（人名） 一二八（二六）
隧 →赴隧 一〇九（二六）
所 →薄宿所 一二六（五）
→居處所 一二六（五）
→有子娩所 一一七（一三）

T

它邦人　〇八〇〔一〇〕
它如　〇七一〔二〇〕
它如辭　〇七四〔三八〕
它如律令　〇七六〔五二〕
它縣論　〇八一〔一三〕
它有律令　〇七六〔五二〕
遝　〇八七〔八〕
　一五一〔一八〕
　→相遝　一〇八〔一二〕
太守　〇六九〔二〕
貣　→貸、織　一一八〔二四〕
　→錢貣　一五九〔一九〕
賸　一三五〔二三〕
騰　一五一〔二三〕
騰書　一五一〔二三〕
荑　→yí 荑、夷道　〇八八〔二〇〕
天窗容鳥　一〇七〔六〕
田　一〇七〔七〕
　→匿田　一一六〔五〕
田橘　一〇七〔七〕
田舍　一二五〔二〕
田野　一三六〔三二〕
廷　一四二〔四〕
廷史　一四二〔八〕
廷尉　一四二〔四〕
亭　〇九八〔一三〕
亭嗇夫　〇九八〔一三〕
亭佐　〇九八〔九〕
同居　一一六〔八〕
銅　→載銅、鍚、錫　〇八七〔一五〕
銅鍚　〇八七〔一五〕
銅錫　〇八七〔一五〕
剸　→zhuān 剸、專
　一五〇〔一三〕
佗　→yí 佗、施　一三五〔二三〕
詑　〇九八〔一六〕
　→謾　〇九八〔一六〕

W

窆　→挖、气　〇八六〔五〕
完　一一八〔三六〕
完爲城旦　一一八〔三六〕
完爲舂　一一八〔三四〕
瓨　一四二〔二〕
亡　一〇七〔七〕
　一三五〔二六〕
　一四四〔二三〕
　一五一〔二一〕
　→邦亡　〇七〇〔一三〕
　一三五〔二六〕
王室　〇九八〔一一〕
　一二七〔一四〕
枉法　〇七六〔四九〕
枉律令　〇七六〔四九〕
魏　→wèi 魏、魏　一三五〔二六〕
　一五一〔一九〕
　一五一〔二〇〕
爲　〇七五〔四四〕
　〇八七〔七〕
　一二一〔二〕
　一五九〔三二〕
　→免爲庶人　一一七〔一一〕
　→耐爲白粲　一一八〔三四〕
　→耐爲鬼薪　〇八七〔七〕
　→耐爲候　〇七五〔四四〕
　→耐爲隸臣　一四二〔三〕
　→耐爲隸臣妾　一四三〔一一〕
　→耐以爲鬼薪　〇八七〔七〕
　→耐以爲隸臣　一四二〔三〕
　→黥爲城旦　〇八六〔七〕
　一一八〔三六〕
　→黥爲舂　一一八〔三四〕
　→黥以爲城旦　〇八六〔七〕
　→完爲城旦　一一八〔三六〕
　→完爲舂　一一八〔三四〕
　→降爲秦　〇八〇〔九〕

→坐贓爲盜 ○七六（五○）
一一八（三六）
爲覆 一二二（一一）
爲覆奏狀 一二二（一一）
爲乞鞫奏狀 一二二（一○）
爲秦 ○八○（九）
爲獄 一二一（二）
爲獄記狀 一二一（二）
爲奏 一二二（一○）
痏 一三三（六）
→疻痏 一三三（六）
僞書 一五八（一五）
未 →盜未有取 ○七三（三四）
未斥自出 一○七（八）
未蝕 一三五（二七）
→强奸未蝕 一四四（二三）
畏耎 一六四（四）
尉 →邦尉 一○七（三）
→廷尉 一四二（四）
謂 ○七五（四六）
一四三（二二）
→潛謂 一二六（五）
魏 一三五（二六）
一五一（一九）
一五一（二○）
巍 →魏

文史無害 一二七（二三）
文無害 一二七（二三）
問 ○七四（三五）
→多問 ○九七（八）
一五八（一六）
巫 →軍巫 一○一（二）
毋 →無
毋擇（人名） →馮毋擇 一五七（六）
無害 一二七（二三）
一五九（三○）
無意 一三四（七）
無坐 一二六（一三）
五 →伍
五大夫 一五八（一六）
伍 一六四（六）
→什伍 ○八○（一二）
→士伍 ○七○（四）
伍符 一六四（六）
物 →徹物 一二七（二○）
務 →婺 一四三（一四）
婺 →務 一四三（一四）
誤 一○八（一三）
→大誤 一○八（一三）
→過誤失 一○八（一三）
→小誤 一○八（一三）
誤不審 一○八（一三）

誤券 一○八（一三）
誤失 一○八（一三）

X

厞 一四二（九）
→捽厞 一四三（一三）
→捽蹈厞 一四三（一三）
庰 →厞
錫 ○八七（一五）
繫 →繫 ○七五（四二）
→非繫 一○八（一七）
一○九（二一）
→繫城旦 一四二（五）
→繫城旦六歲 一四四（二五）
一五一（二一）
→繫城旦十二歲 一五一（二一）
→繫城旦舂六歲 一四四（二三）
→繫城旦舂十二歲 一四四（二三）
→繫牒 ○八八（一六）
→繫日 一四二（五）
一四四（二六）
下 →令下 ○八六（三）

夏陽 一五一（一七）
一五一（二〇）
先 →最先去 一六四（一四）
先備贖 〇七二（二八）
先者次 一六四（一四）
先自告 〇七一（一九）
一一六（二）
戠 →織
纖 一三六（三三）
掾 →禄 〇八六（四）
〇八八（一九）
→⿰扌彔、録、掾 〇八六（四）
羨 →yí 沙羨 〇七〇（九）
縣 →當陽 一四二（三）
→胡陽 一五七（二）
一六〇（三五）
→江陵 〇八六（一）
一〇七（二）
一〇八（一一）
→醴陽 〇八七（一四）
→盧谿 一〇一（三）
→沙羨 〇七〇（九）
→它縣論 〇八一（一三）
→魏 一三五（二六）
一五一（一九）
一五一（二〇）

→夏陽 一五一（一七）
一五一（二〇）
→銷 一〇八（一一）
→新野 一五九（二五）
→鄢 一〇八（一一）
→燕城 一三五（一八）
→夷道 〇八八（二〇）
→櫟陽 一二六（四）
→孱陵 〇八八（一八）
→重泉 一五一（二〇）
→州陵 〇六九（二）
縣官 〇九八（一一）
一二七（一四）
→倉 一五七（四）
→橘 一〇七（七）
→少内 一五七（四）
一五九（三三）
→市 〇九八（一一）
一三六（三二）
相將 〇八八（二五）
相遝 一〇八（一二）
相移 →移予 〇七一（一五）
鄉 一一八（二九）
鄉嗇夫 一一八（二九）
鄉佐 一一八（二九）
降 一三五（一九）

降爲秦 〇八〇（九）
銷 一〇八（一一）
小 一〇一（四）
→老小不當刑 一〇二（六）
小犯令 一〇八（一三）
小誤 一〇八（一三）
小走馬 一〇二（四）
校 →jiào 捕校上 一五〇（一〇）
→jiào 校長 〇六九（四）
偕 一四三（一六）
新野 一五九（二五）
信（人名） 一六四（一三）
猩（人名） 〇八八（一五）
興 〇七三（三二）
→非吏所興 〇八〇（一一）
→吏所興 〇八〇（一一）
興吏徒 〇七三（三二）
刑 →老小不當刑 一〇二（六）
→失刑罪 〇七三（三一）
一〇八（一三）
幸 →不幸死 一一七（一六）
詗 一二七（二一）
→研詗 一二七（二一）
宿 →sù 薄宿所 一二六（五）
頌 一一八（三七）
⿱須糸 →頌

削 一〇二（八）
削爵 一〇二（八）
一六五（一五）
訊 一〇二（七）
一二六（五）
→潛訊 一二六（五）
→獄訊 一五八（一二）

Y

揠 →偃 一四三（一三）
→捽偃 一四三（一三）
鄢 一〇八（一一）
燕城 一三五（一八）
言 〇七一（二〇）
一〇九（二二）
一〇九（二三）
→不言所坐 〇七二（二三）
→更言 一五一（一五）
→無意 一三四（七）
→自言 〇九八（一〇）
言決 〇七三（三一）
言論 〇七三（三一）
研詗 一二七（二一）
訮 →研詗
偃 →捽偃 一四三（一三）
瀻 →讞

讞 〇六九（二）
→鞫審讞 〇八七（一〇）
〇八九（三一）
→謁讞 一〇八（一四）
讞固有審 〇七五（四八）
楊臺苑 一五二（一）
錫 〇八七（一五）
養 〇八八（二二）
邀 一三四（一〇）
邀迣 一三四（一〇）
軺 〇八七（一四）
徭 →貲徭 〇七三（三四）
徭戍 〇七二（二七）
壄 →田野 一三六（三二）
→新野 一五九（二五）
謁 一〇八（一四）
謁讞 一〇八（一四）
一面 〇八九（二六）
〇八九（二七）
衣 →錦衣 一六〇（三四）
→衾衣 一六〇（三四）
衣器 〇八九（二九）
夷道 〇八八（二〇）
佗 →施
施 一三五（二三）
荑 →夷道 〇八八（二〇）

移予 →相移 〇七一（一五）
詒 →dài 詒、紿 〇七三（三三）
羡 →沙羡 〇七〇（九）
疑 一一八（三四）
疑罪 一一八（三四）
擇 →馮毋擇 一五七（六）
已 〇八八（二四）
以 〇九九（二八）
一〇二（五）
一一七（一〇）
一一七（一八）
一五一（一八）
→耐以爲鬼薪 〇八七（七）
→耐以爲隸臣 一四二（三）
→黥以爲城旦 〇八六（七）
攺 →改 一二六（七）
邑中 一三六（三二）
益價 〇九九（二六）
異 一一七（一九）
異議 〇七五（四三）
羕 →義 〇八〇（七）
→歸義 〇八〇（七）
意 一三四（七）
→無意 一三四（七）
義 →歸義 〇八〇（七）
詣 〇七〇（四）

一三五（一七）
↓覆詣 一三五（一七）
詣告 〇七一（一四）
↓弗能詣告 〇七一（一四）
議 ↓吏議 〇七五（四三）
↓異議 〇七五（四三）
音 ↓意 一三四（七）
↓無意 一三四（七）
飲食 一一七（一五）
歙 ↓飲食
贏 一一八（二五）
庸 ↓傭
傭 〇八八（一七）
一二六（一〇）
[亻酉] ↓遒 一四三（一六）
偤 ↓遒 一四三（一六）
有 ↓盗未有取 〇七三（三四）
↓它有律令 〇七六（五二）
↓讞固有審 〇七五（四八）
有子娩所 一一七（一三）
尪 一四二（二）
㝮（人名） 一四二（二）
虞 一三六（三一）
餘器 〇八九（二七）
予 ↓移予 〇七一（一五）
御史 一四二（四）

↓監御史 〇七二（二九）
御史覆獄 〇八〇（四）
獄 ↓覆獄 〇八〇（四）
一四二（八）
↓故獄 一五〇（三）
↓視故獄 〇八七（一一）
↓為獄 一二一（二）
↓坐獄 〇七二（二三）
獄史 〇八七（一三）
↓覆獄獄史 〇八〇（四）
獄訊 一五八（一二）
獄治 一五八（一二）
苑 ↓楊臺苑 一五二（一）
掾 ↓掾、録 〇八六（四）
↓禄、掾 〇八六（四）
曰 ↓或曰 〇七五（四三）
樂（人名） 〇八八（一五）
樂一男子 〇八八（一五）
櫟陽 一二六（四）

Z

載銅 〇八七（一五）
簪褭 〇八〇（三）
臧 ↓贓
贓 ↓分贓 〇八六（六）
〇八九（三〇）

↓坐贓為盗 〇七六（五〇）
一一八（三六）
責 一一六（四）
↓券責 一一八（二七）
↓居債 一五九（三一）
↓贖債 一五九（三一）
擇 ↓yi、馮毋擇 一五七（六）
譖 ↓潛 一二六（五）
一三四（一三）
↓潛謂 一二六（五）
↓潛訊 一二六（五）
矰（人名） 一五七（四）
詐 一四三（一五）
↓謯、[言录] 一四三（一五）
債 ↓居債 一五九（三一）
↓贖債 一五九（三一）
占 一一六（三）
一一六（四）
占年 一一六（三）
占數 一一六（三）
占租 一一六（三）
瞻視 一三四（一四）
孱陵 〇八八（一八）
長 〇八〇（一二）
↓將長 〇八〇（一二）
↓校長 〇六九（四）

長吏　一五九（二六）
丈　一六四（一〇）
丈人　一五九（二四）
詔令　一五九（二四）
遮列　一三四（一〇）
遮迾　一三四（一〇）
遮迣　一三四（一〇）
折　→shé 折　一一八（二六）
磔　一二一（九）
診　〇七四（三五）
徵物　一二七（二〇）
之　〇八八（二五）
知　→不知何　一三三（五）
　→不知何人　一三三（五）
織　→貸　一一八（二四）
直　〇九七（五）
　→吏自別直　〇九七（五）
止　→弗止　一五〇（一三）
疻痏　一三三（六）
制　一六五（一六）
治　一五〇（七）
　→覆治　一四二（四）
　→更治　一五〇（七）
　→獄治　一五八（一二）
　→笞　一四三（一八）
　→笞掠　一五〇（一二）

治辨　一五〇（一一）
治蓋　〇九七（二）
泄　→邀泄　一三四（一〇）
　→遮泄　一三四（一〇）
智　→不知何　一三三（五）
　→不知何人　一三三（五）
質　→斧質　一四九（一）
鑕　→斧質　一四九（一）
中　→內中　一三三（五）
　→秦中　一五九（一七）
　→邑中　一三六（三二）
　→zhòng 中令　一三六（三五）
冢　→埱冢　〇八六（五）
　〇八九（三〇）
種食　一五八（八）
穜　→種食
⿰米童　→種食
中令　一三六（三五）
　→勞年中令　一三六（三五）
重泉　一五一（二〇）
州　→京州　〇八〇（六）
州陵　〇六九（二）
主　一五八（一六）
　→丞主　一五八（一六）
主市曹　〇九七（七）
屬　→shǔ 私屬　一三三（三）

　→shǔ 屬邦　〇八〇（一〇）
專　一五〇（一三）
剸　→專
轉情　一五一（一五）
轉易其辭　一五一（一五）
狀　一二一（二）
　→爲覆奏狀　一二三（一一）
　→爲乞鞫奏狀　一二三（一〇）
　→爲獄訂狀　一二一（二）
呰　→貲
貲　〇七三（三四）
　一五九（三一）
　→家貲　一一六（三）
　→居貲　一五九（三一）
　→匿貲　一一六（五）
　一一八（三四）
貲償　一五九（三一）
貲盾　〇七三（三四）
貲二甲　一一八（三五）
貲法戍　〇七三（三四）
貲甲　〇七三（三四）
貲贖　一五九（三一）
貲贖債　→居貲贖債　一五九（三一）
貲戍　〇七三（三四）
貲徭　〇七三（三四）
子　→姑姊子　一五〇（四）

→假子 一五〇（六）
→君子子 一五七（五）
→良家子 一五七（五）
→男子 〇八八（一五）
→有子婏所 一一七（一三）
訾 →zī 訾、貲
自 →吏自別直 〇九七（五）
自出 〇七一（一九）
一〇七（八）
自告 〇七一（一九）
一一六（二）
自言 〇九八（一〇）
一〇九（二三）
宗人 一一七（一二）
走 一〇八（一〇）
→臣走 一五九（二一）
走馬 〇八〇（三）
一五〇（九）
→小走馬 一〇二（四）
奏 一二二（一〇）
→爲奏 一二二（一〇）
奏封 一五九（二三）
租 →匿租 一一六（五）
→占租 一一六（三）
卒 →公卒 〇九六（一）
卒史 一二八（二六）

一三六（三四）
[鼀+欠] →就 〇九八（一五）
㝡 →最
最先去 一六四（一四）
罪 →除罪 一〇三（九）
→非罪 一〇八（一七）
→失刑罪 〇七三（三一）
一〇八（一三）
→死罪 〇七四（三六）
→疑罪 一一八（三四）
罪人 →匿罪人 一一六（五）
辠 →罪
捽蹈屏 一四三（一三）
捽屏 一四三（一三）
捽偃 一四三（一三）
佐 〇七〇（一一）
→倉佐 〇七〇（一一）
→官佐 〇七〇（一一）
→令佐 〇七〇（一一）
→司空佐 〇七〇（一一）
→亭佐 〇九八（九）
→鄉佐 一一八（二九）
作 →居作 一五九（三一）
坐 〇七二（二三）
→不言所坐 〇七二（二三）
→無坐 一二六（一三）

坐官 一〇七（九）
一〇八（一三）
坐獄 〇七二（二三）
坐贓爲盜 〇七六（五〇）
一一八（三六）

出土資料（古書類）

上海博物館藏戰國楚竹書（七）

《凡物流形》甲本
08 一三六（二七）

睡虎地秦墓竹簡（十一號墓）

《編年記》
15壹 一三五（二六）
45壹 一〇二（四）
08貳 一〇二（四）
19貳 一五〇（七）
23貳 一一六（三）
《語書》
01 六九（二）
02 八六（三）
05 一〇九（二五）
07－08 七二（二九）
12 一三六（二九）
13 一二二（一〇）

《秦律十八種》	
016－017	一一七〔一六〕
021	七〇〔一一〕
035－036	一三四〔一三〕
040	一五八〔八〕
045	一五八〔八〕
	一五八〔一八〕
051－052	一〇二〔四〕
053	一〇一〔四〕
068	九六〔一〕
077－079	一一六〔四〕
082－083	一〇八〔一三〕
086－087	一三四〔一三〕
097	一一六〔六〕
101	七一〔二一〕
105－106	一五八〔八〕
113	一二六〔九〕
115	七三〔三四〕
	一〇八〔一三〕
121－122	六九〔二〕
137	七一〔二一〕
146	一三四〔八〕
147	九八〔一一〕
150	九八〔一一〕
	一二六〔九〕
151	七二〔二一〕
153－154	七三〔三四〕
159	七三〔三四〕
	八八〔二四〕
	一〇八〔一一〕
159－160	一五八〔一〇〕
161	六九〔二〕
	七〇〔一一〕
	一五七〔五〕
186	一三四〔一三〕
196	一〇八〔一三〕
《效律》	
01	一〇八〔一二〕
51－53	八六〔四〕
52－53	九八〔一三〕
55	八六〔四〕
《秦律雜抄》	
01	一二八〔二六〕
05	一〇二〔八〕
11－12	七一〔二一〕
12－13	七三〔三四〕
13	七〇〔一一〕
14－15	一〇七〔九〕
15－16	一三六〔三五〕
23	一三五〔一五〕
32	七二〔二五〕
	一一六〔五〕
34	一五七〔五〕
35	七四〔三八〕
	八七〔一五〕
	一四四〔二四〕
37	一〇二〔八〕
	一六四〔一五〕
38	七一〔一五〕
	九七〔七〕
	一三五〔一九〕
《法律答問》	
004	七一〔一九〕
	七二〔二五〕
005	七〇〔一三〕
006	七五〔四二〕
	一〇二〔六〕
	一六四〔一〇〕
007	七三〔三四〕
009	八六〔六〕
010	一一六〔六〕
019	一五〇〔六〕
022	一一六〔八〕
028	八六〔五〕
030－031	七二〔二五〕

032 一五九〔三三〕
033 一〇八〔一三〕
033－034 七二〔三一〕
一〇九〔二五〕
035 九七〔五〕
043 一〇九〔二五〕
044 七一〔一四〕
048 七〇〔一三〕
049 八九〔二八〕
053 八七〔一〇〕
055 一五八〔一一〕
057－058 一五八〔九〕
065 一三五〔二七〕
066 七〇〔四〕
067 一二一〔九〕
068 七五〔四〇〕
079 一四三〔一八〕
087 一三三〔六〕
095 七四〔三八〕
102 一五九〔二〇〕
106 一五〇〔七〕
109 一四二〔五〕
115 一二二〔一〇〕
125 一〇三〔九〕
一五〇〔九〕
131 七一〔一九〕
134 七一〔一四〕
135 七〇〔七〕
138 七一〔一四〕
139 七三〔三四〕
142 一〇九〔二五〕
146 七二〔一三〕
147 一五九〔二〇〕
157 一一六〔五〕
163 一〇七〔七〕
165 一一六〔五〕
166 一〇二〔六〕
167 一三五〔一一〕
169 一四二〔二〕
170 八九〔二九〕
177 七二〔二五〕
188 一三五〔一五〕
194 九七〔七〕
207 一〇八〔一三〕
208 八〇〔一二〕
209 一〇八〔一三〕
《封診式》
01 一四三〔二〇〕
02 一〇二〔七〕
02－03 七四〔三八〕
九八〔二四〕
03－04 九八〔一六〕
一五〇〔一二〕
07 一五一〔一二〕
08 八九〔一九〕
08－09 一三三〔五〕
25 六九〔四〕
28－29 七〇〔五〕
35－36 一三三〔六〕
37 七〇〔四〕
39 一五九〔三三〕
39－41 七四〔三五〕
40 八八〔一六〕
43 一五八〔一六〕
49 八八〔二四〕
52 一〇二〔五〕
52 一一七〔一二〕
55－56 一三三〔五〕
55－58 七四〔三五〕
56 一三三〔六〕
64 一三三〔五〕
68 八七〔一一〕
72 九七〔八〕
73 一三三〔五〕
82 一三四〔七〕
84 一四二〔九〕
92 一〇二〔五〕
92－93 一一七〔一五〕

93　一四三〔一九〕
96　一二六〔一三〕
97　一〇七〔七〕
《爲吏之道》
05壹　一三六〔三三〕
05叁　一四三〔一八〕
《日書甲種》
117正貳　九八〔一五〕
044背貳　一五九〔三二〕

放馬灘秦墓竹簡（一號墓）
《日書乙種》
189－191　一三五〔二四〕
242　一一八〔二六〕
288　一一八〔二六〕

龍崗秦墓簡牘（六號墓）
142（170A）　一一六〔五〕
147（202）　一一六〔五〕
木牘（13）　七〇〔九〕

嶽麓書院藏秦簡（壹）
《二十七年質日》
32　一〇一〔三〕
《三十四年質日》
25　一三五〔一六〕
42　一六〇〔三七〕
46　一三五〔一六〕
58　一四二〔八〕
60　一五一〔一八〕
《三十五年質日》
03　一〇八〔一一〕
41－44　一〇八〔一一〕
《爲吏治官及黔首》
19　一三四〔一〇〕
77　一五八〔八〕
86　七五〔四〇〕
　一二八〔二四〕

嶽麓書院藏秦簡（貳）
《數》
082　七三〔三四〕
　七四〔三六〕
122－123　八〇〔三〕

嶽麓書院藏秦簡（肆）
135　一〇二〔八〕
271－273　九七〔七〕
379－380　一一七〔一二〕

嶽麓書院藏秦簡（伍）
172　一二一〔六〕
261　一四二〔八〕
308　九七〔七〕

張家山漢墓竹簡（二四七號墓）
《曆譜》
02　八〇〔九〕
《二年律令》
001－002　一〇三〔九〕
004　八八〔二一〕
012　一〇八〔一三〕
013　一五八〔一五〕
014　七六〔五〇〕
022　七一〔一八〕
026　七一〔一八〕
028　一三三〔六〕
032　一四三〔一八〕
046　一五八〔一六〕
　一五九〔二六〕
055　八九〔三〇〕
055－056　八七〔七〕
057　七一〔一八〕
　八六〔六〕
060　七六〔四九〕
061　八〇〔一一〕
062　七〇〔五〕
　八〇〔八〕

065－066	七〇〔五〕
	一二一〔九〕
066	一五八〔一一〕
068	一二一〔九〕
076	七一〔二一〕
078－079	一六〇〔三七〕
082	七〇〔四〕
	八七〔七〕
083	一〇七〔七〕
086	一〇二〔六〕
090	一三四〔八〕
	一五一〔二一〕
090－091	一四二〔五〕
	一四四〔二三〕
093	七五〔三九〕
102	七五〔三九〕
105－106	六九〔二〕
107	七三〔三一〕
110	七二〔三〇〕
	一三五〔二一〕
112	一〇八〔一三〕
113	七二〔二九〕
	一二二〔一一〕
	一五〇〔七〕
114	一二二〔一〇〕

	一四四〔二三〕
	一四四〔二四〕
	一五一〔二一〕
116－117	一四二〔四〕
119	一二一〔六〕
127	一一六〔二〕
140	八〇〔一二〕
140－141	七三〔三二〕
	一六四〔六〕
141	八〇〔一二〕
142－143	一六四〔四〕
148	八〇〔五〕
150－151	七一〔一五〕
155	七一〔一五〕
158	七二〔二三〕
160	一五〇〔九〕
162	一三三〔三〕
162－163	八七〔九〕
165	一四四〔二三〕
	一五一〔二一〕
166	一〇七〔八〕
167	一一六〔五〕
170	一一六〔六〕
174	九七〔七〕
178	七三〔三一〕

182	一三六〔三二〕
186	一〇二〔八〕
	一六五〔一五〕
189	八七〔九〕
192	一四二〔一一〕
193	一四二〔二〕
204－205	八七〔九〕
208	七一〔一八〕
210	一二八〔二六〕
260	九七〔一〕
	一一六〔三〕
261－262	七三〔三三〕
267	一二六〔九〕
291－292	一六〇〔四〇〕
334－335	一一七〔二〇〕
321	九六〔一〕
350	一〇八〔一三〕
359－360	九六〔一〕
364－365	七〇〔四〕
	一〇二〔四〕
367	一一七〔一七〕
369	一一七〔一六〕
377	一一七〔一六〕
379－380	一一七〔一七〕
380	一四二〔二〕

386	一一七〔一三〕
387	一一七〔一三〕
390	一一七〔一二〕
398	九七〔七〕
435	九七〔七〕
456	七〇〔九〕
	八八〔一八〕
	一〇八〔一一〕
460	一三五〔一八〕
471－472	六九〔四〕
475	七二〔二五〕
475－476	一三六〔三六〕
488－489	一〇八〔九〕
508	九八〔一〇〕
	一五八〔一二〕
《奏讞書》	
008	八八〔一九〕
008－009	七四〔三八〕
009	八〇〔九〕
010	一一六〔三〕
015	八〇〔一三〕
020－021	一一八〔三三〕
021	八〇〔一〇〕
025	一六〇〔三八〕
026	七五〔四八〕
026－027	七五〔四六〕

028－029	一一七〔九〕
043	九八〔二八〕
051－052	七六〔四九〕
054－055	一五八〔一五〕
068	一二二〔一〇〕
	一二七〔一八〕
069	七一〔二〇〕
	八七〔一四〕
071	七一〔二〇〕
075	八七〔一三〕
076	八八〔一六〕
078	八八〔一六〕
	一二二〔一一〕
	一二七〔二二〕
080－081	七〇〔一〇〕
081	一三四〔一〇〕
087	一〇二〔七〕
098	一二二〔一〇〕
099	八七〔一一〕
	一二二〔一一〕
	一四九〔二〕
	一五〇〔三〕
100	九八〔一三〕
	一二六〔七〕
105	一二六〔七〕
109	一二六〔一二〕

111	八八〔一七〕
120	一〇八〔一三〕
	一五〇〔一二〕
121－122	一四三〔二二〕
123	一五一〔二二〕
124－159	一六四〔五〕
137	七〇〔六〕
141	一五一〔一八〕
145	一四三〔二〇〕
151	一五一〔一八〕
151－152	九八〔二八〕
153	一二六〔五〕
161	一〇二〔七〕
175	九八〔一六〕
181	一一八〔三七〕
	一四三〔一八〕
182	一四三〔一一〕
	一五一〔二一〕
182－183	一五〇〔一〇〕
183－184	一三三〔五〕
193－194	一五〇〔一〇〕
194－195	九八〔二八〕
197－198	一三三〔五〕
205	一二七〔二〇〕
206－207	一二六〔五〕
207	一三四〔八〕

210 一四二〔二〕
210－211 一二七〔二一〕
213 一三五〔一四〕
214－215 八九〔二九〕
222 一三四〔七〕
227 一二七〔一六〕
一二七〔一七〕
227－228 一二二〔一〇〕
228 一二七〔一七〕
一二七〔二三〕
一二八〔二四〕
一二八〔二六〕

《算數書》
093 一〇八〔一三〕

馬王堆漢墓帛書（三號墓）
《老子乙本》
4/178 上 九九〔二七〕

孔家坡漢墓簡牘（八號墓）
《日書》
278 貳 九八〔一五〕

銀雀山漢墓竹簡（一號墓）
《守法守令等十三篇》
976 七〇〔一〇〕

出土資料（文書類）

里耶秦簡

6－04 六九〔二〕
6－05 七〇〔一一〕
8－0062 正 六九〔二〕
七四〔三五〕
8－0067 正 六九〔二〕
8－0070 正 七六〔五二〕
8－0133 背 一〇八〔一〇〕
8－0134 正 六九〔二〕
8－0135 九七〔八〕
8－0138 正＋8－0522 正＋8－0174 正＋8－0523 正 一五九〔二四〕
8－0144 正＋8－0136 正 八〇〔四〕
8－0155 七六〔五二〕
一五九〔三三〕
8－0157 背 一〇九〔二四〕
8－0158 正 一五八〔一六〕
8－0190 正＋8－0130 正＋8－0193 正 一二六〔九〕
8－0293＋8－0061 正＋8－2012 正 一四三〔二二〕
8－0461 正 八〇〔三〕
八〇〔五〕
九八〔一一〕
九八〔一六〕
一〇七〔三〕
一二七〔一四〕
一三六〔三二〕
一五八〔六〕
一五九〔二四〕
一六四〔一六〕
8－0480 一五九〔三一〕
8－0554 九七〔七〕
8－0644 七四〔三五〕
8－0645 正 一二七〔一八〕
8－0647 一五一〔二二〕
8－0649 正 一〇七〔三〕
8－0686 背＋8－0973 背 一二七〔一八〕
8－0736 正 八八〔二二〕
8－0756 七六〔五一〕
8－1060＋8－1405 七三〔三一〕
8－1234 七二〔二六〕
8－1288 九七〔七〕
8－1459 正＋8－1293 正＋8－1466 正 七四〔三四〕

8－1504＋8－0863　一一七〔九〕
8－1532＋8－1008＋8－1461 正
　一五七〔四〕
8－1563 正　一五七〔四〕
8－1576　一一八〔二九〕
8－1743＋8－2015　七五〔三九〕
8－1832＋8－1418、8－1133
　一五〇〔七〕
8－1997 正＋8－0823 正
　一五八〔一六〕
9－0001 正　七五〔四六〕
　一五八〔九〕
9－0001 背　一〇八〔一四〕
9－0010 背　七五〔四六〕
9－0982 正　六九〔三〕
　七三〔三一〕
9－2289 正　八八〔二二〕
9－2289 背　一五九〔三一〕
J1⑯0005 正　七三〔三一〕
J1⑯0005 背　八〇〔三〕
J1⑯0006 背　九七〔四〕
J1⑯0009 背　一五八〔一六〕
J1⑯0052　八八〔一八〕
J1⑯0052　一〇八〔一一〕

居延漢簡（1930－31 年簡）

3.6　九八〔一〇〕
10.40　一二七〔二二〕
13.6　八八〔一六〕
15.19　九八〔一〇〕
37.35　一一六〔三〕
126.38　一五九〔二三〕
157.25A　一五八〔一六〕
162.6＋162.14　八七〔八〕
193.19＋58.17　一五一〔一八〕
239.46　八八〔一六〕
259.11　九八〔八〕
395.11　八八〔二一〕
乙附 51　一五八〔一六〕

居延新簡（居延漢簡 1973－74 年簡）

EPT53:138　七一〔二〇〕
EPT59:68　七四〔三八〕
EPT68:31＋EPT68:32　七〇〔四〕

肩水金關漢簡（居延漢簡 1973－74 年簡）

73EJT1:1　一四三〔一六〕
73EJT10:17　一五九〔二三〕

紀南松柏漢墓簡牘（一號墓）

《南郡免老簿》
35　七〇〔九〕
　八八〔一八〕

大葆台漢墓竹簡（一號墓）

　一六四〔九〕

尹灣漢墓簡牘（六號墓）

YM6D2 正　一二八〔二六〕

江蘇省鎮江西晉墓（一號墓）買地券

《元康元年磚地券》　九八〔二〇〕

後記

筆者向來很幸運。年輕時自費留日，還在讀日語學校的有一天早上，收到了京都大學法學系的録取通知，通知上要求在兩周内繳納二十萬日圓的「入學金」。當時筆者的銀行存摺裏衹剩下七千日圓。正爲此發愁時，門鈴一響，郵遞員送來一份電報，通知筆者得了作文比賽一等獎，獎金是七十五萬日圓。真不知是上帝的慈愛、祖宗的保佑還是天意，筆者身處困境時，總會有好心人雪中送炭。

學術生涯中，最大的幸運，應算二〇〇三年至二〇〇五年在北京大學進修古文字時與裘錫圭先生門生相識的一段經歷了。二〇〇一年從東京大學東洋文化研究所調到東京外國語大學亞非語言文化研究所（AA研）作研究助理之後，研究方向逐漸從明清法律史轉向秦漢法律史。常獨自爲出土資料中的法律文獻所陶醉，卻深感力不從心。正當此際，AA研公派留學的名額出現了空缺，爲筆者創造了到北大進修古文字的良機。時值裘錫圭先生在北大任教的最後兩年。承蒙李家浩老師指導，拜聽其「《説文解字》概論」和「戰國文字概論」兩門課，又有幸聽到裘先生在北大開設的最後一門課「郭店楚墓竹簡研究」。對筆者來説，或許更關鍵的是來自資料室的熏陶。當時每天在北大哲學樓三樓的古文字資料室裏學習。資料室中間有四張桌子拼在一起，留學的兩年中每天除筆者以外一定有三個人坐在那裏：斜對面是當時還是講師的陳劍兄（現任復旦大學出土文獻與古文字研究中心教授），左邊是時爲博士後的董珊兄（現任北京大學考古文博學院教授），正對面是時爲博士生的宋華强兄（現任武漢大學簡帛研究中心副教授）。短短兩年當然打造不出什麼古文字專家來，但靠這三兄弟終日孜孜不倦的討論和指教，使筆者這個門外漢少走了很多彎路。還有資料室對面辦公室裏的沈培老師（現任香港中文大學中國語言及文學系教授）。筆者經常拿着沈老師在臺灣出版的博士論文《殷墟甲骨卜辭語序研究》前去請教，有時還不揣冒昧挑起一些争論，主張什麼中國語法學分不清語法與詞義等觀點。沈老師卻對此未曾表示厭煩，反而逐漸把筆者改造爲他大作最入迷的讀者之一。

二〇〇五年裘先生帶着多數門生調到復旦大學成立了出土文獻與古文字研究中心，李老師也不久就退休了，筆者湊巧成爲了北大古文字學重鎮最後一名訪客。由此機緣所結識的師友們成爲了筆者不貲的財産，尤其在嶽麓秦簡《爲獄等狀四種》的整理工作中發揮了無窮的力量。二〇一〇年筆者由於偶然的機會加入了嶽麓秦簡整理小組，承擔了所謂「奏讞」類簡牘的整理工作。此時，復旦的研究中心在劉釗主任的領導下已得到急速發展，編制不斷擴大，人才迭出。從中心成立至今，筆者常赴滬訪學，短則一個月，長則三、四個月，甚至半年。同時，中心與筆者所在的AA研的互動也在加速。正好二〇一〇年陳劍兄來訪一年，之後有施謝捷老師和劉釗老師也都任過AA研的客座教授。這樣，復旦的研究中心就自然而然成爲了筆者整理工作的主要根據地了。頻繁的往來中，積極討論嶽麓簡的種種問題，中心的師友們莫不在拙著注釋中留下了種種腳印，包括中心新培養的博士和年輕學者，如程少軒、廣瀨薰雄、周波等。

復旦以外還有三個小的根據地：一、筆者兩次前往香港中文大學拜訪沈培老師，每次逗留一個月左右，每天促膝暢談。第一次去的時候碰巧與劉樂賢兄（首都師範大學歷史學系教授）同屋，他在日書方面的豐富研究經驗促使筆者對司法文書中出場人物的生活空間有了進一步的理解。二、中國政法大學古籍整理研究所的徐世虹所長，熱情地提供了在她組織的讀簡會上討論個案法律問題的機會，會上鄔文玲女士（中國社會科學院歷史研究所）、支强先生（山東政法學院）積極發言，朱瀟女士（河南財經政法大學）作了詳細的記録。三、筆者對秦漢時代文書制度的理解多藉助於AA研共同研究課題「中國古代簡牘的横向聯合研究」。這個課題每個月開三天讀簡會，每年共計三十多天的强化商討。參加的人有渡邊英幸（愛知教育大學）、飯田祥子（龍谷大學）、高村武幸（明治大學）、黑目杏子（京都大學）、角谷常子（奈良大學）、鷲尾祐子（立命館大學）、鈴木直美（明治大學）、籾山明（東洋文庫）、片野龍太郎（東洋文庫）、青木俊介（學習院大學）、石原遼平（東京大學）、松島隆真（京都大學）、中村威也（迹見學園女子大學）先生及女士。這個智囊團尤其在官方文書方面很出色，使得筆者避免不少重大錯誤。

除了上述集體活動之外，作爲個人不辭勞苦而做出莫大貢獻的還有如下師友：在舊著《嶽麓書院藏秦簡（叁）》出版之前李家浩老師和陳劍兄審閲了全文並做了校改修訂，陳劍兄又全面核實了這本小修訂本所有摹本，並提出了很多寶貴的修改意見。筆者的岳父李德銘（解放初期曾就職於東北公安部、吉林省公安廳）和摯友李力（中南財經政法大學）校閲了語譯稿。岳父對司法文書的掌握精煉異人，雖没看到原文，竟可據語譯稿指出内部矛盾，幫助筆者發現原稿釋錯簡文一處。石原遼平和李爲民（筆者糟糠之妻）協助處理圖像，李爲民還幫助核對注釋引文材料。經劉釗老師建議和推薦，由他碩士生何滿福作了一套取代舊著圖版的高精度摹本。還應該特别指出，《爲獄等狀四種》的命名方式是承蒙李力兄的建議和啓示；對背面劃綫和反印文的關注，得益於董珊兄的指教；第一類卷册現有的案序最早是史達博士依據背面反印文向筆者提出的。

最後，也難忘舊著編輯上海辭書出版社趙航先生的鼎力幫助。他理解筆者對質量保證的强烈要求，雖然於二〇一二年十月末無可奈何地提交了一個很不完整的稿子，但他還是允許在十二月下旬將整個稿子全都替換，並且容筆者在一校、二校、三校不斷地增加大量内容。爲保證極複雜的附録製表工作不出錯，他甚至帶筆者到印刷廠直接與技術人員磋商。直到二〇一三年五月一日交上三校遺漏的最後訂正爲止，趙先生表現了極大的耐心，提供了筆者將兩年多來積累的集體智慧無遺漏地、較正確地反映到書稿上的時間條件。這本小修訂本由上海古籍出版社顧莉丹編輯，她精幹的工作能力又使小書的體式和外觀得到進一步改善。

舊著和這本小書的質量遠遠超過筆者的個人能力，在此謹對上述師友及相關人員的鼎力支持和幫助一併表示由衷的感謝！筆者經常聽到沙灘紅樓的神奇逸聞。在文化大革命的特殊歷史背景下，紅樓成爲了現代出土文獻研究的摇籃，不少赫赫有名的人士從此起家。我們現在已難以想象如何能將如此多種學科的名家集合在一處，衹能用羨慕的眼光回首翹望他們所立下的諸如《睡虎地秦墓竹簡》、《銀雀山漢墓竹簡》等里程碑。但在此次整理的過程中，筆者好像領會了紅樓的部分精神。出土文獻研究必然跨越多種學科，再傑出的學者也無法一個人全面覆蓋，若要做好整理工作就繞不開如下兩個條件：一、參與工作的專家能夠暢所欲言；二、整理者聽取不同意見並凝聚大家的智慧。衹有共享所有材料，纔能暢所欲言；衹有公正無私的心態，纔能虚心傾聽不同意見。舊著和這本小書的宗旨不外乎力求滿足上述兩個條件，衹怕因筆者能力有限，没能充分吸收和理解，所以在集中大家智慧的過程中很有可能出現了種種遺漏和錯誤，對這一切均由筆者一個人承擔責任。

二〇一八年九月十八日
筆者謹識
於復旦大學光華樓二九〇八室

附　記

小書基本内容都在二〇一八年九月已完成，於二〇一九年九月始交稿，中間相隔一年，其主要原因有兩個：第一，雖然何滿福於二〇一八年九月前將所有簡摹過一遍，但各字字形結構、筆畫交代關係等細節尚未得到充分的表現。經過陳劍兄於十一月細心教導之後，何滿福又花了兩個月的時間和心血重新摹了所有簡。之後，筆者將所有彩色圖版、紅外綫圖版以及何滿福新舊摹本在電腦上拼成對照表，以便全面核對所有筆畫。顯示器的解析度當然遠遠超過人的肉眼，核對時直接在平面上修改部分筆畫和字迹。第二，小書對舊著釋文、注釋及編聯進行了多方面訂正和改動，爲交代相關情況，原計劃添加一個新的附録，即《釋文、注釋及編聯商榷》。出乎意料的是這一附録的字數很快就超出了十萬字，已無法收進小書。因此臨時決定將《釋文、注釋及編聯商榷》分爲四篇，並發表在其他學術刊物上（出處見前言注〔一七〕）。上述兩項工作的過程中，多次承蒙陳劍兄示教指正，在此對他的幫助再次表示衷心的謝意！

這一年的工作給筆者一個很深刻的印象，即學術工作雖然屬腦力勞動，但絶不能缺少體力勞動的成分，動手得到的結論壓倒一切憑空想出的觀點。在這提出兩個例子：第一，簡118有一個原釋爲「弗」的字，經過何滿福全心竭力搓摩殘留筆畫的筆勢、筆順，第二個摹本竟將其摹爲一個「言」字。起初筆者很不願意相信，被告人娩畢竟始終不變地主張其丈夫沛生前未曾表示要將房地産等争訟財産分給識的意思，她無論如何都不應該説出「沛未死，言欲以肆、舍客室鼠（予）識」等話。但是，何滿福揭下了此殘字的神秘面紗，「弗」字的筆畫已連不起來，寫法確實與第一類簡「言」字非常相近，如何爲好？後來纔發現，何滿福辛辛苦苦摹出來的「言」字正巧可以解決續文「不告婉」三個字的歸屬問題。原已有學者對此三字前後的句讀提出與舊著不同的觀點，但並未能將前後文解釋清楚。原因就在於舊著誤釋的「弗」字破壞其來龍去脈。現在知道所謂「弗」字實爲「言」字，「不告婉」三個字就得到了合理的落腳處。第二，陳偉先生曾經發表簡207所謂「騰（？）詣（？）」應改爲「騰書」的高見，依據是《奏讞書》的相關文例。筆者當然也看過《奏讞書》的文例，但在筆者的主觀認識中，所謂「詣」字殘筆明明白白呈現出左右結構，衹能是「詣」字，不會是「書」。一不做二不休，乾脆將反駁意見寫進了《釋文、注釋及編聯商榷》中，並準備在文章末尾添加一個復原圖，將殘留筆畫連成一個漂亮的「詣」字。但一開始動手，情況就發生了極大的變化，無論如何擺這些筆畫，都擺不出「詣」字，感到很意外。不知經過多少次嘗試，纔發現所謂「左右結構」衹不過是一個錯覺，錯覺原因在於「書」字所从「者」旁上方兩個交叉的橫向長筆僅保留左右末端，中間墨迹都消失了。發現了左右末端的有機聯繫，「書」字其他筆畫很快都復原出來，正巧證明了自己原想反駁的修改意見是正確的。若是沒有真正動手擺來擺去，緊靠視覺，小書釋文恐怕現在還會沿襲舊著的錯誤釋讀。

上述兩項工作本應二〇一九年春節前竣工驗收，何滿福準確於一月三十一日完成了新的一套摹本，但因爲筆者的原因又拖了半年多。由衷感謝編輯顧莉丹耐心等待，爲筆者增添盡興動手動腳的機會。

二〇一九年八月十九日

筆者謹識

於明治大學研究棟十二樓坑靈齋

再附

小書交稿之後，葉山先生（Robin D. S. Yates）與筆者分享了他的近刊秦漢法史歐文文獻目錄，彌補了小書參考文獻的一些漏洞，特此表示衷心的感謝。

二〇一九年一一月八日

筆者謹識

於芝加哥大學 Regenstein 圖書館

再再附

由於疫情等原因，小書排版工作又耽誤了一段日子，拿到初校時筆者不巧正爲網課忙得不可開交，藉助於石原遼平的一片好心才完成了校正任務。石原遼平替筆者重新核對了所有摹本以及新舊著異同，並對數量不少的摹本進行了圖像修改，對釋文注釋也提出了諸多可貴的修改意見，實在感激不盡！

二〇一八年九月成稿，二〇一九年九月交稿，二〇二〇年九月交還校樣，每個環節都花費了整整一年的時間。這兩年正值筆者新調單位，利用教法律史的機會，在課堂上將《爲獄等狀》的所有案子都講了兩遍。講課務在淺出，再難懂的內容也要給學生逐句逐字咀嚼並解釋清楚。這就讓筆者更看清自己主觀認識上的一些缺陷。在此基礎上，筆者這次看校樣時徹底與舊著兩個重大錯誤告別。案例〇六和案例一〇的編聯在成稿時仍襲用舊著的排序，交稿時並列記載了各案兩種不同的編聯方案，還校樣時終於承認了舊著的錯誤，接納了陳偉、史達兩位先生的編聯建議。由衷感謝兩位賜與質疑以及各位同學耐心聽課！

二〇二〇年九月八日
筆者謹識
於明治大學研究棟一二樓坑靈齋